CYCLICAL FLUCTUATIONS
IN BRITISH EXPORT TRADE (1924-1938)

英国出口贸易的
周期波动
(1924-1938)

宋则行◎著

林木西 等◎译

中国财经出版传媒集团

经济科学出版社

·北京·

图书在版编目（CIP）数据

英国出口贸易的周期波动：1924－1938/宋则行著
．－－北京：经济科学出版社，2024.7
ISBN 978－7－5218－3180－1

Ⅰ．①英… Ⅱ．①宋… Ⅲ．①出口贸易－经济周期－研究－英国－1924－1938 Ⅳ．①F755.616.2

中国版本图书馆 CIP 数据核字（2021）第 248432 号

责任编辑：冯　蓉
责任校对：刘　昕
责任印制：范　艳

英国出口贸易的周期波动（1924－1938）

宋则行　著

经济科学出版社出版、发行　新华书店经销
社址：北京市海淀区阜成路甲 28 号　邮编：100142
总编部电话：010－88191217　发行部电话：010－88191522
网址：www.esp.com.cn
电子邮箱：esp@esp.com.cn
天猫网店：经济科学出版社旗舰店
网址：http://jjkxcbs.tmall.com
北京季蜂印刷有限公司印装
710×1000　16 开　14.75 印张　200000 字
2024 年 7 月第 1 版　2024 年 7 月第 1 次印刷
ISBN 978－7－5218－3180－1　定价：98.00 元
（图书出现印装问题，本社负责调换。电话：010－88191545）
（版权所有　侵权必究　打击盗版　举报热线：010－88191661
QQ：2242791300　营销中心电话：010－88191537
电子邮箱：dbts@esp.com.cn）

宋则行

Ph. D. Dissertation. 1632.

Dissertation submitted for the Ph.D. Degree
in the University of Cambridge.

CYCLICAL FLUCTUATIONS IN BRITISH EXPORT TRADE
1924 - 1938

by

HSIA SOONG

Trinity College

May 1949

首页影印件

译 者 前 言

本书为宋则行（时名宋侠，Hsia Soong），1945～1948年在英国剑桥大学三一学院（Trinity College）经济系，在世界著名经济学家皮埃罗·斯拉法（Piero Sraffa）和琼·罗宾逊（Joan Robinson）两位导师指导下攻读博士学位，1948年6月在琼·罗宾逊指导下完成、1949年5月修改定稿的博士学位论文《英国出口贸易的周期波动（1924－1928）》的中译本，76年后第一次由中国的经济科学出版社出版。

（一）

本书作者宋则行（又名宋侠，乳名砚畦，别名田圭）为中国辽宁大学教授、博士生导师，著名经济学家、教育家和社会活动家。因其学识渊博、造诣精深、研究领域宽泛，涉及西方经济学说史、当代西方经济学（尤其是新剑桥学派）、外国经济史、世界经济史、世界经济等诸多领域，同时对政治经济学、《资本论》特别是社会主义经济理论有着许多独到的见解，在全国经济学界创造数个"中国第一"，因此，有学者称其为学贯中西、"史学论"结合的马克思主义经济学家[1]。

宋则行（1917～2003年）出生于上海崇明岛向化镇当地四大姓氏之一的"河角宋家"。祖上殷实，重视教育，父亲毕业于复旦大学商科，曾在银行任职，做过工厂会计，后虽家道中落，但仍坚持供孩子

---

[1] 林木西：《学贯中西、"史学论"结合的马克思主义经济学家宋则行》，载于《辽宁大学学报（哲学社会科学版）》2017年第5期（总第45卷，第5期），第13~23页。

到洋学堂读书。宋则行以优异成绩小学毕业后,得以进入著名的中学——上海中学学习。当时他的理科尤其是数学成绩非常好,也酷爱文学,这为他日后从事经济学研究打下了坚实的数学功底和写作基础。

1935年宋则行中学毕业后,本想报考全国最好的大学——清华大学,无奈因家境所限,只得报考了全部官费的中央政治学校大学部经济系(当年报考4 000余人,录取140人,最后毕业128人,统称"政大八期")。1937年卢沟桥事变爆发,学校历经3次搬迁,先至江西庐山再赴湘西芷江,最后抵达重庆郊南温泉。颠沛流离中,宋则行仍如饥似渴地学习,先后接触了一些马克思主义哲学、政治经济学通俗读物,研读了马歇尔、希克斯等西方经济学家的市场经济理论,毕业前阅读了凯恩斯的《通论》,从而为进一步研究奠定了理论基础。[①]

1937年大学毕业后,宋则行被分配到国民政府财政部贸易委员会工作两年,从事出口贸易管理工作,这段经历为其撰写硕士论文和博士论文积累了一定的实践经验。1941年,考入迁入重庆的南开大学经济研究所攻读硕士学位。

南开经济研究所从1935年开始在国内首创培养经济学硕士研究生,至1948年共招收十一届、59人,宋则行为第五届(统称"南开五届",共7人)[②]。师从李卓敏(1912~1991年,美国加州伯克利博士)、吴大业(1907~1994年,"南开四吴"之一,哈佛博士)、陈振汉(1912~2008年,哈佛博士)、崔书香(1914~2006年,陈振汉夫人、哈佛硕士)等先生专攻西方经济学。从此,他一头扎进经济研究所图书馆丰富的西方经济学原著的书堆里,成天埋首于马歇尔(Marshall Alfred, 1842~1924年)、庇古(Pigou Arthur Cecil, 1877~1959年)、凯恩斯(Keynes John Maynard, 1883~1946年)、琼·罗宾逊(1903~1983年)、希克斯(Hicks John Richard, 1904~1989年)等的著作中。其时,正逢波兰著名经济学家奥斯卡·兰格(Lange Oskar

---

① 宋晓东:《我的父亲宋则行》,2017年1月,第4页。
② 张东刚:《日就月将——南开大学经济研究所八十年》,2007年,第206页。

Ryszard，1904~1965年）的重要论文《社会主义经济理论》传入中国，立即引起他对其新颖的"试错"理论的浓厚兴趣，并在1942年发表在《新经济（半月刊）》的《经济建设远景和近路》一文中，用一定篇幅阐述了兰格的观点，认为"计算价格"有助于资源的合理配置和经济的自由运行。这是他对中国如何走社会主义经济发展道路最早和初步的探索。1943年，在导师陈振汉、李卓敏的指导下完成了《国际贸易利得之来源及其衡量》的硕士论文，获得经济学硕士学位。

研究生毕业后，经南开经济研究所老师何廉（1895~1975年，经济研究所所长、时任中央设计局副秘书长，1948年10月14日就任国立南开大学代理校长）、方显廷（1903~1985年，经济研究所研究主任兼任中央设计局调查研究部主任，后任联合国亚洲及远东经济委员会经济调查研究室主任）推荐，到中央设计局工作，任资金组组长，兼任南开经济研究所助理研究员，主要参与《战后五年经济计划草案大纲》编制①。当时，何廉认为"计划经济"是未来中国经济发展的取向，方显廷提出了一些具体方案，宋则行进一步提出更具体的方案，认为计划经济制度建立是一种远景，为此一定要有目标、有计划、有步骤地扩张国营事业，控制私营企业的发展方向，控制全国的消费市场，实现对外贸易由局部国营到全部国营，继续加强对外汇的管理，以及控制全国金融②。在开始崭露其经济学才华的同时，宋则行的一个重大收获是结识了湖北天门才女、萧何后代、在同组工作的肖端清女士（1923~2019年），她年轻俊秀、才貌超群，后考入金陵女大（现南京大学，是当年的校花，宋的好友滕维藻（1917~2008年）曾评价其"较之庞曾漱（浙大皇后之一，因滕为浙大毕业生）有过之而无不及"，工作后成为中国统计战线的"四大名旦"之一）。两个人从相识、恋爱到结终身之盟，前后不到一年，这也成为他之后负笈海外、回国效力的巨大动力③。

---

① 肖端清：《风雨人生（自述集）》，1996年，第39页。
② 张东刚：《日就月将——南开大学经济研究所八十年》，2007年，第29页。
③ 肖端清：《风雨人生（自述集）》，1996年，第41页。

英国出口贸易的周期波动（1924－1938）

1944年，宋则行参加了英国文化委员会在华的留英考试，在8个社会科学名额中赢得了唯一的经济学名额，考取中英庚款第七届公费生赴英留学，到剑桥大学三一学院攻读博士学位①。1945年3月10日，赴青木关参加教育部主办的出国留学试练班，为期两周。1945年8月7日，从重庆飞抵昆明，8月11日由昆明飞往印度加尔各答，9月17日乘火车到孟买，10月2日乘船赴英国，经过3个星期的漂泊抵达伦敦，开始在剑桥大学的学习生活。

在剑桥期间，学习之余积极参加各类活动。1947年春假时，曾化名田圭（因其乳名为砚畦），与剑桥和牛津的中国留学生在牛津成立民社，宋则行为联合创始人，是七干事之一，约30名剑桥、牛津的中国留学生参加。在剑桥求学期间，与王正宪（1917~2004年，南开经济研究所第三期研究生，中英庚款第八届留学生，中山大学地理系教授、管理学院首任院长）、张自存（1947年毕业于剑桥大学圣约翰学院，在琼·罗宾逊的指导下完成题为《关于国际收支平衡的周期波动》的博士论文，国际货币基金组织原中方执行董事）、汪旭庄［1916~1978年，美国哥伦比亚大学学生到剑桥大学旁听，上海华东财经学院（1959年并入上海社会科学院经济研究所）教授］、黄金鸿（留在英国）、杨叔进（1917~2001年，南开经济研究所第五届研究生，宋则行最要好的同学之一，1946年赴美国威斯康星大学攻读博士学位，后在联合国亚洲及远东经济委员会研究所、世界银行工作）、方显廷等人结下了深厚的同学之情和师生之谊。

1946年，宋则行加入英国皇家经济学会（Royal Economic Society, RES），成为英国皇家经济学会终身会员（之后，皇家经济学会每个季度都给宋邮寄刊物，直至其2003年逝世之后一段时间才停止）。

1948年6月，宋则行的博士论文《英国出口贸易的周期波动（1924－1928）》［Cyclical Fluctuations in British Export Trade（1924－

---

① 三一学院是剑桥大学31个学院中最负盛名、规模最大、财力最雄厚、名声最显赫的学院，迄今共培养出32位诺奖得主，著名的毕业生有牛顿、培根、拜伦、怀特海、罗素、维特根斯坦等人。

1928）]完成。同年7月，参加博士论文答辩。9月回到中国。1949年5月将改好的毕业论文寄回剑桥大学三一学院。1949年11月8日，其毕业论文顺利通过，建议授予经济学博士学位，成为近代中国在英国剑桥大学三一学院获得经济学博士学位的第一人①。1951年10月10日，宋则行缺席博士学位授予仪式②。由于当时的情况，宋则行的博士论文一直没有在国内外公开发表。

（二）

根据宋则行的剑桥大学档案，当时剑桥大学三一学院博士生（Research Student）培养分三年：第一年为博士课程，第二、三年为论文创作阶段③。博士培养实行双导师制，宋则行的两位指导教师都是赫赫有名的经济学大师：皮埃罗·斯拉法和琼·罗宾逊，其中斯拉法（大导师）负责指导课程和确定研究方向④，琼·罗宾逊（小导师）负责指导博士论文。

皮埃罗·斯拉法（1898～1983）是英籍意大利著名经济学家。1898年8月5日出生于意大利北部都灵的一个犹太人家庭。父亲是著名的商法教授，并在博科尼（Bocconi）大学任校长多年。他是意大利共产党创始人葛兰西（1891～1937年）的亲密朋友，也是凯恩斯的得力助手。1929～1951年，斯拉法还与奥地利著名哲学家维特根斯坦（Ludwig Josef Johann Wittgenstein，1889～1951年，1929年担任剑桥大学三一学院研究员）建立了深厚的友谊。1919年在都灵大学与葛兰西结识，虽未加入过共产党，但向意大利进步刊物《新序》投过稿，在葛兰西被捕入狱后还在米兰的一家书店开设了一个账户向其提供无限

---

① 近代中国在英国剑桥大学国王学院获得经济学博士学位的第一人是徐毓枬（1913－1958年，1940年获得博士学位，论文题目为《萧条时期的英国棉纺工业》），他也是琼·罗宾逊的学生。邹进文：《近代中国经济学的发展：以留学生博士论文为中心的考察》，中国人民大学出版社2016年版，第170、172页。关于张自存（Tew）和徐毓枬（Hsu）的两篇博士论文，宋则行在博士论文中都有所提及（见本书第87页小注②）。

②③④ 参见剑桥大学三一学院毕业登记表（examiners'reports）。

量的书籍和文具以便其进行写作。①1920年毕业于都灵大学，同年出版了他关于货币银行学的第一部著作。1921~1922年在伦敦政治经济学院进修期间，经人介绍与大他15岁的凯恩斯结识。1921年凯恩斯请斯拉法在他主编的《曼彻斯特卫报》星期周刊《欧洲重建》上发表一篇关于意大利银行体系的短论。当时斯拉法刚刚写了一篇关于意大利康图银行危机的文章，凯恩斯认为不适合在《卫报》发表，推荐在《经济学杂志》发表。于是，斯拉法又写了一篇抨击意大利三大领头银行（商业银行、意大利信贷银行和罗马银行）的短文发表在《卫报》对欧洲重建的"补充说明"上。虽然第一篇文章在意大利没有受到重视，但第二篇文章发表后却很快得到当政的墨索里尼的关注，墨氏对此大为震怒，电令斯拉法的父亲要求其儿子无条件地发表改变论调的声明。商业银行则威胁说要起诉斯拉法（后未执行），该银行还给凯恩斯写了一封抗议信（后者在随后一期的《卫报》上刊发此信并做简短回复）。经此波折后凯恩斯决定邀请斯拉法到剑桥，斯拉法欣然接受，但在入境时却遭英方拒绝（很可能是因斯拉法访英时与英国马克思主义者沾上关系而被贴上"不受欢迎人士"的标签）②。

1922~1924年，斯拉法在意大利政府工作，1924~1926年任佩鲁贾（Perugia）大学政治经济学与财政学讲师。1925年，发表《论成本与产品数量之间关系》的长文，对马歇尔的厂商与产业的均衡理论提出了严厉的批评。1926年，经凯恩斯建议写的《竞争条件下的收益规律》一文在《经济学杂志》（1926年12月）发表，引起巨大轰动，遂使凯恩斯为他轻而易举地在剑桥大学谋求到讲师的职位。同年，他还被意大利卡利亚里（Cagliari）大学聘为教授。由于意大利法西斯统治日益强化，1927年受凯恩斯邀请斯拉法移居英国。1939年前一直在国王学院主讲意大利财政体系下的价值论，并在凯恩斯的帮助下担任经

---

① 阿玛蒂亚·森：《四海为家——阿玛蒂亚·森回忆录》，中国人民大学出版社2024年版，第466页。

② [意]阿莱桑德罗·隆卡吉里亚著：《皮埃罗·斯拉法》，王漪虹译，华夏出版社2010年出版，第3~5页。

济学院马歇尔图书馆的图书管理员和助理研究员（1935年）。1939年，由于其好友丹尼斯·罗伯逊（Robertson Dennis Holme，1890－1963年）的帮助，斯拉法成为三一学院研究员。其间，与维特根斯坦交往甚密，几乎平均每周都花一个下午讨论哲学和经济学问题，并对后者的思想产生了巨大影响，后者也对斯拉法从《用商品生产商品》一书的思想产生了一定的影响①。

在剑桥大学隐居般的平静生活中，斯拉法主要沿着四条主线专心开展研究工作：一是担任由凯恩斯发起的英国皇家经济学会（并担任学会秘书）授权的《李嘉图著作和通信集》的编纂工作。20世纪30年代主要致力于李嘉图全集的深入研究，20世纪40年代着手重新编撰，20世纪50年代后期终于完成并出版；1951～1955年，长达十卷的全书已经完成，1973年则是最后辛苦的目录索引编译。由于这一出色的工作，斯拉法1961年获得了瑞典科学院颁发的瑟德斯特金奖［包括凯恩斯（1939）、米尔达（1947）、斯拉法（1961）在内，历史上共有12人获奖，该奖可被视为1969年才开始颁发的诺贝尔经济学奖的前身］。二是耗费30年的心血完成了仅92页的划时代著作《用商品生产商品》一书。主要是对马歇尔和庇古（被认为是马歇尔的继承人）的批判，这本书从1927年移居剑桥开始书写，1928年向凯恩斯描绘了这本书的主要思想，直至1960年英文版出版，随后几周意大利文版问世，在西方经济学界产生了重大革命性的影响，有人甚至称之为"斯拉法革命"，与"凯恩斯革命"相提并论，并直接导致英美"两个剑桥"对资本理论的大论战。三是对凯恩斯理论主要是货币理论的发展。早在1920年，斯拉法毕业论文中关于国内价格水平和汇率对货币稳定的不同影响的看法，在一定程度上对凯恩斯产生了影响，斯拉法唯一的合著作品是与凯恩斯一起完成的为著名人类学家、哲学家大卫·休谟的《人性论》做序，他还对凯恩斯《货币改革论》意大利文版做出

---

① ［意］阿莱桑德罗·隆卡吉里亚著：《皮埃罗·斯拉法》，王漪虹译，华夏出版社2010年出版，第27页。

了贡献。四是对新剑桥学派的重要贡献。1927~1939年，与剑桥大学理查德·卡恩（Richard Ferdinand, Kahn, 1905~1989年）、詹姆斯·米德（James Edward, Meade, 1907~1995年，1977年获得诺贝尔经济学奖）、奥斯汀·罗宾逊（Austin Robinson, 1897~1993年，琼·罗宾逊丈夫）和琼·罗宾逊等几个最杰出的青年经济学家参加了由凯恩斯领衔的CG小组（cafeteria group），一起讨论凯恩斯从1930年《货币论》到1936年《通论》这一时期的思想转变，以及对哈耶克货币商业周期理论的批判。

宋则行1945年10月进入剑桥大学三一学院，斯拉法已在该院任研究员教授席位（fellowship）6年。这一时期，正是斯拉法重新编撰《李嘉图著作和通信集》、潜心研究《用商品生产商品》一书之时，也是其学术研究的成熟期。斯拉法治学严谨，对学生要求严格，他有每天记日记的习惯和爱好（他的爱好很多，如骑单车、登山、藏书），这很可能与他长期从事李嘉图全集的编撰工作有关。经查阅斯拉法的日记记录（他的口袋日记被收藏在其论文集中，在日记中记录了每年活动的内容），1945~1948年3年间，斯拉法与宋则行见面16次，其中仅1945年1月~1946年1月，日记中师生二人的正式会面就达10次，证明在宋则行剑桥大学博士学习的第一年，几乎平均每月都要正式会面（Formal Meeting）一次。斯拉法刚到剑桥时，先住在国王学院的学生宿舍里，后搬到圣爱德华街的一间小型学院公寓里（恰在凯恩斯的楼上，不过凯恩斯大多数时间住在伦敦，只有周末才偶尔回剑桥）。斯拉法一生未婚，尽管他明确表示欣赏女性之美。1949年之后，斯拉法搬到三一学院那维尔庭院的一套房子里。① 可以想见，宋则行每次就是从三一学院的学生宿舍出发，步行去与其导师会面。由于斯拉法特别喜欢散步，因此他与弟子及朋友的对话大多是在散步中进行的。根据斯拉法的日记，与宋则行的谈话涉猎广泛甚至无所不包，除了经济学

---

① ［意］阿莱桑德罗·隆卡吉里亚著：《皮埃罗·斯拉法》，王漪虹译，华夏出版社2010年出版，第21~22页。

之外，还包括政治、科学、教育、道德、法律、人文地理、考古和人类学等，可以说是包罗万象，这大概正是剑桥大学特有的通识教育。可能就是这种对话式、讨论式的多学科交叉教育，开拓他的视野，使他日后在多个学科领域取得了丰硕的研究成果。英国学者的绅士风度在他身上也产生了潜移默化的影响，从而逐渐形成其儒雅的举止、包容和多元的学术观和价值观。

宋则行的第二位指导教师琼·罗宾逊是英国剑桥经济学系（世界上第一个经济学系）经济学家、凯恩斯的同事和合作者，新剑桥学派（英国后凯恩斯经济学）的主要代表人物，是经济学史上第一位卓越的女经济学家，也是20世纪最伟大的女经济学家[①]。就连她的竞争"对手"萨缪尔森（Samuelson Paul Anthony，1915～2009年）对她也十分尊重，认为"罗宾逊夫人不止是伟大的女经济学家，她是伟大的经济学家""我从罗宾逊夫人那里学到的东西，要比她在课堂上讲的多得多"[②]。她1903年10月31日出生于英国萨里的坎伯利一个具有独立思想传统的家庭，父辈几代都是政治上激进的异见分子。父亲原是陆军少将，后任伦敦大学玛丽皇后学院院长。其年轻时就读于圣保罗女子学校（其父曾就读对应的男子学校），1922年入剑桥大学格顿学院（Girton College）学习历史，后选读经济学荣誉学位，曾在1924年、1925年两次考试中皆获得第二名的优异成绩，但始终未获得正式学位（因1948年之前女性在剑桥无此先例）。1925年毕业，1926年与奥斯汀·罗宾逊结婚后在印度瓜摩尔生活工作两年，1927年获剑桥大学硕士学位，1929年双双回到剑桥任教。1933年出版因早于《通论》三年出版其第一部重要著作《不完全竞争经济学》而一举成名，与同年出版的美国张伯伦（Edward Hastings Chamberlin，1899～1967年）所著

[①] 尽管琼·罗宾逊"认为自己的名誉应该是一位经济学家的名誉，而不是一位女经济学家的名誉"，参见［澳］杰弗里·哈考特、普吕·科尔著：《琼·罗宾逊》，苏军译，华夏出版社2011年版，第1页。

[②] 节选自萨缪尔森于1988年在美国西部经济学晚宴上的演讲。《萨缪尔森自述》，格致出版社2020年版，第169页。

《垄断竞争理论》一起被认为奠定了西方现代价值理论的基础。1934年担任经济学系的助理讲师，1937年升任讲师（lecturer）。1942年出版《论马克思主义经济学》（1947年重印、1966年再版）。1949年任助教授（reader）。1953年发表《论重读马克思》的三篇系列论文。1956年出版的《资本积累论》是她集大成的研究成果。1962年在剑桥大学纽纳姆学院获研究员席位（fellow），1965年继马歇尔、庇古、罗宾逊和米德之后，任剑桥大学政治经济学教授，在任职仪式上发表题为"新重商主义"的演讲。1971年退休，1979年成为剑桥大学国王学院第一位女性荣誉教授（此前没有一位女性荣誉教授）。

  在剑桥大学42年的学术生涯中，有四位经济学家对琼·罗宾逊的经济思想形成产生重要影响。第一位理所当然的是凯恩斯。她是凯恩斯主义的先锋，并"被广泛认为是凯恩斯之后和剑桥经济学院联系最显赫的名字"[1]。作为CG小组（另一说是"竞技场"，1930年米迦勒学期成立，1931年5月结束）的成员，在凯恩斯出版《货币论》和《通论》后一直致力于凯恩斯经济学的发展，凯恩斯对琼·罗宾逊的贡献和判断力很敬重，也给了很高的评价[2]。另一位是年长她5岁的斯拉法，二人亦师亦友。她与斯拉法的友谊始于1926年，1927年斯拉法到剑桥讲授高级价值理论时，她几乎每次课都去听，此后便与这位"大陆经济学家"建立了深厚的友谊。对于二人究竟是谁对新古典学派的理论做了最根本的批评其说不一，但琼·罗宾逊曾暗示，斯拉法适合研究长期，自己的成就主要在短期方面，然而许多人都认为其实她关于长期的文章才是和《通论》最相关的。二者的学术贡献互补的成分多，竞争的成分少。斯拉法和琼·罗宾逊掀开了新剑桥学派辉煌的篇章。第三位是理查德·卡恩。二人的友谊始于20世纪30年代，她对卡恩的乘数理论对凯恩斯经济学的贡献十分欣赏，并认为在"竞技场"

---

[1] 参见卡尔多起草的琼·罗宾逊的讣告，转引自［澳］杰弗里·哈考特、普吕·科尔著：《琼·罗宾逊》，苏军译，华夏出版社2011年版，第288页。

[2] ［澳］杰弗里·哈考特、普吕·科尔著：《琼·罗宾逊》，苏军译，华夏出版社2011年版，第13、270页。

中凯恩斯就像是道德剧中幕后的"上帝",卡恩则是中间人和信使,负责把人间凡人的意见带到"天上",再把上帝的答复带回"人间"。当卡恩耽心自己已成为凯恩斯稿件中唯一或至少最主要的阅稿人和纠错人而欲将琼·罗宾逊也拉进来时,她不仅欣然接受,而且愿意为凯恩斯的新书做序,后者也对其所写的《就业理论导论》(《通论》的少儿版)表示了欢迎,同时对她的评论和答案逐渐欣赏起来①。第四位是波兰经济学家卡莱斯基。二人的友谊始于1936年。早在1933年,卡莱斯基因以波兰文先于凯恩斯出版了与《通论》相似的新宏观经济学理论《论经济周期理论》而享誉东西方。1936年到英国后,他与斯拉法、卡恩特别是琼·罗宾逊建立了密切的学术联系。与卡恩不同,他不是通过乘数理论而是通过经济周期理论建立了有效需求理论(卡莱斯基没有获得诺贝尔经济学奖是因为他在该奖项1969年设立的第二年就去世了)。据说正是卡莱茨基从根本上改变了琼·罗宾逊20世纪30年代后期的研究视野和研究重点。由于深受卡莱斯基的影响,琼·罗宾逊决定把马克思的理论嫁接到凯恩斯理论之中,并建立了一个凯恩斯主义——马克思主义的理论框架(从结构上看,这是从卡莱斯基改编后的马克思再生产理论演化而来的)②。

从学术思想上说,琼·罗宾逊属于凯恩斯左派,其学术观点是倾向于马克思的。她从1937年开始介绍马克思的经济思想,随后几年系统阅读了马克思的著作,1940年曾计划编一部马克思的辞典,1941年利用业余时间通读了马克思《资本论》,甚至计划开设一门《资本论》课程。在她看来,马克思的理论是有效需求理论的前驱,并试图在马克思和凯恩斯之间建立沟通。1942年之后,她通过研究马克思的劳动价值论,尝试同斯拉法和卡莱斯基的理论进行比较和沟通。她认为斯拉法在忠于马克思传统的同时解决了价值转型问题,卡莱斯基则以

---

① [澳]杰弗里·哈考特、普吕·科尔著:《琼·罗宾逊》,苏军译,华夏出版社2011年版,第34~35页。

② [澳]杰弗里·哈考特、普吕·科尔著:《琼·罗宾逊》,苏军译,华夏出版社2011年版,第274页。

《资本论》第二卷为基础,利用再生产理论解决了对剩余价值实现过程的阐释。由此出发,可以发展出一套完成的理论体系,它不是一种新的马克思主义,而是一种清楚易懂的马克思主义,由此可以用来分析当代资本主义、社会主义以及所谓的"发展"等各种问题[①]。第二次世界大战后,她的大多数文章都在研究发展问题,而其理论基础越来越倾向于马克思的再生产理论,并由此建立了其新的增长理论。

在运用这一理论分析社会主义经济时,琼·罗宾逊对中国的实践情有独钟,对剑桥的中国留学生十分关注(号称"中国奶奶"),对中国人民和新中国怀有深厚的感情。1954~1980年,她所发表的关于中国的文章达84篇之多(还有大量未发表的文章),并先后8次到访中国,第一次是1953年,最后一次是1978年,历经中国"一五"时期建设到改革开放长达1/4世纪的时间跨度。她对中国研究领域宽泛,内容涵盖就业与计划、时间与技术、国民收入与经济发展、计划与管理、通货膨胀、生育控制、农业、工业等。在她的著述中,有不少论著称颂中国革命和建设的成就。

尽管琼·罗宾逊一生成果显著、著述尤丰,几乎涉及经济学各个领域,完全有资格获得诺贝尔经济学奖,但因性别歧视、论资排辈和政治因素等多种原因,她远没有像斯拉法那样幸运,不仅毕生与诺奖无缘,而且与诺奖的"前身"也没有任何关系。倒是她的两位学生(也是宋则行的两位师弟)先后获得了诺贝尔经济学奖,分别是阿玛蒂亚·森(1998)和约瑟夫·斯蒂格利茨(2001)。从某种意义上说,这也说明琼·罗宾逊经济思想的深远影响及对人才培养方面的巨大贡献。

宋则行在剑桥期间无疑是十分幸运的。一个人一生中能得到一位世界大师的指点已属不易,宋则行却同时受到两位大师的恩泽。1947~1948年宋则行撰写博士论文时,琼·罗宾逊已任剑桥大学经济学系讲师10年,并在他毕业后次年升任助教授。这一期间,琼·罗宾逊正着

[①] [澳]杰弗里·哈考特、普吕·科尔著:《琼·罗宾逊》,苏军译,华夏出版社2011年版,第73页。

手建立自己独特的理论体系，处在理论研究的上升期。她的人格魅力和学术思想无疑对这位29岁的中国青年学者产生了十分重要的影响。而且宋则行内向、谦和的性格也与琼·罗宾逊严肃、敏锐和善良的性格有某些相似之处。正是在这位恩师的精心指导下，宋则行出色地完成了自己的博士学位论文，顺利通过了学位论文答辩。对此，宋则行心存感激，并在修改定稿后的论文前言中满怀深情地说"本文的研究是在罗宾逊夫人持续不断的指导下完成的。在此谨对她给予我的鼓励和宝贵建议表示衷心的感谢"①。

（三）

宋则行的博士论文写作于1947~1948年，成稿于1948年6月，最终修改定稿于1949年5月，距今已经76年。通过论文中文版的翻译出版可以看出，虽然论文的写作不可避免地留有当年的历史印记，但其研究方法乃至一些主要学术观点至今仍有非常重要的学术价值。通过对这篇论文进行简要的梳理（详尽的评论留给读者），其中有许多方面给人以重要的启迪，主要有：

一是关于论文的写作背景。宋则行的博士学位论文写作于1947~1948年，论文的题目是《英国出口贸易的周期波动（1924-1938）》。这里有三个背景：首先，博士论文指导教师琼·罗宾逊及其学术圈对凯恩斯、马克思主义经济理论的学术倾向。如前所述，以琼·罗宾逊、卡恩等为中心的学术圈在"凯恩斯革命"的形成过程中发挥了重要作用，从而全面否定了新古典经济学在理论上的完备性和现实上的合理性。但琼·罗宾逊认为《通论》并没有完整准确地表现出其所建构的

---

① 宋则行博士论文前言第1页。值得注意的是，宋则行在论文致谢中并未直接提及另一位恩师斯拉法。一种解释是在他撰写博士论文期间，正值斯拉法去瑞士滑雪时摔伤了腿，在家中休养而无法顾及对论文提出更多意见；另一种解释是斯拉法极少为人作序，也不太愿意听到人说更多感谢的话（这一点与凯恩斯十分相像，凯恩斯也不愿意为别人的著作写序，或者让别人出版他的演讲内容）。抑或二者兼而有之，或许这是剑桥的传统。实际上宋则行对斯拉法感情至深，斯拉法对宋则行这位中国学生也一直十分挂念。1954年访华时，其护照上注明的第一位联系人是"Hsia Soong 宋则行，沈阳，东北财经学院（辽宁大学前身）"（第二位联系人是"王正宪，广州，中山大学"）。师生二人见面时紧紧依偎，场面十分感人。

分析框架，为此对当时广为流传的解释《通论》的希克斯的 IS – LM 分析，一开始就持否定态度（而美国剑桥（指在 MIT 任教的一批经济学家）以萨缪尔森（1970 年获诺贝尔经济学奖）、索洛（Solow，Robert Merton，1924～2023 年，1987 年获诺贝尔经济学奖）等为首的新古典综合派正是依据这一分析，努力发展"后凯恩斯主流经济学"，由此导致后来的"两个剑桥之争"）。其实新剑桥学派（英国后凯恩斯经济学）对希克斯的批判实际上也是对凯恩斯的批判。最终，"两个剑桥之争"证明了琼·罗宾逊主张的正确性。另一方面，琼·罗宾逊对马克思主义经济理论十分赞赏，并试图在马克思和凯恩斯之间架起一座沟通的桥梁。琼·罗宾逊及其学术圈的这一学术倾向，无疑会对宋则行博士论文写作的指导思想产生潜移默化的影响。其次，英国当时的历史背景。20 世纪 20 年代，英国陷入经济停滞状态，随着 1929 年秋天纽约股市暴跌，英国也卷入了大萧条，资本主义陷入全面危机。琼·罗宾逊及其学术圈正是在这一背景下建立起来的，力图建构一种顺应时代发展需求的宏观经济理论①。最后，琼·罗宾逊对国际贸易理论的研究。国际贸易理论是新宏观经济理论体系的重要组成部分，而琼·罗宾逊"是早期凯恩斯主义体系的国际贸易方面的促成者和阐述者"②，在 1937 年出版的《就业理论文集》中，"她第一个把凯恩斯的分析引伸到开放经济体系和国际贸易理论中去"③，宋则行博士论文研究的内容正是琼·罗宾逊擅长的研究领域（琼·罗宾逊指导的三位中国学生的博士论文都是围绕这一领域进行研究的）。由此可见，宋则行的这篇博士论文具有理论和现实两个方面的重要意义。

二是关于论文的选题。宋则行博士学位论文研究的是英国的出口贸易问题，这与其硕士论文选题是一脉相承的，某种意义上也与他在

---

① ［日］宇泽弘文著：《像经济学家一样思考》，李博、尹芷汐译，北京联合出版公司 2022 年版，第 141 页。

② ［美］玛乔里·谢泼德·特纳著：《琼·罗宾逊与两个剑桥之争》，胡希宁、范重庆译，范重庆、胡希宁校，江西人民出版社 1991 年版，第 330 页。

③ 宋则行：《宋则行经济论文集》，辽宁大学出版社 1987 年版，第 544 页。

中国的一段工作经历有一定的关系。但与其他一些中国学者的做法不同，宋则行没有选择他最熟悉的中国经济进行研究，而是选择当时英国学者都鲜为涉及的经济问题进行论述，"大多数文献都是研究英国主要出口行业竞争地位的恶化，很少有文献去涉及出口贸易在周期经济波动中的作用，这是令人感到惊奇的""本文的研究目的就是根据经济分析的最新进展来填补这一空白"①。

三是关于论文的研究方法。总体来说，论文的基本框架是基于标准的凯恩斯有效需求理论的。但与琼·罗宾逊的研究方法十分相似（主要是"动态非均衡"的分析框架，侧重就业理论、资本理论和经济增长理论等分析），同时也融入了其他经济学家的最新研究成果，如琼·罗宾逊的不完全竞争理论、卡恩的乘数理论、卡莱斯基的经济周期理论、马克思的社会再生产理论和危机理论。从这一点来说，具有琼·罗宾逊理论体系的明显特点，尤其是对马克思经济理论的研究。这是宋则行博士论文的一个重要特色，也是其导师一贯倡导的学术风格的直接延续。不仅如此，宋则行经济理论研究的这一特色不仅表现在其博士论文中，而且在之后的研究中始终保持。

四是关于论文的基本结构。论文主要分析1924~1938年英国出口贸易波动如何影响英国一般经济活动的进程，时间跨度14年，正是1929年大危机前后比较完成的经济周期。除前言、结论之外，全文共分七章：第一章为理论部分，主要说明相关理论问题，构成实证分析的基础；第二章分析英国出口贸易周期波动与同期英国一般经济活动变动历程之间的时间关系，同时对决定经济周期变化的各种主要因素进行检验，与其他因素相比说明出口贸易波动的重要性；第三、四、五章，分别对1924~1929年、1930~1932年、1933~1938年三个不同阶段的情况进行实证分析，主要分析出口贸易对一般经济活动影响的相对重要性；第六、七章则进一步分析出口贸易对其他一些主要行业的影响。通过上述分析，将出口贸易与社会总需求、收入分配和充分

---

① 宋则行博士论文，前言，第2页。

就业、通货膨胀（紧缩）等因素联系起来进行考察。

五是关于出口贸易在经济周期变动或反危机方面的作用。主要研究出口波动是否在经济周期中发挥主要作用，以及在经济复苏、衰退中的相对重要性。这方面的研究非常详尽也非常有意义。十分有趣的是，当人们经历了1998年的东亚金融危机和2008年全球金融危机之后，再来看一下宋则行当时笔下的1929年大危机前后发生的情况，仿佛历史再现，前后的情况有异曲同工之妙。1924年前后的英国经济已是大国开放经济。按照宋则行的分析，把出口放在与投资相对的地位上，它们都是开放体系中的一个主要变量，换言之，把出口看作是收入和经济活动的乘数分析中的被乘数之一。而且，由于只有出口（和国内投资）中用于国内市场消费部分构成收入的主要变量，因此，投资、消费和出口构成促进总需求变化的"三驾马车"。考察出口变动对总需求的影响，既要研究出口、国内投资对国内商品消费的消费倾向这三个变量的相对重要性，还要研究哪些变量引起它们的变化，以及对一般经济波动的影响。对于英国这样的开放经济体系来说，出口贸易对经济周期的重要性是显而易见的，但在经济周期的不同阶段，还有其他因素对经济周期波动产生影响。在这方面，宋则行76年前的分析仍然具有启发性：

从英国出口贸易对一般经济活动的相对重要性来说，1924~1932年，出口贸易波动是主导一般经济活动变化的主要影响因素。但1930~1932年，也有一些因素对大萧条造成的不利影响起到了减轻的作用：一是房屋建筑业和汽车业保持了原有发展水平；二是国内产品的消费倾向转变上升，但最终还是通过出口的复苏及上述因素共同作用，才引领经济走出萧条。1933~1936年，国内投资扩展源于房屋建筑业的发展，而1936年以后的扩展源于大规模设备改良，1938年进一步扩大设备改良支出，实行反衰退政策。在这里，宋则行强调了房地产、汽车业发展和固定资本更新对经济危机周期波动的影响，而这正是马克思关于固定资本更新是危机周期性的物质基础的重要观点。

从出口贸易对其他一些行业的影响而言，主要分为四种类型：一是出口呈长期下降趋势的行业，如纺织品、煤炭等；二是出口波动异常剧烈的行业，如船舶和轨道交通设备；三是具有周期性变化特点的行业，如原材料产品、建筑材料和机械类产品；四是呈增长趋势的出口产品，如汽车（摩托车例外）、化工产品等。在这一部分，宋则行分析了外需与内需的相互关系。

由此可见，出口需求与国内需求（投资需求、消费需求）之间存在密切关系。尤其对英国这个出口大国而言，经济危机对出口必然产生重要影响，使其对一般经济活动的相对重要性发生变化。在这种情况下，扩大内需弥补出口需求的不足，就成为反危机的重要选择。英国1924~1938年出口贸易的周期波动，恰正说明了这一问题。

联系当代中国，宋则行的上述论述对理解中国经济的发展、实行逆周期调节、扩大内需等一系列宏观调控政策，具有重要的启迪。须知这是76年前的论文。从中可以看出，世界经济发展具有其规律性，出口贸易大国遇到的一些问题具有相似性。从历史长河的发展来看，76年的时间验证了宋则行这篇博士论文的重要价值。

（四）

1948年9月宋则行学成回国，转向主要研究中国经济，同时在许多经济领域继续从事研究和教学。先在上海中国经济研究所任研究员，主编《经济评论》杂志，后到时在上海的暨南大学任教授。其间复旦、南开、广州岭南大学也纷纷寄来聘书，这时东北财经委员会的招聘团也来到上海。1949年8月，宋则行响应党的号召支援东北经济建设，来到中国的工业重镇沈阳，在东北人民政府统计局任研究员，1952年起先后在东北计划统计学院、东北财经学院、辽宁大学任副教授、教授、教研室主任、经济系副主任、主任，辽宁大学副校长、校文科学术委员会主席、学位委员会主席、辽宁大学经济研究所所长、辽宁大学经济管理学院名誉院长等职。同时兼任中华外国经济学说研究研究会副会长、名誉会长，全国外国经济史学会会长，全国世界经济学会副会长等学术职务。当选第三、五、六、七届全国人民代表大会代表，七届全国人大常委；担任九三学社中央常委、九三学社辽宁省主委等职务。1989年荣获全国优秀教师称号，1992年荣获辽宁省优秀专家称号，1996年荣获辽宁省功勋教师称号。2009年入选《影响新中国60年经济建设的100位经济学家》，2012年入选《20世纪中国知名科学家学术成就概览》。

从所研究的领域来看，宋则行长期潜心于外国经济史、世界经济史、外国经济思想史、世界经济、西方经济学和政治经济学尤其是中国社会主义经济研究。同时，在传承新剑桥学派经济思想，结合中国实际开展创新性研究方面取得了一系列重要的研究成果，被誉为新剑桥学派在中国的代表性人物。其在中国对新剑桥学派的传承和发展方面的贡献，主要表现在[①]：

一是为《中国大百科全书·经济学卷》（第一版）撰写有关辞条，在中国对新剑桥学派做出权威性诠释。主要有"剑桥学派""凯恩斯，约翰·梅纳德""英国后凯恩斯经济学（新剑桥学派）""罗宾逊，琼""卡尔多，尼古拉斯"等6个条目[②]。

二是对新剑桥学派的由来发展进行全面介绍和系统研究。中国改革开放后不久，于1981年撰写了"新剑桥学派"一文，对新剑桥学派的由来、新剑桥学派对新古典理论的批判、新剑桥学派理论体系的主要特点和代表人物，以及新剑桥学派理论的政策含义等进行了系统解读，使中国学者第一次对此有了更全面的了解。[③] 同年，在阔别英国33年、参加中国经济学家代表团访问剑桥大学和牛津大学时，递交了《关于我国的经济增长率问题》的论文，并与当时在牛津大学的阿玛蒂亚·森（Amartya Sen，1933~ ）和在剑桥大学的弗兰克·哈恩

---

① 林木西：《宋则行教授对新剑桥学派在中国的传承和发展的贡献——纪念宋则行教授诞辰100周年》，在剑桥大学三一学院——辽宁大学经济学院"宋则行经济思想国际研讨会"上的主旨发言（2017年10月20日）。感谢剑桥大学三一学院院长温特爵士（Gregory Winter）、剑桥大学基金会主席艾伦教授（Alan）、剑桥大学经济系主任盖蒂教授（Rupert Gatti）的大力支持。

② 宋则行：《宋则行论文集》，辽宁大学出版社1987年版，第515~551页。

③ 宋则行：《宋则行论文集》，辽宁大学出版社1987年版，第487~502页。

（Frank Horace Hahn，1925～2013年）就新古典微观经济学的最新进展进行过学术交流。在"访英札记"中对战后英国经济理论的发展概貌进行了描述和分析，使中国经济学界对1970年代以来英国宏观和微观经济理论的发展动态，尤其是斯拉法1960年出版的《用商品生产商品》对新剑桥学派产生重大影响，并导致新李嘉图主义形成有了更深刻的了解，并对1970年代以来英国对马克思主义经济理论的研究和讨论又活跃起来，有了新的认识[1]。

三是对斯拉法的价格理论进行了系统分析，并通过对李嘉图、马克思和斯拉法价格理论演变的分析阐述了自己的学术观点。1963年，中国就出版了斯拉法的《用商品生产商品》的中译本，虽曾引起中国学者的关注，但真正能够读懂并能够给出正确评价的人不多。宋则行对此进行了30余年的研究，于1995年写出了较长篇幅的论文对此进行分析。他认为"从分析方法说，斯拉法的体系是和马克思所应用的逻辑的历史的分析方法相吻合的""从实质上看，斯拉法的分析隐含着一种与马克思相似的逻辑——历史方法"[2] "马克思所论述的价值转化为生产价格的理论，可以说是对简单商品生产到资本主义商品生产发展的一个正确反映。而斯拉法依次分析的三个商品生产模式（以及米克插入补充的两个模式）基本上也是符合历史发展的，尽管由于他的精炼的写作风格没有明确的挑明"[3] "由于研究的任务和涉及的范围不同，斯拉法的生产价格理论绝不是马克思的劳动价值论的替代物，更不是不能相容的对立物，相反地，它补充和完善了马克思的生产价格理论，发展了古典传统的价格理论"[4]。

四是在经济增长理论研究方面，力图在新剑桥增长理论与马克思增长理论之间架起一座沟通的桥梁。1996年，他曾深有体会地说，作为经济学，马克思的经济学与西方经济学总有某些共通之处。例如马

---

[1] 宋则行：《宋则行论文集》，辽宁大学出版社1987年版，第503~514页。
[2] 宋则行：《马克思主义经济理论再认识》，经济科学出版社1997年版，第206页。
[3] 宋则行：《马克思主义经济理论再认识》，经济科学出版社1997年版，第209~210页。
[4] 宋则行：《马克思主义经济理论再认识》，经济科学出版社1997年版，第229页。

克思的经济增长理论同哈罗德、多马的经济增长理论就是相通的、"哈罗德的经济增长模式……，仅就这个模式的基本方程所表达的数量关系而言，与我们所概括的马克思增长模式有相通之处"①"后凯恩斯的经济增长模式更接近于马克思的经济增长模式，从分析方法看甚至可以说它是对后者的回归"②"现代西方经济学界提出的经济增长理论最接近于马克思的经济增长模式的是以琼·罗宾逊和卡尔多为代表的后凯恩斯经济增长模式"③。

五是在传承新剑桥学派经济思想的同时，结合中国经济实际开展创新性研究，创造了一些"中国第一"：1981年，在中国最早提出"社会总供给"和"社会总需求"的概念，并建议改变以农业、轻工业和重工业划分生产门类的传统方法；1983年，在中国最早提出将物质生产部门划分为原始产品、中间产品和社会最终产品三大门类；1984年，在中国最早出版了《社会主义宏观经济效益》一书；1986年，在中国最早提出社会总供求平衡的关键是"社会最终产值意义上的平衡"的观点，后逐渐被官方所接受，中国国家统计局设立了"国内生产总值"（GDP，即相当于社会最终产值）这一宏观总量指标；1989年，在中国高等学校最早出版了《社会主义宏观经济学》一书；1986年，在中国最早提出"适度经济增长率"的概念，等等④。

六是率领和指导学生长期开展新剑桥学派研究。从1978年起，宋则行教授就开始指导研究生研究新剑桥学派，1984年成立西方经济学研究室，指导博士生继续进行深入研究。1987年主编《当代西方经济学原理》，1989年主编《现代西方经济学辞典》。经过长期探索逐渐形成了以下主要研究领域：马克思价值理论，西方资本理论，后凯恩斯经济学，新增长理论，有效需求理论演进及其发展，马克思主义、新

---

① 宋则行：《马克思主义经济理论再认识》，经济科学出版社1997年版，第143页。
② 宋则行：《马克思主义经济理论再认识》，经济科学出版社1997年版，第148页。
③ 宋则行：《马克思主义经济理论再认识》，经济科学出版社1997年版，第145页。
④ 林木西：《学贯中西、"史学论"结合的马克思主义经济学家宋则行》，载于《辽宁大学学报（哲学社会科学版）》2017年第5期（总第45卷，第5期），第21页。

译者前言

古典和新李嘉图主义工资和利润分配关系比较，新制度经济学，西方制度经济史学的新进展，福利经济学，信息经济学，以及经济政策的博弈论分析等，从而为在中国创立"剑桥则行学派"奠定了理论基础①。

林木西

2024 年 7 月 1 日

---

① 林木西：《宋则行教授对新剑桥学派在中国的传承和发展的贡献——纪念宋则行教授诞辰 100 周年》，在剑桥大学三一学院——辽宁大学经济学院"宋则行经济思想国际研讨会"上的主旨发言（2017 年 10 月 20 日）。

前言

长久以来，出口贸易在英国经济中的重要性得到了广泛承认，关于这一主题的文献浩如烟海。然而，其中的大多数文献都是研究英国主要出口行业竞争地位的恶化，很少有文献去涉及出口贸易在周期经济波动中的作用，这是令人感到惊奇的①。这也许是因为这一研究主题过于显而易见，无法吸引学生兴趣的缘故。本文的研究目的就是根据经济分析的最新发展来填补这一空白。

不过，本文的研究范围也是有限的。本文以统计资料为基础，旨在说明1924~1938年英国出口贸易的波动是如何影响英国总体经济活动进程的。论文的导论主要阐明作为本文的经验研究基础的一些理论要点。在后面的章节中，首先研究在这一时期中英国出口贸易的周期波动与英国总体经济活动变动历程之间的时间关系；其次，为验证这种时间轨迹的统计比较结果所隐含的结论，本文转向对各种在经济好转与恶化的各阶段起作用的因素进行考察，并且评估在每一种情况下，与其他因素相比，出口贸易波动的相对重要性。论文用三章的篇幅分

---

① 就作者所知有两篇文章对这一问题进行了研究。一篇文章是《贸易周期中的失业》，作者贝弗里奇爵士，发表于《经济杂志》1939年3月；另一篇文章是《英国1924~1938年的经济波动》，作者为E. H. 菲尔普斯·布朗先生和G. L. S. 沙克尔先生，刊载于《牛津经济学报》第2期。但是，这两篇文章都没有超出对出口贸易的时间性与其他经济活动的时间性进行经济统计比较分析的范围。本文第二章将讨论这一问题。

别考察所研究的这一时期中的三个阶段，即 1924~1929 年、1930~1932 年和 1933~1938 年。最后，在论文第六、第七章，考察出口在英国某些行业中的作用，因为如果缺少这种考察，有关出口波动对英国国内经济影响的研究将是不完整的。

本文的研究是在罗宾逊夫人（Mrs. Joan Robinson）持续不断的指导下完成的。在此谨对她给予我的鼓励和宝贵建议表示衷心的感谢。此外我也得益于 W. B. 雷德韦先生（W. B. Reddaway）和 D. G. 钱珀瑙恩先生（D. G. Champernowne），感谢他们对论文初稿所提出的极为宝贵的批评性建议。感谢剑桥大学应用经济学系的威尔克斯夫人（Mrs. Wilkes），她对我的英语表达进行了极为贴切地校正。借此机会，我还要感谢英国文化协会（British Council）的帮助，若没有它为我提供的奖学金，我将无法进行现在的学术研究。

宋则行

三一学院

剑桥大学

1949 年 5 月

目 录

第一章 导论：出口作为增加收入的一种因素 ………… 1
- 第一节 导论 ………… 1
- 第二节 贸易余额变化对收入和经济活动的影响 ………… 6
- 第三节 研究内容 ………… 8
- 第四节 各种影响因素及其界定 ………… 11
- 第五节 对政府收支的分析 ………… 14
- 第六节 论文结构 ………… 16

第二章 英国出口贸易周期波动的时间轨迹 ………… 17
- 第一节 贸易周期中出口行业的时间特性 ………… 17
- 第二节 对出口行业周期性的分析 ………… 20
- 第三节 1924～1938年英国出口行业的周期性分析 ………… 23
- 第四节 对出口敏感型就业的分析 ………… 30
- 第五节 本章小结 ………… 35

第三章 出口贸易波动对总体经济活动影响的相对重要性（阶段Ⅰ：1924～1929年） ………… 37
- 第一节 1924～1925年经济状况的再度恶化 ………… 37

第二节　1927~1928年的倒退 …………………………………… 48
第三节　1929年的扩张及其中断 ………………………………… 51
第四节　决定扩张程度的因素——将1924~1929年
　　　　作为整体来考察 ………………………………………… 56
第五节　本章小结 …………………………………………………… 76

第四章　出口贸易波动对总体经济活动影响的相对重要性
　　　　（阶段Ⅱ：1930~1932年）………………………………… 78
第一节　大萧条 ……………………………………………………… 78
第二节　走出经济萧条 ……………………………………………… 97
第三节　本章小结 …………………………………………………… 100

第五章　出口贸易波动对总体经济活动影响的相对重要性
　　　　（阶段Ⅲ：1933~1938年）………………………………… 102
第一节　复苏与扩张（1933~1937年）…………………………… 102
第二节　1937~1938年的衰退 …………………………………… 119
第三节　本章小结 …………………………………………………… 127

第六章　出口贸易在英国某些产业发展中的作用（一）………… 130
第一节　棉纺产品 …………………………………………………… 132
第二节　毛纺和精纺产品 …………………………………………… 136
第三节　煤炭 ………………………………………………………… 140
第四节　钢铁 ………………………………………………………… 144

第七章　出口贸易在英国某些产业发展中的作用（二）………… 159
第一节　机械设备 …………………………………………………… 159
第二节　电气工程产品 ……………………………………………… 163
第三节　船舶 ………………………………………………………… 166
第四节　有色金属及其制造 ………………………………………… 170

第五节　陶器及玻璃制品 …………………………………… 172
第六节　机动车辆 …………………………………………… 174
第七节　化工品 ……………………………………………… 180
第八节　刀具、工具及科学仪器 …………………………… 184
第九节　真丝和人造丝 ……………………………………… 186

结论 …………………………………………………………… 191

参考文献 ……………………………………………………… 198
译后记 ………………………………………………………… 200

第一章

导论：出口作为增加收入的一种因素

第一节 导 论

一、本文研究依据的基本原理

本文研究依据的基本原理是：把出口放在与投资相等的地位上，它们都是开放体系中的一个基本变量；换言之，把出口看作是收入和经济活动的乘数分析中的被乘数之一。然而，以此为基本原则，我们已经开始了一个有争议的问题，即，与乘数分析中的收入水平有关的，究竟是贸易余额的变化，还是单单出口本身的变化。因此，有必要在文章伊始花费一些笔墨来厘清这一理论问题。

贸易余额的变化①（比如说，增加）可以用两种方式来表达：（1）出口增加而进口不变或减少，或者进口增加小于出口增加；（2）出口减少进口也减少，且进口减少的幅度大于出口减少的幅度。在给定国内投资水平，和收入乘数不变的条件下，由于出口增加通常会导致

---

① 此处，贸易余额指收入账户的余额，即包含有形产品的和无形产品在内的进出口收支余额。

收入和经济活动的增加。那么，究竟是贸易余额（出口减进口）的变化还是单单出口自身的变化，应该被看作与投资具有相同地位的被乘数因子之一，这个问题本身又归结为如下问题：即我们到底能否把进口增加［如（1）的情况］作为导致收入下降的因素，以及究竟是把进口减少［如（1）的情况］作为收入下降的因素，还是把进口减少［如（2）的情况］作为收入增加的因素。

答案看来将首先取决于进口的变化是否会引起进口倾向的变化。

二、两种不同情况

现在我们分别讨论两种不同的情况。一种是进口变化但进口倾向不变，另一种是进口变化且进口倾向随之改变。第一种情况可以称之为引致型或"间接的"进口变化，第二种情况可称之为"自发的"进口变化，正如科林·克拉克先生（Mr. Colin Clark et al., 1938a; Mr. Colin Clark, 1938b）所述[1]。

一个国家的进口倾向是由其产业模式、收入分配、储蓄倾向、贸易政策、国内财政政策和国外财政政策等因素决定的。只要这些因素没有任何一个发生变化，进口倾向就不会发生变化。给定进口倾向，进口变化只能是由收入的变化引起的，这就是引致进口变化的情形。任何使收入提高的因素的增加都会引起进口上升。无论是国内投资增加还是出口增加，都会直接导致对进口原材料（投资的物化材料）的需求增加，或是对投资所使用的资本设备的需求增加，通过它们所导致的收入增加，又会间接地引起对进口消费品的需求增加。因此，在投资增加的情况下，收入和经济活动的增加会伴随着一种引致的进口上升，当出口不变时，贸易余额将下降。而在出口增加的情况下，收入和经济活动的增加会引起进口增加、贸易余额提高，但这种提高要

---

[1] 但他并没有这样明确地定义它们。进口的自主变化和后果性变化之间的区别也贯穿在马克卢普的书中。

小于出口的增加。

从上面的分析中可以看出，引致进口的增加并不是造成收入下降的因素。在这些情况中，无论贸易余额是增加还是减少，或者增加的出口偶尔地恰好被引致进口的增加所抵消，收入和经济活动都会增多。换句话说，在这些情况下，贸易余额变化的方向及程度与收入及经济活动的变化没有一致性。

关于对收入变化的影响，出口和进口之间的关系类似于投资和储蓄之间的关系。在封闭经济中，如果储蓄倾向不变，投资增加通常会引起收入增加；反过来又会增加储蓄，直到储蓄与增加的投资相等为止。在这种情况下，当然无人能够从这一均衡关系中推断出引致储蓄已经抵消了投资增加引起的收入增加效应。这一结论同样适用于出口与进口之间的均衡关系。

储蓄倾向不变时引致储蓄的增加或进口倾向不变时引致进口的增加，确实都是收入流的一种漏出。它们都限制并最终阻碍了收入增长，但是它们不能引起收入的变化或阻止收入最初的增长，也不能像投资减少或出口下降那样改变收入的变化方向。此外，如果进口倾向不变和储蓄倾向不变，引致储蓄的变化或引致进口的变化对收入增加的限制效应，实际上是以乘数值表现出来的。因此，引致进口的增加尽管被看作是收入流的一种漏出，却不能被看作降低收入的因素，即像出口下降或投资减少所发挥的那种作用[①]。

[①] 在讨论了出口和进口同时向上平移的效应必须被假定为中性之后（随后我们将对这一论述进行评论），哈伯勒教授在《繁荣与萧条》一书中提出，如果出口增加会引起进口在一段时滞后的增加，这就是扩张性的。然而他也承认，这并不是基于引致进口的增加对收入没有抑制效应，就像在本文正文中所讨论的那样，而是基于"短时顺差所产生的第二效应和第三效应非常强，随后出现的进口增加也无法中断这种扩张性"。由此他断言，"单单使用乘数分析无法理解也无法分析这种发展"。我们认为，哈伯勒教授混淆了两件事：进口增加作为收入的漏出量和进口增加作为引致收入下降的因素。在他所认可的情况中，引致进口是收入流的漏出量。进口没有阻碍扩张并不是因为进口对收入的抑制效应不够大，无法抵消短时顺差所产生的第二效应和第三效应，而是因为进口倾向和乘数不变。换句话说，除非初始进口乘数变化，否则不会对收入扩张产生抑制效应，而在当前情况下，进口倾向并没有改变。因此，为什么仅仅使用乘数分析不能理解和分析这种情况呢？只有在分析收入变化和进口变化对投资和出口所做出的反应时，我们才需要超出乘数分析的范围。

英国出口贸易的周期波动（1924 –1938）

三、"自发型"进口增加必然是进口倾向发生了变化

如果进口增加是"自发型"的，或者更准确地说，进口的增加不依赖于收入变化，则必然是进口倾向发生了变化。那么，这种自发型进口增加是否会像投资减少或出口下降那样对收入起到抑制作用，取决于进口的增加是否以储蓄下降为代价或者是否以国内产品的消费减少为代价①。如果是前者，储蓄倾向会产生相应的反向变化，对国内产品的消费倾向则保持不变，从而对收入流不产生影响。如果是后者，对国内产品的消费倾向会发生相应的反向变化，引起收入和经济活动的收缩。因为收入最初的变化中只有用于对国内产品支出的那部分，会引起国内收入和经济活动的次级增加②。用乘数分析的语言来说，就是对国内产品的消费倾向，而不是总消费倾向（亦即，对国内产品的消费倾向加上进口倾向），确定了收入乘数的数值。

因此，一方面，如果出口和进口同时增加（贸易余额保持不变），且没有发生需求从国内产品向进口的转移，就像上文第一种情况中那样，收入和经济活动仍然会提高。因为被乘数增加，而乘数并没有相反方向的变化。所以，没有什么抑制效应去抵消这种扩张。另一方面，如果出口和进口同时增加，伴有对国内产品的需求向进口产品需求的转移，就像第二种情况中那样，收入和经济活动将保持不变。原因在于被乘数增加而同时乘数减少，后者的抑制效应将把出口增加所带来

---

① 这一点反过来又取决于哪些因素会引起进口倾向的变化。
② 如果正确的乘数公式仅仅是从对国内产品的消费倾向推导出来的，那么相应地，被乘数就应该是出口和投资，而不是贸易余额和投资。总产出 Y 是由国内投资 V、出口 X、对国内产品的消费 C_h 构成的，有 $\Delta Y = \Delta V + \Delta X + \Delta C_h$，其中 Δ 表示增量，由此可以推出：$\Delta Y = \dfrac{1}{1 - \dfrac{\Delta C_h}{\Delta Y}} (\Delta V + \Delta X)$。其中，$\dfrac{1}{1 - \dfrac{\Delta C_h}{\Delta Y}}$ 表示乘数，$\dfrac{\Delta C_h}{\Delta Y}$ 表示国内产品的边际消费倾向，$(\Delta V + \Delta X)$ 表示相应的被乘数。

的乘数效应扼杀于萌芽状态①。

四、乘数效应的作用基于出口（和国内投资）中用于国内市场上的支出部分

因为只有出口（和国内投资）中用于国内市场上支出的部分构成收入的初始变化，乘数效应正是基于这一部分的支出而起作用的，所以，如果出口和投资支出本身包含了进口品成分，那么当它们在乘数分析中作为被乘数时，应该从它们的总价值中减去这些进口成分②。因此，当我们说在出口和进口同时增加并没有发生从对国内产品的需求向进口产品的需求转移时，这不仅意味着对国内产品的消费倾向不变，而且也表明在出口（和国内投资）中包含的进口构成成分的比例不变③。换句话说，即使贸易余额不变，后者的变化也会影响到收入流。

---

① 在《繁荣与萧条》中，哈伯勒教授在对外贸易乘数部分新增了一些内容，出口和进口的同时增加相当于从对进口替代商品的需求转移到出口商品上。因此他认为，只有出口超过进口才能作为刺激因素，而出口和进口的同时上移必须假定为是中性的。无疑，他错过了进口增加以储蓄减少为代价但并没有替代对国内产品消费的情况。马克卢普教授在这方面与哈勃勒教授持有同样的观点。

② 在这种情况中，$\Delta Y = \Delta C_h + (\Delta V - M_V) + (\Delta X - \Delta M_X)$；其中 M_V 和 M_X 分别表示在 V 和 X 中所包含的进口。被乘数是 $(\Delta V - \Delta M_V) + (\Delta V - \Delta M_X)$；但乘数与上一页脚注中的乘数相同，即 $\dfrac{1}{1-\dfrac{\Delta C_h}{\Delta Y}}$。而且 $\dfrac{1}{1-\dfrac{\Delta C_h}{\Delta Y}} = \dfrac{1}{1-\left(\dfrac{\Delta C}{\Delta Y}-\dfrac{\Delta M_c}{\Delta Y}\right)} = \dfrac{1}{\dfrac{\Delta S}{\Delta Y}+\dfrac{\Delta M_c}{\Delta Y}}$；其中 $\dfrac{\Delta C}{\Delta Y}$ 表示"总"边际消费倾向；$\dfrac{\Delta S}{\Delta Y}$ 表示边际储蓄倾向；$\dfrac{\Delta M_c}{\Delta Y}$ 表示进口产品的边际消费倾向。$\dfrac{\Delta M_c}{\Delta Y}$ 也表示总边际进口倾向，即 $\dfrac{\Delta N}{\Delta Y}$。在投资和储蓄不包含进口的情况下，$\dfrac{1}{\dfrac{\Delta S}{\Delta Y}+\dfrac{\Delta M_c}{\Delta Y}}$ 是哈罗德先生在其著作《商业周期》中提出的公式。

③ 如果国内生产的消费品中也包含进口原材料，后者也应该被排除在外。那么乘数就是 $\dfrac{1}{1-\left(\dfrac{\Delta C_h - \Delta M_h}{\Delta Y}\right)}$；其中 M_h 表示包含在国内生产的消费品总值中的进口量。

五、分别检验出口和进口的变化是研究对外贸易对一国收入及经济活动影响的最好方法

根据上述讨论，研究对外贸易对一国收入及经济活动影响的最好方法似乎是分别检验出口和进口的变化。也就是说，一方面，我们要判断出口的变化如何影响作为收入流决定因素的被乘数的变动方向与变动程度；另一方面，也要观察进口的变化是否会影响进口的构成成份在出口和投资支出中所占的比例；进而再通过它们对国内收入获得者对国内产品的消费倾向的影响，来判断收入流的乘数。用这种方法，我们最好不要被这种自相矛盾的观点所迷惑：贸易余额的增加在一种情况下会提高收入水平，而在另一种情况下则没有影响。出口的每一次增加都会产生扩张效应，这种扩张效应是否会被进口增加所抵消，以及在多大程度上被进口增加所抵消，不是取决于出口扩张的数量是否被进口增加的数量所平衡，而是取决于进口的增加是否会减少对国内产品的需求，以及在多大程度上减少对国内产品的需求①。

这就是我们在此后各章中讨论问题所使用的一般性研究方法。

第二节 贸易余额变化对收入和经济活动的影响

一、贸易余额本身对收入和经济活动的影响

我们认为贸易余额本身对收入和经济活动有影响。本文所指出的

---

① 既包括消费品又包括投资品。

是，由于贸易余额变化的影响有别于出口变化的影响，如果没有在进口需求与对国内产品需求之间的转移，贸易余额的变化将不会通过乘数机制直接作用于收入和经济活动。贸易余额的变化对收入和经济活动的影响本是间接的，只能通过货币因素来发挥作用。但是，当我们把货币因素加入研究框架中时，我们又必须考虑到国际收支平衡表，即不仅要考虑收入账户的余额，还要考虑资本账户的余额。

以如下情况为例，假定投资率、消费倾向及进口倾向均不变，由于国外需求增加使一国的出口增加，当出口增加的扩张效应完全发挥作用时，导致收入增加，而增加的收入又会增加进口和储蓄，但仍会有贸易顺差。相应地，国内储蓄以同等数量超过国内投资。此时，除非有与贸易顺差同等数量的国外贷款，否则这不会成为一个完全均衡点。如果国外贷款最初达不到顺差的数量，并且假设汇率制度是严格的，将会有黄金的流入。如果黄金的流入可以直接对货币供给量产生扩张效应（即货币当局没有采取抵消措施），这会引起本国利率相对其他国家的利率下降，本国利率低于其他国家的利率会进一步引起国外贷款的增加，直到它等于出口顺差[1]。即使没有黄金流入[2]，或者货币当局不允许黄金流入直接对货币供给产生扩张效应，国内储蓄大于国内投资本身也会引起银行体系流动性的提高，从而降低国内利率，利率下降会引起国外贷款（资本流出）的增加（长期的或者短期的），以便平衡贸易顺差。

显然，在这一调整过程中，国内利率的变化不仅影响资本的运动，而且通过影响工资和价格，直接或间接地影响了乘数机制中的变量和参数。这最终会使收入和经济活动发生变化。

二、贸易差额变化的影响

在大多的情况下，这种仅当收入账户发生盈余（或赤字）时所要

---

[1] 收入账户的赤字或盈余如何引起资本账户的相应变动。
[2] 也就是说，这时有外汇储备的积累。

求的通过货币因素变化的调整,并不完全伴随着资本账户余额的相应变化。正常情况下,贸易差额的变化会对贷款余额产生直接影响。在这个例子中,出口顺差引起储蓄率大于投资率。如果国际资本市场是完全竞争的,相对利率不需要任何变化,储蓄率大于投资率本身就会引起国外贷款的增加。即使资本市场不完美,资本流动和贸易余额之间也可能存在广泛的一致性。因为在正常情况下,赤字国通常是那些具备有利的获利机会的国家,对贷款人有很大的吸引力。贸易顺差国是那些在国内投资的预期利润相对较低的国家,财富所有者倾向于购买国外债券。因此,在净的平衡收入或支付时,可能仅仅需要一些小的调整;所以,它们对国内利率的影响不大[1]。

总之,考察贸易余额变化对收入和经济活动的影响,必须走出乘数分析的框架,要同时考虑到资本账户的变化,看看它是否导致了一种收入和支出的净余额,看看它是否直接或间接地对相对利率产生了重要的影响,而利率的变化会影响到乘数机制里的变量和参数,进而影响收入和经济活动。

不过,国际收支平衡的调节机制已经超出了本文的研究范围,在此后的研究中,我们把国际收支余额的变化仅仅看作是影响货币因素的一种原因。

第三节 研究内容

应用前文所述的一般性研究方法,我们对 1924~1938 年英国经验的研究将集中在如下问题上:在这一时期的不同阶段,出口作为增加收入的因素,其波动是如何影响一般经济活动的过程的,旨在评估它们的变化,与国内投资活动的变化和对国内产品的消费倾向变化相比

---

[1] 在《英国的国际收支,1924-1938》一文中,T. C. 张指出,相对短期利率(即英国国内短期利率相对世界短期利率)通常与英国国际收入余额的方向相一致,但当对它们波动振幅进行比较时,这种相关性并不十分紧密。

第一章 导论：出口作为增加收入的一种因素

所具有的相对重要性。而进口的变化仅仅被看作是影响国内产品消费倾向，以及影响在出口及国内投资中所包含的进口成份比例的一种因素。

然而，用这种方法陈述问题并不意味着我们要把这三者看作是收入和经济活动的最终"决定因素"。我们十分清楚它们只是对导致收入和经济活动变化的各种因素的简单概括。所以，我们评估出口、国内投资和对国内商品的消费倾向这三个变量，作为决定收入和经济活动的被乘数和乘数的相对重要性的工作，不能停留在对它们大小的单纯统计比较上，就像它们表现出来的那样，而是要进一步去研究那些引起它们变化的主要因素。

然而，导致出口波动的各种因素主要是外在的，调节国内投资和国内产品消费倾向的各种因素也很复杂，所以有必要先进行一些初步的理论讨论。

1. 国内投资

首先，要对私人投资和公共投资进行区分。尽管后者（例如，在国防上的工程与设备支出）受政府财政政策的直接支配，影响前者的因素则各不相同：第一，对出口市场展望的变化本身就是影响国内投资的一个重要因素。第二，还要考虑到利率变化和信贷供给的影响。第三，在不同阶段，由于工资和商品价格的相对变化，导致成本—价格关系的变化，会影响到行业的利润边际，而这又会影响到投资决策。当然，在不同阶段，工资和价格的变化本身也是由一些其他因素决定的，如工会的压力、垄断程度等。第四，不能忽视政府政策的作用。一方面，税收体系或税率的变化会直接关系各行业的利润，也可能阻碍私人投资；另一方面，政府对某些行业的补贴会刺激它们的经济活动（例如，在论文研究的这段时期中的住宅建筑业）。第五，进口商品比例的变化也很重要。就像前面指出的那样，国内投资支出中只有花费在国内市场上的部分才构成了收入的主要变化。那么，即使总投资保持不变，进口商品中不同商品比例的变化，不论它是由工艺的变化所引起的，还是由特定进口投资品的关税变化所引起的，都会对收入和经济活动产生不同的影响,这同样适用于出口。

2. 消费者对国内产品的消费倾向

为考察国内产品消费倾向的决定因素,我们要对这一术语进行准确定义。第一,如前所述,只有用于国内市场的支出才会产生乘数效应,国内产品消费这一术语在这里将排除其中所包含的进口原材料;第二,基于同样的原因,它应该包含经销商从进口消费品中所获得的利润。此外,乘数分析是总量分析,消费倾向中所说的收入是国民收入,消费指的是总消费,既包括私人消费又包括公共消费。

对国内产品的消费倾向是"总"消费倾向和进口产品消费倾向的结合。如果后者不变,总消费倾向的变化必然带来国内产品消费倾向的变化。反之,如果前者不变,进口产品消费倾向的变化必然带来国内产品消费倾向的变化,因为在这种情况下,对进口商品的需求和对国内产品的需求相互之间会发生转移。

在影响进口倾向的各种因素中,关税的变化可以说是最重要的一个。如果消费品的关税发生变化,那么就会在进口消费品和国内消费品的消费之间发生转移。如果原材料的关税改变,它也会引起国内消费品生产中包含的进口产品构成比例的变化。如果后者是从与收入有关的国内消费品总值中推导出来的,那么这两种情况都会引起国内产品消费倾向的变化。此外,通常汇率贬值对进口倾向会产生与关税变化相似的效应。

关于"总"消费倾向,要区分影响私人消费的因素和影响公共消费的因素。第一,由于人们的节俭性和消费偏好相对稳定,我们可以认为"私人"消费倾向是税后收入的一个稳定函数。然而,除了税率变化的影响之外,税收结构和政府支出结构的任何变化都会引起不同阶层之间收入分配的改变;反过来,又会影响到"总"私人消费倾向。第二,对于一个严重依赖对外贸易的国家而言,贸易条件的变化也是影响总消费倾向的一个重要因素。贸易条件上有利的变化可以降低生活成本。给定收入水平不变,降低的生活成本可以刺激消费。即使以货币表示的消费函数不变，生活成本的降低也能够在实际量上提高边际消费倾向①。而且，如果是由于进口价格下降带来的贸易条件改善，人们在进口商品上花更少的钱（假定对这些进口商品的需求是无弹性的），就可以在国内产品的消费上花更多的钱。按实际值计算，消费者支出的这种再分配本身也提高了消费倾向。

另外，公共消费主要是由政府政策决定的。尽管通常在预算中政府在商品和服务上的支出在国民收入中所占份额是稳定的，一些支出项目也会由于政治变化而改变。1936~1938 年，国防支出的巨额膨胀，部分是由于工程和设备支出带来的，部分是由于对商品和服务的需求带来的，正如我们在后文中将要看到的那样，这是一个很好的例子。

第四节　各种影响因素及其界定

一、影响因素

综上所述，我们想要考察的是那些会引起下列方程中右侧各项变量的变化的因素：

$$Y = (X - M_X) + (V_i + V_j - M_V) + (C_{hi} + C_{hj} - M_h) \qquad (1-1)$$

其中：

Y 表示国民收入；

X 表示出口（有形商品和无形物品）；

V_i、V_j 分别表示私人投资和公共投资；

---

① 用相同的生活成本指数对收入序列和消费序列进行修订，如果生活成本下降，平均消费倾向或消费占收入的比重，在修订前后是相同的。但边际消费倾向，或在近似的意义上，从上一年到下一年消费增量占收入增量的比重，在修订后会提高。

C_{hi}、C_{hj}分别表示对国内产品的私人消费和公共消费；

M_X、M_V、M_h分别表示X、V和C_h中包含的进口成份。

虽然$(X-M_X)$和$(V_i+V_j-M_V)$被看作是收入变化中的被乘数，然而$(C_{hi}+C_{hj}-M_h)$可以在与Y的关联中推导出收入乘数。如果乘数理论的实质是区分收入的原始变化与二次变化，那么当前的处理方式是最合乎逻辑的。因为，如果我们选择用X和V的总值作为被乘数，从总消费C和总进口M与收入的关联中推导出收入乘数[1]，一方面，我们可能高估了收入的初始变化（因为X和V中包含部分非国内市场的支出）；另一方面，相应地低估了收入的次级变化（因为M的一部分不能被看作收入的漏出量）[2]。

二、对进口的分析

然而，上述研究框架在统计上的应用则非常困难。最大的困难就是如何估计包含在出口、投资和国内消费品生产中的进口成份。我们可以把进口商品大致分为两部分：一部分是进口消费品，另一部分是进口原材料和资本品（尽管这种区分不可避免存在某种随意性）。但是我们无法把后者再进一步区分为出口、投资和国内消费品生产中所分别包含的进口量。所以，为了使统计分析变得可行，我们需要对这种处理方法做出一些改变。既然我们的目的不是准确地计算被乘数的变

---

[1] 被乘数是$(X+V)$，相应地乘数为$\dfrac{1}{\left(1-\dfrac{\Delta C}{\Delta Y}\right)+\dfrac{\Delta M}{\Delta Y}}$。

[2] 严格而言，总进口是出口、投资和总消费量的函数，其总和等于国民收入加进口。总进口是与这一总和相关联，而不是与国民收入相关联。尽管对消费品的进口是由收入支付的，也被看作是收入的漏出量，但出口和投资中所包含的进口，既不是来自由出口和投资引致的初始收入，也不是来自直接引致消费品进口的次级收入流量。所以，尽管出口和投资中包含的进口与收入的变化密切相关，因为收入变化本身就是出口与投资变化的结果，但它们不能被看作是收入的漏出量。它们是国民生产总值的一部分，但并不构成国民收入的组成部分，后者被定义为国民生产净值，国民产出总值等于一国生产的全部最终产品和劳务的总和，其中包括了进口产品中所包含的原材料。

化，也不是估计乘数的数值，而是比较方程（1-1）所汇集的三个被乘数项的变化在时间过程中对收入和经济活动的相对重要性，以及探究是哪些因素引起了这些变化，我们就不需要严格遵循这种逻辑顺序，而可以把方程（1-1）改写为以下形式：

$$Y = X + (V_i + V_j) + (C_{hi} + C_{hj}) - M_{X+V+h} \quad (1-2)$$

我们将从 X、V 和 C_h 总值与 Y 相关联的视角，来比较出口、国内投资以及国内产品消费倾向的相对重要性。此外，我们还将在与 X、V 和 C_h 加总值的关联中把 M_{X+V+h} 看作是影响收入和经济活动的另一个简化因素。再有，$(C_{hi} + C_{hj})$ 可以重新表示成 $(C_i + C_j)$ 与 M_c 之间的差；其中 C_i 和 C_j 分别表示私人总消费和公共总消费，M_c 表示进口消费品。换言之，我们将把国内产品的消费倾向的变化进一步看作是总消费倾向的变化和进口消费品消费倾向变化的结合。

三、对进口的进一步分析

当然，这种修正的处理仍然涉及将进口分为消费品进口和原材料及资本品进口两部分的程序。如前所述，这种分类不可避免地具有一定的随意性，但这种程序却是可能的。按照这种区分，每一组的绝对规模仅仅是一个大约值，但是由于在整个研究阶段都是采取这种分类法，所以它们在时间进程中相对于国民产出总值的变化就可以一般地表明在我们所采取这种考察的这一时期的不同阶段，它们是否以及在多大程度上成为影响收入和经济活动的因素。

然而，为了检验这种任意性（如果有的话）是否会影响分析的准确性，我们将方程（1-2）再重写为如下形式：

$$Y = X + (V_i + V_j) + (C_i + C_j) - M \quad (1-3)$$

在方程（1-3）中，消费和进口都被看作整体，从而无须进行分类。因此，当对出口总值和国内投资总值进行比较，以观察它们作为增加收入的因素的相对重要性时，我们把总消费倾向看作收入倍增因素，这时将不波及任意性①把总进口倾向看作收入漏出因素②。这时将不涉及任意性的问题，尽管在初始收入变化和二次收入变化之间的区分变得模糊了，但并不存在任意性。

我们使将用这种可替代的方法来检查根据方程（1-2）所描述的方法得到的结论。

第五节　对政府收支的分析

一、对政府活动的分析

在此，我们可以考虑在所讨论的方程中是否需要对政府活动进行单独的简明表述，因为它们在我们所研究的这一阶段很重要。

一般认为，政府赤字和盈余应该被看作是收入的被乘数构成项之一（Clark，1947）。然而，我们认为，政府赤字或盈余也许并不总是表现出对国民收入产生相应的扩张性或收缩性影响。我们前面将出口而不是贸易余额作为与投资相并列的因素，所基于的同样理由，也适用于这里。政府财政无疑包含两个方面：一方面是公共支出，另一方面是公共收益（主要是税收）。不过，尽管公共支出增加肯定会对收入增长产生扩张效应，税收增加却并不必然对收入增长产生抑制效应。如果税收增加而税率不变，这可能仅仅是因为收入增加。因此，如果公共支出和税率不变，政府财政盈余可能只是公共储蓄增加的结果，而公共储蓄增加则源自其他因素影响导致的收入增加。这会限制收入的增长，正如收入增加带来私人储蓄增加那样。但是，这既不会像投资或出口下降那样导致收入减少，也不意味着总消费倾向或总储蓄倾向的变化。

---

① 尽管从逻辑上看，只有在国内市场上消费的那部分才能作为收入倍增的因素。
② 尽管从逻辑上看，只有进口消费品部分才能看作是收入漏出因素。实际上，总进口倾向既影响收入的漏出，又影响国民产出中进口的比例。

即使税率改变，除非它使得私人储蓄减少、私人消费增加，否则也不会对收入产生紧缩效应。因此，如果政府盈余是由于税率提高和公共支出不变引起的，它是否会影响收入将取决于它究竟是导致消费倾向的下降，还是储蓄倾向的下降。

简而言之，公共支出的每一次增加都会带来扩张效应，这种扩张效应是否会被税收的增加所抵消以及在多大程度上被抵消，不是取决于支出的增加是否被税收的增长所抵消以及在多大程度上被抵消，而是取决于税收增加是否以及在多大程度上减少了与收入相关联的私人消费。

二、税收结构变化对政府财政收支的影响

此外，保持政府总收入和支出不变，并且没有政府盈余，仅仅是税收结构的变化或者支出分配的变化也会通过收入分配的效应而沿着不同方向影响收入流，这反过来，也会影响到消费倾向。

因此，政府赤字或盈余绝对规模的变化并不能显示政府财政对收入流的净效应的方向和量值，除非其中也包含了它相对于收入的规模变化，而这将意味着税率的变化将全部地传递到消费倾向（增加或减少），而在税收和支出结构上没有任何相反方向的变化。因此，考虑到这些复杂情况，政府财政的两个方面都应当加以考察。虽然政府支出的变化可以被看作与出口和私人投资一样，但是税率的变化、税收结构的变化以及支出结构的变化只能被看作是影响"私人"消费倾向的因素。就像我们在最后一部分中所看到的那样，政府支出的两个组成部分：公共投资（V_j）和公共消费（C_J）[①]，在方程中已经给出了它们

[①] 从逻辑上讲，公共消费也应该区分为两部分：一部分在政府一般性支出中占主体，它与国民收入具有大致稳定的关系，这部分支出可以与私人消费在同等意义上看待；另一部分相对于收入变化更具有自主性并且受政治因素所支配，这一部分可以与公共投资相并列。但是，这种区分仍然难以用在统计应用上，任意性仍然难以避免。而且后面将会看到，从统计上对公共消费与私人消费进行区分也是非常困难的。同样，将公共投资与私人投资进行区分也是很困难的。在我们的实际分析中（第三章到第五章），没有给出公共消费和公共支出的完整序列，但是在所研究的时期的每一阶段，将对决定它们变动以及它们相对于私人部门所具有的重要性的因素进行考察。

的表达式。至于税率的变化、税收结构以及支出结构的变化，我们无法在所讨论的方程中分别给出它们的表达式。虽然如此，就如前文所述那样，我们的工作不仅仅是对方程中的各项进行统计比较，而是要更进一步去研究决定这些组成项的各种因素。在本章的第二部分，当我们考察决定消费倾向的初步因素时，实际上已经提到了它们的重要性。

第六节 论文结构

上述讨论为后面四章关于 1924～1938 年这一时期的统计分析提供了理论背景。接下来，我们首先研究出口波动和英国总体经济活动变化过程之间的时间关联性，考察前者就其时间特征而言是否在经济周期波动中发挥了主导作用；其次，我们要评估与前面第三节中的公式（1-1）和公式（1-2）那些简化项中所包含的决定性变量因素相比，在生产的上升或下降过程中出口波动所具有的相对重要性，以及在论文考察的这一时期的不同阶段，出口波动对决定扩张或收缩的程度所具有的相对重要性。

论文的最后两章（第六章和第七章）将简要考察出口在英国某些特定行业发展中的作用。

第二章

英国出口贸易周期波动的时间轨迹

本章的研究目的是：研究英国出口贸易的周期波动与1924~1938年英国总体经济活动变化过程之间的时间关系。

第一节　贸易周期中出口行业的时间特性

在关于英国失业统计的调查研究中，贝弗里奇（Bevendge，1939）指出了有关英国商业周期的两个事实：第一个事实是，在英国的贸易周期中，无论是进入萧条还是走出萧条，出口行业在时间上都具有一种领先性的趋势[①]。这一趋势的证据可以从1927~1938年12个工业群组的失业指数中找到，在这12种工业群组中，纺织业和金属制造业主要依赖于出口，它们的萧条顶点更早地出现在1931年，而其他10种工业群组则是在1932年才出现。

然而，就像贝弗里奇爵士自己所承认的那样，纺织业和金属制造业较早出现萧条顶点仅仅表明这些出口行业率先走出了萧条。为说明这些行业同样也率先步入萧条，他把1938年的失业指数表示为1937年失业指数的百分比形式，在每一种情况下，纺织业和金属制造业在向

[①] 第二个事实是这样一种趋势，即贸易周期的转折点总是出现在一年中的某一个或某几个特定季节。本章不讨论这个问题。

上转折点出现之后的第一年里的下降程度,都明显地超过其它行业。

在他的《自由社会中的充分就业》附录 A 中,这一事实作为周期波动的四大稳定特征之一反复出现。然而,由于如下一些原因,他的这些证据并不那么令人信服。

第一,尽管他的失业指数是依据季度数据构造的,但是他提出并用作论据使用的却是年度指数。一般认为,当对不同的时间序列的转折点进行比较时,年度指数容易模糊时间性。年度指数中数值最低的年份或者一年中数值最低的季度平均值或月度平均值并不表示指标最低的季度或月份必然出现在同一年。也许,英国出口行业在经济周期波动中的时间领先地位,将更清楚地显示在季度数据或月度数据中。

第二,贝弗里奇爵士的失业指数是根据参保的男性中失业者的百分比建构的。除了将数据局限于男性这一缺陷外①,不同行业失业百分比的变化并没有很好地反映其各自领域中的实际波动。当参保者的数量发生变化时,如果参保人数在同一时期按比例地增加,而失业百分比保持不变,就业数——它能够更准确地反映行业活动——可能会上升。对于他关于出口行业在经济周期波动中具有时间领先性的论点,无论还能提供其他哪些论证,但只要使用这样建构的失业百分比指数去发现不同行业之间的时间关系,就可能会产生误导。

第三,尽管贝弗里奇爵士已经提到了在这两个群组中单个行业萧条顶点的出现,而且在这两个群组中大部分行业都严重依赖于出口也是事实,然而把所有的纺织行业和所有的金属制造行业看作一个群组,来考察它与其他群组之间的时间关系,恐怕也难以反映现实情况。因为一方面,在这两个群组中,特别是在金属制造业这一群组中,相当多的行业对内部周期循环也非常敏感;而另一方面,在这两个群组之外,某些行业的出口量也占其产出的相当比重。当然,在所研究的这一整个时期中,因为缺乏每一行业中出口产品在其产出中所占比例的数据,或者缺乏每一行业中用于生产出口商品的那部分就业所占比例

---

① 众所周知,纺织行业中女性就业至关重要。

的数据，对出口行业的任何分类都不可避免地具有任意性。但是，如果更仔细地考察可能会提供一个更好的分组，而不仅仅是把所有的纺织品行业和所有的金属制造行业简单加总。

第四，在向上转折点后的第一年，纺织业和金属制造业的大幅下滑并不能支持出口产业引领经济进入萧条的观点。它仅仅表明，经济出现转折后的第一年，萧条对出口产业的影响要远远大于对其他产业的影响。换句话说，它仅仅表明出口行业的波动幅度更大。此外，萧条对不同行业影响的严重性不同也表明，要么是不同产业对相同的抑制因素有不同的反应，要么是因为除依赖于出口的因素外，还有其他一些抑制因素在同时发挥作用，但是这些因素对其他行业的作用力小于那些抑制出口行业的因素的作用力。

当然，上述评论并没有否定在英国经济波动中出口产业的时间领先性。我们所指出的是贝弗里奇爵士对其论点的论证并不足以令人信服。他论据中的大部分不足都是可以避免的，就像菲尔普斯·布朗先生和沙克尔先生在其统计分析中所做的那样。两位作者进一步发展了贝弗里奇爵士的分析，在他们的研究中，用参保的就业者替代了失业百分比，并对每个月每种职业中参保的就业者人数进行了估算。

此外，他们对行业分类也进行了改进。出口敏感型行业中参保的就业者数量成为了一个独立序列，它现在只包括纺织业群组和金属制造业群组中的一部分行业。这两个群组中那些对"国内波动高度敏感"的行业被剔除了，而那些在这两个群组之外，却又严重依赖出口市场的行业则被包括进来。而且，他们用同样的方法检验了出口敏感型行业在进入萧条和走出萧条中的领先性，这种方法就是比较出口敏感型行业和其他行业之间就业的月度变化。

如他们所宣布的那样，布朗先生和沙克尔先生的研究结果明显证实了贝弗里奇爵士的观点，即1924~1938年，在标志性的转折点上，出口敏感型行业的就业变化起到了领先作用，而其他各个行业参保的就业人数合起来，总是落后几个月。

然而，由于在他们的研究中，出口敏感型行业群组中每一类职业的参保就业者月度数值，都是从所估计的每种职业中总参保人数的月度数据减去每月的参保失业者人数而得到的，而这种估计值又是基于对大不列颠所有职业中参保人数总估计值的月度变化运用内推方法得出的，这种内推方法本身不可避免地含有一些任意性假定，就像两位作者自己所指出的那样。此外，一方面，即使是出口敏感型类别中的各行业[1]，其产品也有不小的比例是在国内市场上出售的[2]，国内市场的波动也会对这些行业中的就业的时间变化产生一些影响；另一方面，某些诸如煤炭、钢铁冶炼以及所有工程类行业，由于它们也对内部波动极为敏感而被排除在出口敏感型群组之外，但实际上其产出中有相当大的比重是在国际市场上销售的[3]。因此，为了检验在内推和分类中这些任意性是否会对出口敏感型就业序列的可靠性产生明显的影响，我们应该将其与总出口量本身的波动性进行比较，后者显然是不包含这种随意性因素的。

在这种检验之后，我们应该继续对出口型就业的领先地位与其他就业进行比较。此外，为考察出口贸易相较于其他行业就业而言对一般经济活动的影响程度，用总就业量的变化表示，并与其他就业相比较，在本章的最后一部分，还要对所有这些系列数据的周期模式进行比较。

第二节 对出口行业周期性的分析

在开始检验实际数据之前，需首先考虑：如果出口贸易是影响一般经济活动变化方向的主要原因，那么在所讨论的各种不同序列中，我们将期望出现怎样的合乎逻辑的时间顺序。

---

[1] 这些行业是：镀锡；纯棉；亚麻；爆炸品；钢铁管材；手工工具；餐具；锯；文档；黄麻；毛纺织；乐器制造；麻绳；绳线等；鞣革、养护和敷料；橡胶、化工；陶工陶器等；科学仪器、摄影器材及装置；运输服务业。

[2][3] 此处结论将在本书第六章和第七章详细论述。

我们以如下情形作为研究的出发点：假设出口产业中的工厂机器设备并没有达到其完全生产能力。如果出口市场上的需求情况不变，出口行业和其他所有行业的产出都存在着恒定的流量。此外，商品和原材料存量也都保持在正常水平上。现在：（1）假设出口订单意外增加，首次交货只能从正常的存货中提取，因而在第一阶段，出口行业的原材料的进口和就业不会随着出口交货报关量的增加而增加。（2）如果得到出口订单的时间远远早于交货时间，而且订单的数量也没有大到必须在不增加工人数量的条件下通过增加现有工人的劳动时间和增加库存原材料的使用量来生产出口商品的话，那么，只要最终的制造过程一完成就立即交货，出口产品量就将随着出口交货的增加而增加。在这种情况下，就业和原材料的进口仍然不会增加。（3）如果出口订单的增加不仅远远早于交货时间，而且订单是长期持续的且数量如此之大，以至于在现有工厂设备的情况下，出口行业要想满足这种增加的需求将不得不增加就业人数并进口更多的原材料。那么我们就可以合理地预期，出口引致的就业和原材料的进口的增加，在时间上将要领先于生产以及出口交货数量的增加，因为生产无论如何总是要耗费时间的。（4）如果预期出口订单将会持续增加，而出口行业中工厂的机器设备已经在其最大生产能力上运行或将很快达到其最大生产能力，企业将做出扩大固定资本设备的决策，因而发出对于相关的资本品行业的新设备的订单。而生产这些固定资本品的企业面对这种引致的需求，首先也是要依赖于原有库存，然后才会增加就业人数和进口原材料。而当新设备安装使用后，我们可以预期这些出口行业将会进一步增加工人数量及原材料进口，然后会出现更大的出口规模。（5）当在第三阶段出口行业的就业增加、在第四阶段为出口行业生产资本品的相关行业就业也增加时，我们将预期乘数效应开始发挥作用了。然后，消费品生产行业在经过短暂的消化存货之后，其就业和产出将出现二次增加。当然，在出现这种累积的扩张作用时，我们也可以预期，由于通常所称的加速数原理的作用，资本品生产行业的就业和产出将会进一步增加。

总之，一方面，在出口订单持续增加的情况下，我们可以预期如下的时间顺序：出口报关的交货数量首先增加，然后是出口行业中进口原材料、就业和产出的增加。当处于拥有大量的非意愿存货等待消化的萧条的底部阶段，以及出口生产者对于出口订单复苏的最初信号尚未果断做出反应时，情况尤其如此。但是，如果经济衰退时间很短、程度不深，或者复苏的力量强劲而又确切，后两者可能会同时增加，甚至于在出口量（也就是产出和交货量）增加之前就已经增加了。也就是说，出口订单会直接按照（3）中描述的方式得到实现，不用经过前面的两个初始阶段，或无须满足所有这三种方式同时出现。随后将出现与出口行业具体相关的资本品生产行业中就业和产出的增加。最后，是消费品生产行业和一般的生产者物品行业的就业和产出的增加。

另一方面，当出口订单的增长率或绝对数量开始下降时，或者预期将要下降时，我们认为，出口行业资本设备的扩张将会停止，从而那些与出口行业有关的资本品生产行业的就业和产出将率先下降；然后，出口行业自身就业和原材料进口的增长将会停止。首先，由于在订单和交货之间通常存在着时间间隔，特别是在扩张阶段，越是接近于繁荣的顶端，这种时间间隔将越被延长，实际出口交货量（即在海关报关的出口量）的下降要晚于出口行业就业和产出的下降，也晚于进口原材料的下降；其次，出口行业就业量的下降及相关资本品生产行业就业量的下降，反过来也许会减缓增长率，或通过负的乘数效应降低消费的绝对量，而这种负乘数效应首先将引起一般生产者物品行业就业和产出数量的下降，如果没有其他力量来维持它，然后又会引起消费品生产行业自身就业和产出的下降。从而一种累积的萧条过程就发展起来。

迄今为止，我们并没有考虑由总就业变化过程所代表的一般经济活动的时间性。如本文前文所述，在时间顺序上，如果出口需求的变化是产生各种影响的根源，那么，根据我们的预期，在出口行业的出口数量和就业量的变化与其他行业的就业变化和产出之间，将存在着某种的迟滞，无论在周期的上升阶段还是下降阶段都是如此[①]。因此，

[①] 在下降阶段，那些与出口行业特别相关的资本品，其下降也许不会晚于出口。

当出口行业的出口量和就业量开始下降时，其他行业的就业量和产量仍会持续上升一段时间。同理，当前者开始增加时，后者仍会持续下降一段时间。所以，无论是在经济向上的转折点或是向下的转折点，总就业量和物资产品的生产是否与出口行业的出口量与就业量表现出相同的时间模式，将取决于出口行业的产出和就业量在整个经济中所占的比重，以及出口需求的初始变化对经济的影响势头。

第三节　1924~1938年英国出口行业的周期性分析

我们现在就根据前面讨论的观点，来考察1924~1938年所观察到的实际的时间关系。在图2-1中，所有的时间系列数据均为季度指数，设1930年=100，并排除了季节性变动。

图2-1各指标说明如下：

（1）出口总量的季度指数——以1924~1939年各期贸易部杂志上的数据为基础。1924~1926年的杂志上没有出口量的季度指数。但是有以1924年价格为基础的总出口的季度值，如果令1924年的价格等于100，它可以很容易地转换成出口数量指数。该杂志设定1924年的季度指数=100，然后得出1927~1930年的季度数量指数；以1930=100，得到1931~1936年的季度数量指数；以1935=100得到1936~1938年的季度指数。我们以1930年为同一基期年，令1930年价格指数=100，把这些不同时期连接起来，并排除了季节性波动的影响。

（2）某些出口敏感型行业中参保就业人数的季度指数：原始月度数值是由菲尔普斯·布朗先生和沙克尔先生在排除了所估计季节性波动的影响之后，估算出来的。为了与贸易指数进行比较，我们以1930=100，把这些数据转变成季度指数。

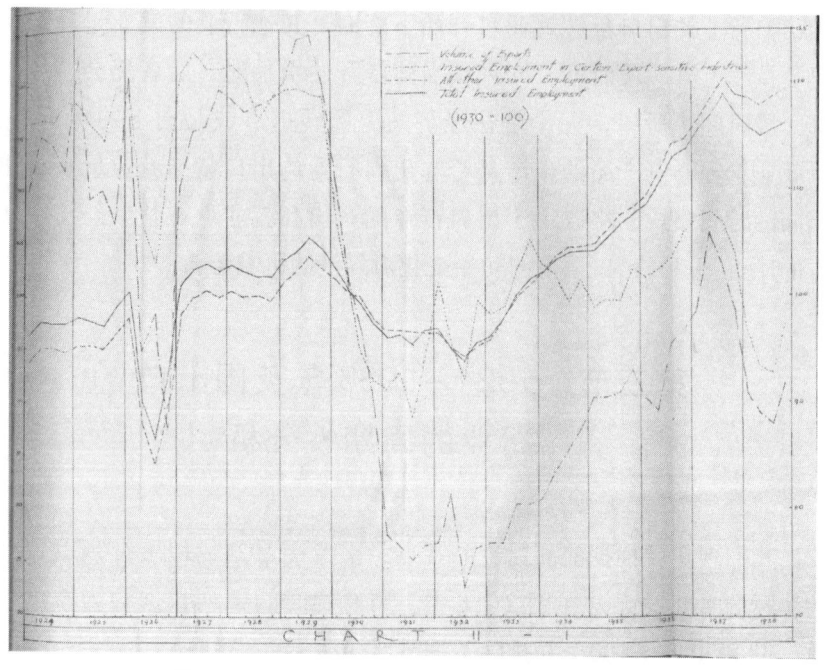

英国出口贸易的周期波动（1924－1938）

图 2－1　1924～1938 年英国出口行业的周期性

注：图中折线自上而下依次为：出口量、英国某些出口敏感型行业中参保的就业者数量、英国所有其他行业中参保的就业工人的数量、英国就业中的总投保人数。

（3）所有其他行业中参保的就业人数的季度指数：原始数据是通过从经由菲尔普斯·布朗先生和沙克尔先生进行季节性修正的就业的总参保人数，减去他们所估计的出口敏感型行业就业量的月度值得到的。为了与贸易指数进行比较，我们也把这些数据转化成季度指数，并令 1930＝100。

（4）就业中总参保人数的季度指数：原始月度数据来自英国劳工部的估计值，并经由菲尔普斯·布朗先生和沙克尔先生进行季节性修正。原始的季节性修正系列数据截至 1938 年 10 月。我们用一些必要的调整把数据扩展到 1938 年底，并且以 1930＝100，把这些数据变成了季度指数。

如果我们仅考虑时间超过一年的这种从谷底到谷底的波动，并且忽略 1926 年，这一年（5～12 月）英国经历了全面罢工，那么在我们研究的这段时期中共有四个显著的上下波动。第一个包括了1925年的复原，第二个是1927~1928年的摆动，第三个包括图2-1中四个系列数据所体现的1929年的"繁荣"及1930~1932年的大萧条；第四个是1937~1938年的短暂衰退。这四个上下波动的转折点如表2-1所示。

表2-1　　　　　1924~1938年英国出口行业的周期性

转折点	出口量 （1）	出口敏感型就业量 （2）	所有其他就业量 （3）	总就业量 （4）
P	1Q*25	4Q*24	1Q*25 2Q*25	1Q*25
T	4Q*25	3Q*25	3Q*25	3Q*25
P	4Q*27	2Q*27	3Q*27	3Q*27
T	2Q*28	3Q*28	4Q*28	4Q*28
P	2Q*29 3Q	1Q*29 2Q	3Q*29	3Q*29
T	3Q*31 3Q*32	3Q*31 3Q*32	3Q*32	3Q*32
P	2Q*37	2Q*37	3Q*37	3Q*37
T	3Q*38	3Q*38	2Q*38	2Q*38

注：（1）P代表向上的转折点或顶点；（2）T代表向下的转折点或谷底；（3）1Q、2Q、3Q、4Q代表一年中的四个季度；（4）括号中的转折点是次最低点或次最高点，或不明显的转折点。

当然，前两个波峰—波谷与后两个不可比。事实上，在两次大战期间，只有三个主要周期。一个出现于第一次世界大战后的初期，它不在我们研究的时间范围内。在这一周期中，繁荣开始在1919年春季出现，到了1920年四月则被打破，到1921年的第二季度则达到了最低点，出现了最高的失业[1]。这是第二个主周期实际开始的时间。如果忽

---

[1] 庇古教授《1918-1925年的英国经济史》中提到，经济衰退持续下去，直到1922年底之前，一直没有表现出明显的复苏迹象。如果把1921年第二季度看作是直到1929年才结束的第二个主要周期的起始波谷，后者的日期可以被看作是我们所研究的时期中第一个上下波动的波谷的起始点。

英国出口贸易的周期波动（1924—1938）

略1926年的短期上下波动和全面罢工，我们可以看到，这一主周期直到1929年才达到其顶点。随之而来的波谷出现在1931～1932年。因此，1924～1925年和1927～1928年出现的最初的两个短暂的峰谷变化仅仅是在第二个主周期的上升阶段中出现的小幅摆动（或者像庇古教授所说的那样，属于"微风拂动"）。实际上，如图2-1所表明的那样，这些波动本身并不能明确地反映总体失业的系列数据。不过由于在与出口有关的这些系列数据中可以清楚地显示它们的存在，当对出口与其他经济活动的时间关系进行检验时，它们看起来并非不重要。1933年走出大萧条的复苏标志着第三个主周期的开始。然而紧随1937年的繁荣而来的衰退非常短暂，它很快就被阻止了。

现在，我们首先来检验表2-1中前两个系列在经济上行转折点的时间性，即出口总量[序列（1）]和出口敏感型就业量[序列（2）]的时间特征。正如前文指出，因为通常在得到出口订单和在随后的经济扩张期实际交货之间存在很长的时间间隔，也因为出口行业作出是否增加雇佣工人的决策更多地取决于出口订单而不是实际交货，我们可以预期序列（2）要比序列（1）更早地达到复苏转折点，至少与序列（1）同时达到复苏转折点。表中列出的它们的实际时间轨迹证明了我们的结论。所有出口敏感型就业的复苏转折点（序列2）都要比出口数量的复苏转折点提前一个季度或一个季度以上，唯一例外的是1937年。在1937年，出口敏感型企业的就业和出口量同时在第三季度达到复苏转折点，但即使在这种情况下，出口敏感型企业的就业增长率在1937年第二季度就已经开始下降，而出口量在第二季度仍在急剧增加。

接下来，我们来检验序列（1）和序列（2）底部转折点的时间性（即向上转折）。正如前文所指出的，在萧条时间存在大量的非意愿积累的存货。当出口订单首先增加时，可以在收到订单后，利用存货立即付货，没有一点耽搁。而且，如果出口最先表现出复苏的迹象，但悲观主义仍很流行时，出口生产商可能会犹豫：要不要立刻增加雇佣工人，要不要立即增加对原材料的进口需求。因而，我们就可以认为，出口量（即实际付货）也许要早于序列（2）达到其最低点。但是，如果衰退不严重、时间也不长，或者当出口开始表现出复苏迹象时悲观主义情绪已经要消失了，出口总量和出口行业的就业将同时达到最低点。

表2-1中序列（1）和序列（2）在底部转折点的实际时间特征并不能完全证明我们的预期。不过，对这种形式上不一致的情况是能够给一些解释的。在1925年的再度衰退中，经济的下行从1925年初的峰顶就开始了，而出口量直到第四季度才达到最低点，与我们所预期的相反，它比其他两个序列到达波谷的时间晚了一个季度。这是由于季节性波动的过度调整造成的，因为原始数据表明，出口量也是在第三季度达到其最低点。此外相对而言，1925年的衰退规模小且时间短，从事实上看，在1925年第三季度，所有序列都从各自的波谷急剧上升，悲观主义也许还没有发展起来或强大到足以使出口生产者对出口订单的增加延迟做出反应的地步。

然而，正如预期的那样，出口量从1928年衰退中的复苏比出口敏感型就业量提前了一个季度。

在大萧条年代，经济的第一个波谷出现在1931年的第三季度。这两个系列同时达到其最低点。在如此严重的大萧条中，我们预期，就业的复苏要晚于出口交货量的增加，如果交货处于一种正常情况下的话。然而，当这两个序列从第三季度开始都急剧上升时，它肯定是对九月英镑大幅度贬值的突然刺激所做出的即时反应，如果没有这一因素，第三季度也就不会被看作经济的谷底。在1932年和1937~1938年出现的随后两次衰退中，由于它们的时间都很短，出口量的恢复与出口敏感型就业恢复的起始点是一致的，正如我们预期的那样。

上述对序列（1）和序列（2）的转折点的研究，对菲尔普斯先生和沙克尔先生给出的关于出口敏感型就业量变化的估计的可靠性给予了粗略的检验。然而，图2-1中所描述的这些曲线的更大量的特征，我们可以发现，在他们所估计的出口量的变动和出口敏感型就业量的变动之间存在着某些背离。

出口敏感型就业［序列（3）］曲线表明，1927~1929年的普遍扩张时期，出口敏感型就业在1927年第二季度达到其第一个波峰，在

英国出口贸易的周期波动（1924－1938）

1929年上半年达到其第二个波峰，第二个波峰要低于第一个波峰，并且它看上去更像是一个高原；然而，出口量［序列（1）］曲线表明，在同一时期，出口量在1927年第四季度达到其第一个波峰，在1929年中期达到其第二个波峰，第二个波峰看起来也像一个高原，但与序列（3）相反，第二个波峰要高于第一个波峰。如果忽略这些年中各季度间的波动，我们可以很容易地看到两种背景的趋势：出口量增加而出口敏感型就业量下降。这种相互背离可以以下两种方式来解释：一是劳动生产率大幅度提高，更少的就业量可以生产出更多的出口产品；二是出口敏感型就业量的序列数据本身不完整。

关于第一种可能性，虽然由于缺乏证据而无法提供深入系统的证明，但表2－2中关于某些大的出口项目的就业和生产数据也可以为解决这一问题提供某些启示。

表2－2　　　　　　　主要出口项目的就业和产出数据

年份	棉花 参保就业量 (1)	棉花 产出量 (2)	(2)/(1) (3)	煤炭 参保就业量 (1)	煤炭 产出量 (2)	(2)/(1) (3)	钢铁 生铁 参保就业量 (1)	钢铁 生铁 产出量 (2)	(2)/(1) (3)	钢铁 马口铁 参保就业量 (1)	钢铁 马口铁 产出量 (2)	(2)/(1) (3)
1927	158	—	—	115	103	90	118	115	98	101	92	99
1929	145	—	—	107	106	99	111	123	111	106	108	102

注：①列（1）和列（2）为指数以1930＝100。②参保就业人数来自劳动公报（Ministry of Labour Gazette）；棉花产量数据来自Y. N. Hsu先生在剑桥的论文"大萧条期间的英国棉纺工业（British Cotton Industry during the Depression）"；煤炭和生铁数据来自英国统计摘要（Statistical Abstract of U. K.）；马口铁产量数据来自英国钢铁联合会（British Iron and Steel Federation）的统计资料。

从表2－2第3列中可以清楚地看到：在这三个行业中，由于没有涉及工作的小时数的变化，所以与1927年相比，1929年的平均劳动生产率提高了（当然只是大致的估算）。然而这并不意味着所有其他出口行业也都具同样的生产率提高的趋势。我们所能说的是，1927～1929

年，由于棉花、煤炭和钢铁三个行业的出口量占总出口量的35%以上，这些出口行业劳动生产率的提高可以部分地解释出口量和出口敏感型就业之间出现相互背离趋势的原因①。

但是最重要的原因也许存在于如下事实当中：序列（2）中包含的主要项目是纺织业（棉花、羊毛精纺、亚麻、麻、大麻、麻绳等），1927~1929年，就业量和出口量都下降；而还有大量的出口产品被排除在这个序列的数据之外，比如说大部分钢铁产品（除了镀锌钢板和铁路外）、有色金属、机械、电子产品、交通工具和其他各种各样的产品，这些产品在同一时期都是增加的②。因此我们就可以认为：这些出口品行业的就业量也会增加，尽管在生产率提高的情况下，这种就业量的增加不一定和产量的增加成正比。把这些行业排除在出口敏感型的就业之外，可能是使后者的系列数据产生向下偏差的主要原因。

序列（1）和序列（2）主要特征之间另外一个较大的差异是：1931年到1932年的大萧条期间，它们各自的低谷水平不同。从1931年第四季度到1932年中期，在两个波谷之间出现过短暂的复苏，这种复苏完全是由于1931年9月英镑的大幅度贬值带来的。而当这种膨胀消失后，出口敏感型就业量下降，其新的波谷比之前的波谷位置高；出口量也下降，但其新的波谷却比之前的波谷位置更低。这种离差仍然可以用出口敏感型就业的序列数据的不完全性来解释。在这一序列中所包含的大多数项目，特别是那些在这一序列中发挥主要作用的项目，如棉花、羊毛精纺、马口铁、钢铁管材、刀具、化学品，都在1931年达到其最低水平，而在这一序列之外的很多项目，如煤炭、生铁、镀锌板、铁轨、机械、电子产品、交通工具（小汽车除外），直到1932年或1933年才达到其最低水平③。正是由于把这些项目排除在外，导致出口敏感型就业序列在1931年第三季度就达到其最低值。

---

① 序列（2）中并不包含煤炭，如果煤炭也被包含在序列（2）中，那么出口量和就业量之间的这种差异性将会加大，原因在于1927~1929年就业量是下降的，而同1927年相比，1929年的出口量则是增加的。

②③ 此处结论将在本书第六章和第七章详细论述。

英国出口贸易的周期波动（1924－1938）

一个更大的离差出现在1934~1935年。1933年第四季度出口敏感型就业出现了跳跃式上升，而后开始下降，这种下降趋势持续了一年半的时间，直到1935年中期才结束。而出口量明显表现出与此不同的、上升的变化趋势，这种上升趋势一直持续到1935年第二季度才平缓下来。出现这种差异性的原因与前文所述相同。序列（2）中所包含的出口项目的大部分，或者是1933~1935年都在下降（棉花和马口铁），或者是在1933~1934年经历一个小幅上升之后，1934~1935年开始下降（如钢铁管材、亚麻和麻纤维、陶器等）；序列（2）中只有化学品和刀具1933~1935年持续增长。然而，几乎在序列（2）之外的所有主要出口产品（如大多数的钢铁产品、机械、电子产品、交通工具等）在同一时期（1933~1935年）都表现出明确的增长态势[1]。

第四节 对出口敏感型就业的分析

作为对出口敏感型就业序列数据的可靠性的一个检测，上文对其与总出口量变动之间的时间关系进行了考察，由此得出结论：鉴于在大多数主要转折点上，它与其他的序列具有时间模式的一致性，故而可以完全合理地将其视为总出口活动的代表性序列，尽管它与总出口量在主要特征上还存在一些差异。

那么，出口敏感型就业与所有其他就业之间的时间关系是怎样的呢？菲尔普斯·布朗先生与沙克尔先生已经在月度数据的基础上对此进行了简要考察。正如在图2－1中所标识的那样，为了与贸易指数进行比较，我们把他们所使用的月度指数换成了季度指数。此外，我们认为，同月度数值相比，季度指数更不容易受到经济随机波动的影响，而月度数据也许会导致人们从偶然的一致关系中得出推论。因此，下面这些探讨都是以季度数据为基础得出的，只是在必要时才会涉及月

---

[1] 此处结论将在本书第六章和第七章详细论述。

度数据。

1924～1925年的第一次小的经济上下波动中，出口敏感型就业序列在1924年第四季度达到一个小的峰顶，而序列（3）亦即所有其他类型的就业总和，则晚了不止一个季度才达到峰顶。然而，同其前几个季度相比，后者的峰顶并不高。由于同所有其他就业相比，出口敏感型就业的规模相对较小，所以我们不能期望其他全部就业量[①]对出口敏感型就业的波动做出同比例的反应[②]。但是，出口敏感型就业量在时间上的领先性也许暗示，它对其他就业量产生了一定影响，如果没有其他的扩张力量同时起作用的话。

尽管出口敏感型就业量随后在1925年第一季度开始下降，但直到第二季度才大幅度下降。很显然，这一持续了两个季度的大幅下降，是同年4月恢复金本位制所带来的暂时结果。然而，序列（3）只在第三季度出现小幅下降，在第四季度则大幅上升，与序列（2）之间并没出现时间间隔。所以，要么是出口敏感型就业量的暂时下降对所有其他就业产生的影响微乎其微，要么就是一定存在着其他力量抵消了这种不利影响[③]。

1926年5～12月的煤矿罢工打断了从1925年第三季度那个小波谷开始的扩张过程。序列（3）和序列（4）从1926年第二季度开始突然下降，而到1927年第一季度开始突然上升，这一变化清楚地表明1926年的那些事件相对于总体趋势而言，仅仅是偶发性的。但是当总罢工结束，当两个序列都很快回升到罢工之前的水平后，这种扩张趋势并

---

① 以1924年为例，出口敏感型就业量只是其他全部就业量的16%。由于序列（2）中并没有包含出口生产中的全部就业，而序列（3）仅仅是在总就业量中减去序列（2）得到的，它包含了许多被序列（2）排除在外的行业中的就业，而这些行业出口产品占其全部产品的比重并不小，当然，这一比例并不能反映总出口就业量相对于所有其他就业量而言的实际规模。

② 假设序列（2）占序列（3）比重是20%，乘数=2，当序列（2）增加5%时，我们可以预期，序列（3）将会增加一个相等于序列（2）数值的5%的量；换言之，序列（3）增加了5%×20%，或其本身的1%。

③ 在第三章的第一部分，我们还会回到这一问题上来，将会对其他力量如何同时发挥作用给出详细的分析。

没有持续很长的时间。1927年第二季度，出口敏感型就业量出现向下的转折点，而其他各种就业量在一个季度之后开始转为平缓。前者在1928年第三季度达到谷底，而其他就业量则在第四季度达到谷底，再次晚了一个季度。

世界经济的繁荣为出口敏感型就业带来了短暂扩张[1]，这种扩张到1929年第二季度时结束，而所有其他就业类似的扩张则直到1929年第三季度才达到其峰值。

大萧条时期，出口敏感型就业大幅度减少。这种减少从1930年第一季度开始，在1931年第二季度经过一个短暂的止步之后，到第三季度达到了最低点。其他各种就业的下降也在1931年第二季度止步，但是却显示出一种停滞状态，直到1932年第二季度才开始再次下降，并在第三季度达到最低点。很明显，从1931年第四季度开始出口敏感型就业的短暂恢复，是对9月英镑贬值所做出的反应，这使其他各种就业维持了一段时间，推迟了其下降，而我们原本预期这种下降随着前者在1931年第三季度出现波谷就会发生的。1932年春，出口敏感型就业终止了其短暂的复苏，这必然加重被延迟的其他各种就业的下降，后者是在一个季度之后开始的。从1932年第四季度开始，两个序列都出现了随后的复苏，但根据月度数据，出口敏感型就业的第二个谷底出现在1932年7月，而其他所有就业的谷底则出现两个月之后的9月。

至此为止，在各个上升和下降的转折点上，出口敏感型就业一直起到领导性作用。然而，后面将会看到，这一时间领先性看起来将不再那么明显。在30年代的复苏和扩张时期，即1933～1937年，这两个序列在短期波动之间的分离非常显著。1933年前两个季度，出口敏感型就业的突然平缓并没有对其他就业产生影响，因为后者在1933年中一直保持平稳的上升状态。在1933年第四季度短暂繁荣结束后，出口敏感型就业再次大幅度下降。从1934年年中开始其他各种就业突然出

---

[1] 这次扩张程度要低于1927年春季所达到的程度，就如序列（2）中所表现的那样。但如前所述，它被低估了。

现短期的水平阶段，一直持续到1935年的第一季度才结束，可以归因为出口敏感型就业的这种大幅度下降。然而这种下降直到1935年第三季度才停止，而其他各种就业则早在第二季度就已经开始稳定增加。很明显，必定存在一些其他扩张因素影响着其他各种就业的变化。此外，在1936年春季出口敏感型就业的另一次下降，也没有对其他行业的就业产生影响。

这种分离可能是由于出口敏感型就业序列数据本身的缺陷造成的，就像前文所指出的那样。在这一序列中，排除了大量的企业，在这些企业中，其出口占全部产出的比重并不小，并且这些被排除在外的出口贸易，其在20世纪30年代中的重要性可能要高于那些未被排除的出口贸易[1]。观察它们在1933~1937年的各种活动，我们可以看到序列（4）与出口量似乎要比与出口敏感型就业更具有一致性。然而，如果比较它们的短期波动，在这一时期，出口量也没有显示出明显的时间领先性。

至于1937年繁荣的终结，出口敏感型就业和出口量都在第二季度达到其峰值，而其他就业则在一个季度之后从其峰值调头向下。这又一次证明，出口起到了一种领先作用。然而，考虑到如下事实：从1932年底直到1937年中，出口的复苏还远远没有达到1927~1929年的水平，而在同一时期，其他就业的增加已经远远超过了20世纪20年代后期的水平，这也表明，一定存在着其他力量在发挥作用。通过对1937~1938年与1929~1931年其他就业量相对于出口敏感型就业量的衰退程度进行比较，可以证实我们的这一猜测。正如前面已经提到的，如果出口敏感型就业的衰退是主要的影响因素，而同时没有其他抑制性力量在发挥作用，那么，其他就业衰退的量要相对较小，因为前者占总就业的比重较低。因而，由于在1937年这一比例低于1929年[2]，所以相对于相同程度的出口敏感型就业的下降，其他就业的相对

---

[1] 此处结论将在本文第六章和第七章详细论述。

[2] 1929年占比为13%，而1937年为11%。切记，出口敏感型就业序列中并没有包含所有出口品生产中的就业。

下降程度在 1937~1938 年就要小于 1929~1931 年，假如出口的波动仍然是唯一的抑制因素的话。然而，如表 2-3 所示，情况正相反，相较于出口敏感型就业的衰退，1937~1938 年中其他就业的衰退程度要比 1929~1930 年的更大。同理，相对于出口量的衰退，1937~1938 年总物质产品生产的衰退程度也大于 1929~1930 年。表 2-3 中，列（3）下降的百分比表明，相对于出口敏感型就业的减少，其他就业的下降程度在 1937~1938 年大于在 1929~1931 年，而列（6）中下降的百分比则表明，相对于出口量的减少而言，物质产品生产的下降程度，1937~1938 年要大于 1929~1931 年。

表 2-3　　　　　总物质产品生产的衰退程度　　　　　单位：%

项目	出口敏感型就业（1）	其他就业（2）	(2)/(1) = (3)	出口量（4）	物质产品的生产（5）	(5)/(4) = (6)
1931 年的波谷值表示为 1929 年的波峰值的百分比	73.7	93.2	126.5	60.6	70.4	116.2
1938 年的波谷值表示为 1937 年波峰值的百分比	86.0	97.8	113.7	83.3	81.3	97.6

这表明一定有其他扩大衰退的因素在发挥作用。那么 1937 年繁荣的终止在多大程度上应归因于早期出口的下降？其他扩张因素是否能够同时结束？如果是，这些其他因素本身又在多大程度上受到出口下降的影响？所有这些问题都必须在对影响总体经济活动的其他相关因素进行详细分析后，才能够得到解答[①]。

从所研究的这一时期中的最后一次衰退的谷底中的复苏，就出口量和出口敏感型就业而言是从 1938 年第四季度开始，而对于其他所有

---

① 第五章会重新回到这一问题上来，那时会对 1937 年繁荣终止这一情况中其他因素的作用进行详细的分析。

就业而言则是 1938 年第三季度开始的。这一次，前两个序列失去了时间上的领先性。这再次说明必然存在其他影响因素发挥作用，使其他行业的就业更早地复苏。

总而言之，1924 年开始直到 1932 年从萧条中逐渐复苏，在所有主要转折点上，出口敏感型就业通常都在时间上处于领先地位。然而，从 1933 年开始，这一时间领先作用不再像以前那么清晰。因此，在所研究的整个时期，出口的波动并没有像布朗先生和沙克尔先生所断言的那样，起到引领作用。此外，仅仅通过对两个序列在转折点上的时间轨道进行形式上的比较，来观察出口在时间上的领先性，也并不必然得出贝弗里奇爵士、菲尔普斯·布朗先生和沙克尔先生所得出的关于出口的波动是影响经济总体运动方向的主要原因的结论。除非对其他外生因素和内生因素（这些因素可能与出口同时对总体经济活动产生影响）展开进一步的研究，否则不能证实这样的结论。当然，这些因素本身也可能受到出口波动的影响。这将是本书接下来三章的研究内容。

第五节　本 章 小 结

在结束本章之前，为了了解出口波动对总体经济活动的影响力，对出口敏感型就业和其他所有就业变动的一般模式与总就业量变动的一般模式作比较会很有趣。然而，从一开始就要注意，正像前文所指出的那样，出口敏感型就业序列中并没有包含生产出口产品的全部就业，而在其他所有就业的序列中也包含许多行业，这些行业的出口量占其全部产出的比重并不低。因此，以这两个序列为基础进行的比较仅仅能说明大致的情况。

在图 2–1 中，代表序列（2）、序列（3）、序列（4）的几条曲线表明，总就业的两个一般变动过程［序列（4）］几乎完全是由序列（3）的变动所支配的。结合本章第四节的分析，如果我们注意到出口

英国出口贸易的周期波动（1924 –1938）

敏感型就业相对于其他全部就业而言只具有较小的规模，就不会对这一点感到吃惊。当前者发生变化时，只说明总就业中一个很小的比例发生变化，即使这是对总体经济活动产生影响的主要来源，我们也不能期望其他各种就业会发生等比例的变化。此外，一方面，其他各种就业对冲击的反应通常会有一段时间的滞后性。因此，我们不能期望，总就业会在同一时期或稍晚一段时间也产生同样显著的变化。另一方面，如果其他各种就业在总就业中所占比重很大，前者的变动很可能对后者的变动节奏产生决定性的影响，特别是在最初的影响不是很强，而其他方面的就业强烈地确定了其方向时，尤其如此。

然而，在20世纪20年代，如果我们忽略波动在量的大小上的差异，那么代表其他各种就业的曲线、总就业的曲线的一般变动，与出口敏感型就业曲线的变动还是多少保持一致的[①]。此外，在20世纪20年代，同1930年相比，出口敏感型的就业（以及出口量）相对于其他类型的就业量而言，都分别处于更高的水平，所以总就业曲线位于其他类型的就业曲线的上方。它间接表明了出口敏感型就业在总就业中所占的权重。

1931~1932年的大萧条时期，总就业曲线波动的一般形态与出口敏感型就业曲线更为相似，与其他类型就业曲线的相似性则较差。这也表明，在大萧条最严重的底部时期，当所有其他就业都在很长一段时间内保持停滞状态的时候，出口敏感型就业的上下波动对总就业的变动产生决定性的影响。

不过，从1933开始，这种情况发生了变化。其他各种就业开始以更快的速度稳定增加。同它们各自的1930年的数量相比，其他各种就业所达到的水平要远远高于出口敏感型就业所达到的水平。因此，在这一时期，总就业曲线的位置低于其他各种就业曲线的位置。这也间接表明在这几年中，出口对总体经济运行影响的相对重要性减弱了。

---

① 正如前文所指出的那样，同1927年相比，1929年的低水平与序列（3）和序列（4）的一般变动不那么一致，这是由低估造成的。

第三章

出口贸易波动对总体经济活动影响的相对重要性（阶段Ⅰ：1924~1929年）

根据对第二章中的图2-1中总参保就业量曲线的考察，我们看到在1924~1929年的一个温和的扩张过程中，除了1926年由于普遍停滞引起的突发性下跌以外，经济呈现出了某种明显的震荡趋势。经济从第一次世界大战后萧条中的全面复苏始于1923年初，但是此后不久它就被1924年中期的再次下跌所打断，此次下跌持续了大约15个月。由于普遍性的停滞，后续上涨十分短暂。然而，普遍停滞之后的扩张是迅速而显著的，尽管随后很快又有一个短暂的衰退。这一时期的最后一个扩张的阶段始于1928年第四季度，结束于1929年第三季度。本章的主要目的是研究：（1）出口波动在导致经济震荡乃至最终崩溃的诸因素中充当的角色；（2）出口波动在决定这一时期整体的扩张程度的诸因素中充当的角色。

第一节　1924~1925年经济状况的再度恶化

第一次世界大战后立刻出现的萧条大致结束于1922年末[1]。此后

---

[1] 庇古：《1918-1925年的英国经济史》。

英国出口贸易的周期波动（1924－1938）

的经济总体上呈上升运动，直至1926年4月，即煤矿业大罢工引起普遍停滞的前夕。然而，在此次经济复苏的总体过程中，从1924年中期至1925年秋末这15个月的时间里发生的再度恶化，值得关注。

在先前的那次萧条的末期，参保的失业人员数量大概有141万[①]，此后这一数字出现了轻微波动，到1924年6月该数字降至104万，这是1921～1925年的最低水平。与此同时，经过季节校正的参保就业人数的估计值，从1924年初的93.8万增至1924年6月的96.1万。此后，这种增长趋势在接下来的两个季度趋于平缓。然后，在1925年第一季度出现了小幅回升，此后又继续下滑，直到1925年第四季度之前未能有持续性的复苏。在这次经济再度恶化的过程中，就业量的最低点出现在1925年7月，其数值为95.1万。

那么，是哪些因素导致了1924～1925年的经济状况再度恶化呢？为回答这一问题，首先需要考察不同的工业组别中参保就业人数的变动。在本文之前提到的文章中，菲尔普斯·布朗先生和沙克尔先生将英国的工业分成四类：(a)出口敏感型行业；(b)耐用生产品行业；(c)耐用消费品行业；(d)非耐用消费品行业，并给出了1924～1938年每一行业组别中就业量的月度估计数据。这些数据可以作为分析的一种基础，然而在应用这些数据之前，也需要做一些调整。如本文第二章所指出的那样，一方面，大多数属于耐用生产品类别的行业，其产出的大部分都用于出口，所以其就业的变动并非仅仅是反映国内市场的波动状况；另一方面，出口敏感型就业数据由于其涵盖的内容不完整，也很难被视为从事出口生产的总就业人数。为了了解反映在它们各自的就业量变动上的出口与国内投资的相对重要性，本文将布朗—沙克尔的耐用生产品的就业序列分成两部分，即为国内市场生产

---

① 本章及此后章节中关于参保的失业人数和就业人数的数据来自英国劳动统计年鉴摘要第22号。

第三章　出口贸易波动对总体经济活动影响的相对重要性（阶段Ⅰ：1924~1929年）

的部分和从事出口品生产的部分①。前者由一系列面向国内市场的耐用生产品行业的就业数据所构成，后者则加入了出口敏感型的就业数据②。经此调整的1924~1929年的这两个系列的数据，如图3-1所示，该图还一并显示了参保的总就业人数，布朗先生和沙克尔先生关

---

① 分离这两个系列的主要步骤是根据以下数据来估计从事生产出口的耐用生产品的就业量：（a）以某一固定年份价格衡量的这些商品的出口价值；（b）以同一固定年份价格衡量的这些行业中每个就业人员的平均总产值。

第一，这里所说的出口系列包括除马口铁外的钢铁（在菲尔普斯·布朗先生和沙克尔先生的分组中已经将其计入出口敏感型就业中）、有色金属、电子产品和仪器、机械和船舶。这些是布朗先生和沙克尔先生耐用生产品行业组别的主要组成部分。它们在1924~1930年每一项的出口价值是根据英国《贸易部杂志》中1924年的价格衡量的。

第二，在这些行业中，与1924年和1930年出口系列所涵盖的项目相对应的就业人员的平均总产值，是根据生产普查报告 Census of Production Reports（《生产调查报告》）得出的。这些行业包括高炉、钢铁冶炼和轧制、铸造、五金、链条、钉子等，还包括锻钢和钢管、电线、机械工程、电气工程和造船。在1930年上述行业的生产总值用1924年的价格进行了重估，具体做法是令1924=100，它们在这一年的产量。

第三，根据1924~1930年这一行业组别按1924年价格计算的雇员人均总产值，来估计1924~1930年各年份相对应的数据值。实际上是在假定它们在这些年份按照一个不变的比例增加（或减少），因而在同一年中每个季度的雇员人均总产值都相同的前提下，运用外推方法得到这些数值。这种做法相当随意，但是没有更好的办法去估计两个普查年份之间的总生产能力。

第四，用相应年份的就业人员平均总产值去除出口价值，可得到生产出口耐用生产品行业的就业系列数据。从布朗先生和沙克尔先生的耐用生产品行业的原始就业数据中减去后者，可得出一种经过调整的只是面向国内市场的就业数据。

② 当然，如此调整后的出口就业系列仍然不能被视为包含了所有从事出口产品生产的行业的就业。第一，耐用消费品业和非耐用消费品业也将部分产出用于出口。第二，出口敏感型组别中的企业仍将部分产品在国内市场出售。第三，未包括煤炭业的就业。然而，如1924年、1930年和1935年的生产普查报告所显示的那样若按照布朗先生和沙克尔先生的分类，这些行业中也有部分出口的产品被归入耐用消费品和非耐用消费品组别中，以及部分针对国内市场的产品被纳入出口敏感型组。对这两者均未予以考虑，因为它们并不能对这里所讨论的系列数据的代表性产生严重影响。至于煤炭，虽然是最重要的出口商品之一，但是它被排除在外，是因为其对国内市场的波动也非常敏感。此外，根据布朗先生和沙克尔先生的分类，煤炭也没有被包括在其他组别中。所以，所有组别中均不含煤炭不会影响出口行业与其他行业就业变化的比较。出口和国内市场对煤炭生产的相对重要性将在第六章中分开来进行研究。

得到完整的出口就业数据的最详尽的方式是将所有组别的每一个行业都分成两部分，一个是面向出口的部分，另一个是面向国内市场的部分。但对于时间有限的研究生来说，这是一项过于艰巨的任务。此外，这种做法也具有太多的主观随意性，在那些数据不完整的行业中需要进行频繁的数据外推。况且，这种做法也没有必要，因为我们的主要目的是去比较不同组别的就业数据变动的时间特征与变动方向，它是我们分析的起始点。

英国出口贸易的周期波动（1924－1938）

于耐用消费品行业和非耐用消费品行业的原始就业数据。所有这些数据均按季度走势绘制。

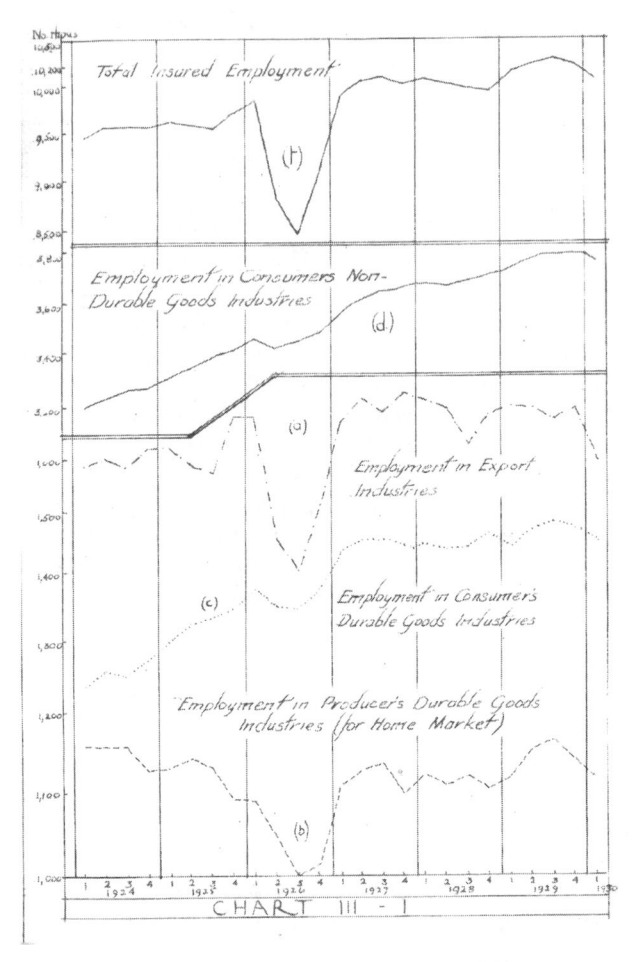

图 3－1 1924～1929 年各行业就业量情况

注：图中折线自上而下依次为：参保就业总量、非耐用消费品业就业情况、出口行业就业情况、耐用消费品业就业情况、国内市场的耐用生产品业就业情况。

若要比较出口和国内投资的绝对量变化对于收入变化所具有的相对重要性，应当采用货币价值指标，而不是就业量的指标。

观察图 3－1，若不考虑季度间的波动，可以看到总就业数据变化

第三章　出口贸易波动对总体经济活动影响的相对重要性（阶段Ⅰ：1924～1929 年）

所揭示的一般性活动的再度恶化，是因为（b）组（也即面向国内市场的耐用生产品行业）的衰退，以及（a）组（也即出口行业）的不景气。在同时期，（c）组和（d）组（也即耐用消费品业和非耐用消费品行业）的就业量均在增加。

明显可以看出，出口行业的就业波动是外部因素[①]导致的，那么引起国内耐用生产品需求削减的因素又是什么呢？

显然，不利影响不能来自消费增长速度的滞后。确实，1924 年第三季度耐用消费品行业就业的短暂下滑以及下一个季度非耐用消费品业就业的停滞不前，可能在最初加重了这种经济恶化。但是，我们显然不能预期自那时起消费的一种稳定持续的增长［如图 3-1 中代表（c）组和（d）组的急剧上升的曲线所示］将会对耐用生产品行业产生不利影响。（c）组和（d）组的总就业量从 1924 年第一季度到 1925 年第一季度增长了 4%，从 1925 年第一季度到 1926 年第一季度又增长了 5%，消费率也明显增加。

在我们所考察的这一时期，货币因素对投资活动[②]有不良影响吗？银行利率从 3%（自 1922 年 7 月以来这一利率持续了将近一年）增长至 1923 年 7 月的 4%，这标志着战后初期那个短暂的低息贷款时代的终结。市场短期利率对银行利率的变化反应迅速。日间利率从 1923 年第二季度（银行利率改变前的一个季度）的 1.67% 飙升至 1923 年第三季度（利率变化后的季度）的 2.31%；3 月期的利率从 2.08% 升到 3.38%[③]。短期利率在 1924 年 7 月后进一步上升。日间利率在 1924 年第三季度升至 2.68%，3 月期利率涨至 3.72%。

1925 年 3 月初（即恢复金本位前夕），银行利率进一步提升至 5%。市场利率也再次对银行利率的上升做出迅速反应。3 月期利率从 2 月的 3.77% 升至 3 月的 4.5%，日间利率从 2.94% 升至 3.5%。接下

[①] 1925 年第二季度和第三季度的出口衰退，肯定是对金本位制恢复以后英镑过高估值的一种暂时反应。

[②] 排除了建筑业活动，它被归入（c）组。

[③] 《伦敦与剑桥经济服务（月报）》。

来两个季度的平均利率分别是 4.46% 和 3.96%，是这期间最高的短期利率。此后，8 月份银行利率降至 4.5%，10 月份进一步降至 4%，到 12 月份利率回升至 5%，短期利率则对银行利率的变化做出了相应回应。

因此，如图 3-2〔曲线（1）和曲线（2）〕所示，从 1923 年中期至 1926 年初，如果排除季度间的波动，短期利率有明显的上升趋势，这恰好与同期国内耐用生产品的需求下降同时发生。

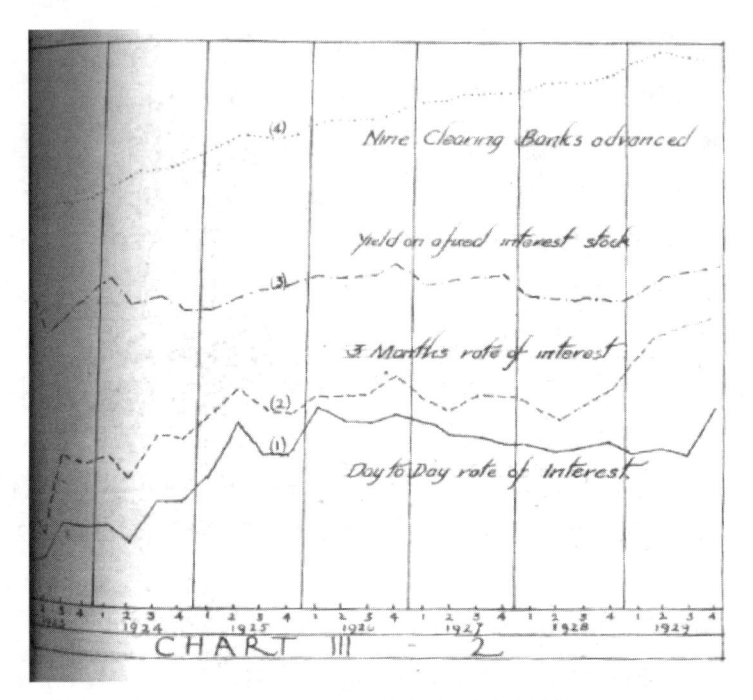

图 3-2 1923~1929 年银行利率变动情况

注：图中折线自上而下依次为：九家清算银行的贷款、固定利率股票的收益率、3 月期利率、日利率。

资料来源：《伦敦与剑桥经济服务（月报）》。

可是另一方面，如果银行利率上升是信贷限制的前奏，我们又可以预期它会伴随一种银行贷款的缩减，这又会对投资活动产生不利影响。与此相反，九家清算银行的贷款自 1923 年起直至恢复金本位制度（1925 年第二季度）期间却有明显的上升趋势，如图 3-2〔曲线（4）〕所示。

第三章　出口贸易波动对总体经济活动影响的相对重要性（阶段Ⅰ：1924~1929年）

首先，银行贷款的增加确实在 1925 年的后半期受到了抑制。但是这种下降显然是来自需求方面，而且仅仅是这两个季度经济再度衰退的反映，因为当银行利率和市场利率下降时，银行贷款减少了。尽管在 12 月份银行利率提升至 5%，随后银行贷款有了明显的增加。所以，银行利率和市场短期利率的上升似乎并没有影响信贷供给，以及进而对投资活动施加进一步的压力。

其次，长期市场是否对投资活动产生不利影响呢？如图 3-2 ［曲线（3）］所示，这些年长期利率的波动基本与短期利率一致，只是波动幅度要小得多。相对于基年利率的一个微小的百分比变化意味着实际利率的绝对变化基本可以忽略不计，不能期望它会对经济有显著的影响。所以，如果银行利率和短期利率的变化产生了任何抑制性的后果，那么这种影响一定是心理上的，而不是通过信贷供给和长期市场施加的。再有，英镑恢复黄金平价的预期本身就会产生通货紧缩的影响，非常不利于经济复苏。更不必说恢复金本位后由于英镑高估对出口的抑制，势必会加剧国内投资的衰退。

最后，在这些年中，物价和工资的相对变化阻止了国内投资活动吗？为研究这一问题，需要区分作为引起经济好转或衰退的因素的价格和工资的相对变化，和作为加剧经济好转或衰退因素的价格和工资的相对变化。只有当工资上涨或是预期上涨的速度超过物价上涨的速度（在需求增加的压力下，这或者是由于劳动力全面短缺，或者是由于某些关键行业劳动力匮乏的增加所导致）时，物价—工资结构的变化才可以被认为是导致经济衰退的主要原因，1924~1925 年的经济恶化显然不是这样。

如图 3-3 所示，自 1924 年至 1925 年上半年，工资［曲线（1）］和工业生产者收取的价格［曲线（2）］均有小幅上涨，但是，若不考虑季度间的波动，直到 1925 年中期，工资—价格比率［曲线（4）］都没有明显的变化，而经济早在一年前就已经开始恶化。此外，1925 年第二季度后与工资相对于物价的急剧上涨，并不是因为工资的上涨速度超过了价格的上涨速度，而是因为伴随着工资的小幅减低出现了价

英国出口贸易的周期波动（1924－1938）

格的大幅下降。1925年第二季度之后的价格下降，明显是由于在按照战前平价恢复金本位后对货币的需求紧缩所导致的。上述这些分析表明，工资和价格的相对变化仅仅是经济恶化的被动后果。导致经济恶化的是货币需求的放缓引起的价格水平下降及对经济扩张的抑制，而不是工资上涨（工资上涨会减少生产者的利润边际）。

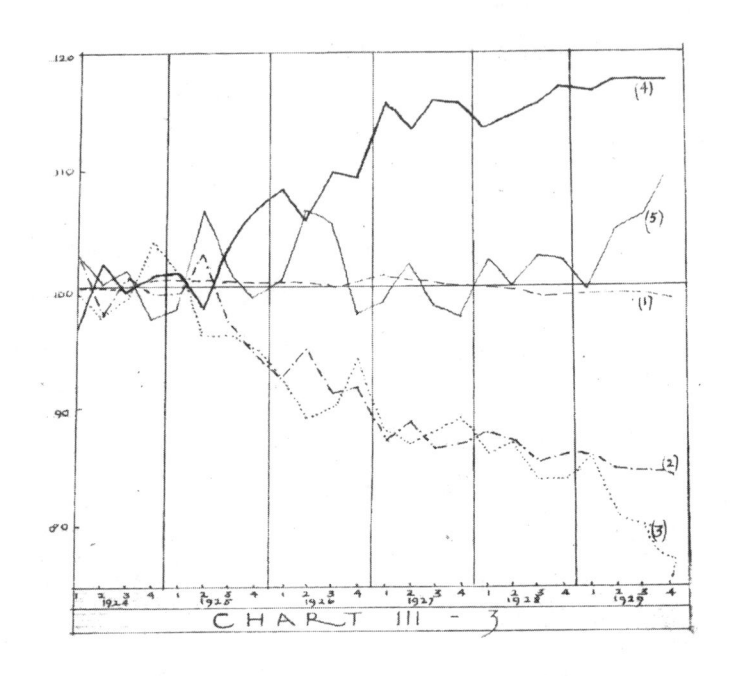

图3－3　1924～1929年工资、价格变动情况

注：图中5条折线分别是：（1）一般货币工资率（鲍利博士的指数）；（2）制成品价格[1]；（3）原材料价格（统计指数）；（4）（1）与（2）的比值；（5）（2）与（3）的比值。

---

① 由于贸易委员会编制的批发价格指数严重受限于进口食品和原材料价格，很难将其视为工业生产者产品的价格指数。与本文分析最为相关的价格指数是制成品价格指数，它体现了在英国投资活动联系最为密切的制成品生产的盈利能力。遗憾的是，直到1930年以后，贸易委员会也没有根据生产过程的阶段编制出分组价格指数。作为近似值，此处使用英国制造业出口的季度价格指数。该指数是通过用Ⅱ类（全部或主要是制成品）出口商品的申报价值除以用1924年价格计算的对应项目的价值编制而成的，两者均来自《贸易部杂志》（那时并没有发表将进口与出口分开的价格与数量的季度指数）。由于英国的制造业中有相当一部分不仅为国外市场生产，也为国内市场生产。所以出口价格的变动，可能也反映了制成品的国内价格的变化。

第三章 出口贸易波动对总体经济活动影响的相对重要性（阶段I：1924～1929年）

然而，一旦价格下跌，工资刚性可能会加剧经济恶化，并阻碍投资活动的恢复。关于这一点，需要考虑另一个因素，即原材料价格的变化，它也是制成品主要成本的一部分。因此，就成本方面而言，影响预期利润边际（这一变量是制造业进行投资决策的主要决定因素）的因素，不仅是工资相对于制造业者收取的价格的变化，还包括制造业产品的价格相对其所支付的原材料价格的变化。一般来说，当价格下降时，原材料价格通常要比制成品的价格下降得更早且速度更快。从成本的角度来看，这对制造商来说肯定是有利的，可能会抵消工资刚性大部分的副作用。因此，当工资和原材料价格的降幅低于制造业者预期获得的产品价格时，只有在它仍然对预期总初级成本有决定性作用的情形下，工资刚性才会加剧经济活动的收缩。原材料价格大幅下降到底能在多大程度上抵消工资刚性的不利影响，一方面取决于原材料和劳动力在初级成本结构中所占的比例，另一方面取决于原材料价格和工资的变动率。当然，这些情况因行业而异。然而，从工业活动总体来看，究竟是否具有类似的抵消因素在起作用，可以通过比较相对于制造业价格的工资变动以及相对于原材料价格的制成品价格的变动判断出来。

如图3-3所示，从1925年第二季度到1926年末，与制成品价格相关的工资大幅上升［见曲线（4）］，但是如果不考虑季度间的波动，制成品价格与通常的下降情况不同，它与同期原材料价格相比并未显示出任何上升。换言之，并没有出现原材料成本的相对下降去抵消工资成本的相对上升。这或许导致了制造业利润边际的缩减。后者反过来又进一步阻碍投资活动，并加剧耐用生产品行业的衰退，甚至在1925年第四季度和1926年第一季度，出口行业的就业已经大幅增加时，这种局面也并没有出现任何改善（见图3-1）。

毋庸置疑，在总就业量中所显示出来的这次衰退如果不是被消费品生产行业的就业量［（c）组和（d）组］大幅上升所部分地抵消，将会比其实际展现的状况更加显眼，特别是在衰退的后期更是如此。

耐用消费品行业就业的增长（c组）主要归因于1923年和1924年在新住房法案刺激下建筑活动的增加。从图3-4可以看出，英格兰和威尔士提供的新房数量①从截至1923年9月的半年到截至1926年3月的半年都有大幅上涨。

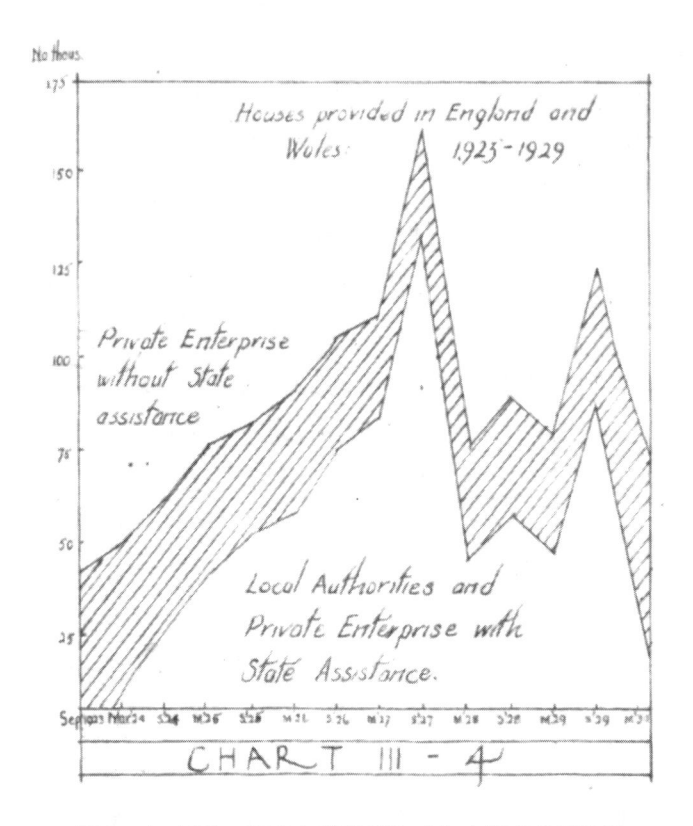

图3-4　1923～1929年英格兰和威尔士新建房屋数量

注：图中折线自上而下依次为：无国家补贴的私营企业、地方当局和获国家补贴的私营企业。

资料来源：康纳：《英格兰和威尔士的城市住房》，载于《皇家统计学会杂志》1936年，第11页。

由于耐用消费品行业几乎包含所有跟建筑活动相关的行业（包括

---

① 不包括在"改善与重建规划"项目下提供的住房，以及课税价值超过78英镑的房屋。

第三章 出口贸易波动对总体经济活动影响的相对重要性（阶段Ⅰ：1924～1929 年）

建筑行业本身及建筑所需的矿物和制造材料行业），建筑活动的稳步增加是这一组别中就业量向上运动的最重要的促进因素。包含在这一组别中的唯一的其他行业类别，是机动车和自行车行业，它们事实上自 1924 年①以来也是一种不断扩张的行业②。

至于这些年中非耐用消费品行业的扩张，仅仅是它的在我们所考察的这一时期（1924～1929 年）中一种强烈的扩张趋势的开始，如图 3-1 ［曲线 (d)］所示。此外，在总体就业水平下降时消费品行业的就业能够不断增长，这一事实表明这些年对国内产品的消费倾向肯定在提高③。

总而言之，从 1924 年中期到 1925 年秋末的衰退主要是由于对耐用生产品的国内需求减少以及出口贸易停滞所致。如果在这一时期中没有高的银行利率水平和与之相伴的市场利率的变动，那么耐用生产品行业部分依赖的国内投资活动将会出现更高的水平。此外，按照第一次世界大战前的平价恢复金本位的预期以及这种恢复本身，也产生了某种紧缩性的影响，这种影响或者通过心理因素起作用，或者通过影响出口市场的期望发挥作用。此外，恢复金本位后价格相对于工资逆向变动也进一步抑制了国内的投资活动，使得国内对耐用生产品需求的衰退一直延续到全体总罢工（the general stoppage）的开始，尽管到 1925 年的第四季度，出口已经大幅度改善了。但是出口和除去房屋建筑以外的国内投资的衰退并没有阻止消费品行业的增长（不论是耐用消费品还是非耐用消费品都是如此）。相反，主要由于 1923～1924 年在《房屋法》的刺激下建筑活动的增加，以及对国内产品和服务的消费倾向的增加，耐用消费品和非耐用消费品两者具有一种稳定的增长趋势。若没有这一因素，我们所研究的这一时期中的衰退肯定会严重得多，特别是在这一时期的后半段。

---

① 包括无法从机动车业分离的飞机。
② 此处结论将在本书第六章和第七章详细论述。
③ 此处结论详见本章第四节。

第二节　1927~1928年的倒退

一、1925年第三季度衰退结束时，除（b）组以外的所有行业都呈现出增长的趋势

这种增长趋势由于1926年5月开始的总罢工而突然被打断。然而，从总罢工导致的后果中恢复过来是迅速的。到1927年第一季度就很快地恢复到罢工之前的水平。不过由于这种急剧上升主要是由于对罢工造成的各项停滞的快速恢复，所以这次恢复并没有持续很长时间，从1927年第三季度趋于平缓并开始出现后退，直到1928年第四季度才结束。

二、虽然出口部门就业水平下降应被归因于外部力量，但耐用消费品行业就业不景气的原因则肯定在于内部因素

本书前面已经指出，后者中包含的行业都是那些同建筑活动和机动车辆相关的行业，它们主要是面向国内市场。此外，建筑活动还受其他因素的影响，在这些因素中国家和地方当局的政策影响力是最大的[1]。汽车制造业从1924年开始扩张趋势强劲，因此，出口贸易的下滑几乎不可能迅速对这些行业产生影响。

如图3-4所示，截至1927年9月30日，半年间竣工的房屋数量是整个20年代最高的，直到1935年再没有达到过这一水平。在到1928年3月31日为止的半年间，房屋建筑突然下降，到1929年4月开始的半年内才有了大的改善。再者，图3-4还表明，主要是那些由

---

[1] 由地方当局和获国家补贴的私人企业提供的房屋，1924~1929年平均来说占总数的65%。

地方当局和获国家补贴的私人企业提供的房屋数量波动较大①。1923～1929年，那些由未获国家补贴的私人企业提供的房屋数量在28 000到38 000之间变化，波动幅度很小。

如果可以把半年内竣工的房屋数量作为反映同时期或较早时期建筑活动的指数，那么从1927年第三季度到1929年第一季度竣工的房屋数量的锐减，很显然是同期（c）组就业水平回落的主要原因。（c）组就业水平的下降以及出口的衰退很可能对面向国内市场的耐用生产品行业［（b）组］的就业产生某种不利影响。

三、这些年中的货币形势、价格相对于工资的变化以及消费率的变动情况如何？它们是否也对同期的国内投资活动产生了不利影响呢？

1925年12月实施的5%的银行利率持续了大约72周，到1927年4月（彼时从总罢工中恢复的经济处于摇摆不定状态）银行利率下降为4.5%②。这一利率一直实行到1929年2月，大约持续了94周，也就是说，整个衰退期间的利率都是如此。1927年初以来，日利率和3月期利率开始下降，到1928年中期达到了最低水平。期间，反映九大清算银行业务发展的银行信贷供给，在1929年中期出现了上升的趋势（见表3–1）。

表3–1　　　　　1929年各行业失业最低水平的月份

项目	时间
煤炭	3月
钢铁	3月

---

① 由于预期到从1927年10月开始补贴将减少，地方当局和获政府补贴的私人企业提供的房屋数量在1927年大幅上升，补贴的实际下降最终导致了1928年房屋数量的减少。
② 这是由于法兰西银行为稳定法郎在伦敦和纽约收购了大量票据，加之美联储强化其信贷宽松政策，这使得5%的银行利率无效。

英国出口贸易的周期波动（1924 – 1938）

续表

项目	时间
工程	6~7月
造船	4~6月
棉纺和羊毛	3月
建筑	6月
所有其他行业	7月

1927年4月银行利率的下降及随后短期利率下降和银行贷款的增加，可能促进了已经开始的经济复苏，但绝对与经济的下行无关，因为它们在衰退开始时仍属于有利因素。另外，1928年下半年市场利率的上升几乎没产生任何显著后果，因为就业的下降在1928年第四季度就已经止住了。此外，尽管银行贷款在1927年第四季度和1928年第三季度两度中止，但由于并没有伴随明显的短期利率上升，这两次中止更像是衰退期间需求缩减的一种反应。

长期市场与这些年的短期利率大致一致，如图3-2所示。因此，像短期利率的情况一样，没有任何证据表明在长期利率的波动与就业总量或（b）组的就业量变动之间存在着对应关系。

价格和工资的相对变化也与1927~1928年开始的衰退没有任何关系。

如图3-3所示，工资在1927年第一季度达到最高点后开始下降，而制造业价格则在1925年第三季度开始下跌，并在此后持续下降。因此，尽管从1925年第三季度开始到1927年第一季度工资相对于物价大幅上涨，但如果不考虑季度间的波动，从1927年开始到1928年第三季度期间，前者相对于后者并没有任何进一步的增长［参见图3-3曲线(4)］。与此同时，若同样忽略季度间的波动，自1927年初以来，制成品价格相对于原材料的价格略有上升［参见图3-3曲线(5)］。所以很明显，在衰退期间，工资与价格的相对变化并未产生什么不利影响。

衰退开始时，消费率并没有价格逆转的迹象。如图3-1所示，尽管在1928年上半年非耐用消费品行业的就业增长停滞了一段时间,然而其就业量的下降要比其他行业晚两到三个季度,并且在随后的一个季度又很快上升,而此时,其他行业的就业则尚未降到这次衰退中的最低点。

总之,经济从1926年总罢工中迅速恢复,以及从1927年第三季度开始出现随后的衰退,并持续了大约1年多的时间,这些都应归因于出口和建筑活动的一致性波动。

这两类活动中的衰退不仅打击了直接相关行业的就业,还导致了国内市场耐用生产品行业的衰退,并在随后的短期内又阻碍了消费的增长。由于出口波动受到外部因素影响,而建筑活动很大程度上受到这一时期政府房屋政策影响,所以货币因素、工资与物价的相对变化以及消费增长率,与本书讨论的衰退似乎没有什么关系。

第三节 1929年的扩张及其中断

第二节提到的短期衰退中参保的总就业人数的下降在1928年第四季度得到了遏制。此后,经济出现了一个持续了大约三个季度的短暂而显著的扩张阶段。然而,在四个不同行业的分离组别中上下波动的时间轨迹是彼此不同的。如图3-1所示,一方面,出口行业的就业人数从1928年第四季度的衰退中开始上升,到1929年第二季度开始平缓下来;国内市场的耐用生产品行业的就业人数在1929年第一季度开始上升,一直到1929年第三季度达到其最高点。另一方面,耐用消费品生产行业就业人数的下降直到1929年初才结束,它在随后的扩张很快就在1929年第三季度宣告结束;至于非耐用消费品行业的就业,自1924年以来曾表现出了强烈和持续的增加趋势:不仅1928年的衰退更加短暂和轻微,而且其扩张结束的时间也来得更晚——在1929年第四季度保持平缓状态,直到1930年第一季度才开始下降。因而,就这四个分类行业组别的就业波动的时间轨迹而言,出口贸易在其波动中显

英国出口贸易的周期波动（1924—1938）

然起到了引导作用。

实际上，还有其他证据表明出口贸易的改善对于走出1928年短暂的经济衰退起到了主导作用。总出口量自1928年中期开始平稳而显著的上升[1]，而决定耐用消费品行业就业的主要部分的建筑活动，在当时却还处于较低水平（见图3-4）。当时的货币因素没有起到任何的刺激作用。当总体经济活动开始改善时，市场利率已经呈现出上升趋势[见图3-2中曲线（1）]，它成为1929年2月银行利率显著上升的先兆。市场利率这种变动总体虽然并未严重到足以阻滞总体经济活动的改善，但肯定不是促进改善的积极因素。与此同时，如果忽略季度间的波动，价格相对于工资的变动也不利于生产者，尽管与原材料价格相关的制成品价格自1928年中期开始出现有利的变化（见图3-3）。

尽管如此，随后的扩张主要是由建筑业在经历15个月的衰退之后的短暂复苏，以及对国内耐用消费品需求的急剧增加所强力推动。截至1929年9月30日，竣工的房屋数量从前一个半年的80 000激增到后一个半年的123 600（见图3-4）。因此，如图3-1所示，耐用消费品行业的就业（其大多数都是属于与建筑活动有关的行业）在这两个季度（即1929年第二季度和第三季度）中也实现了增长[2]。

相比较而言，耐用生产品行业的就业扩张更加显著。而货币因素和物价与工资的相对变化如前所述并不那么有用，这可能是对1929年初开始的出口贸易改善和全球经济繁荣时期流行的乐观主义的一种反应。

扩张持续的时间短暂。就业总量在1929年第三季度达到了顶峰。导致这一短暂扩张结束的原因是什么呢？

出口总额和出口部门就业总数在1929年第二季度保持平稳，如

---

① 此处结论详见第二章。
② 当然，汽车工业的扩张也很重要。（c）组（耐用消费品行业）1929年的就业高峰值比1927年更高，而相应的竣工的房屋数量峰值在这两年正好相反。这间接地表明了（c）组中汽车制造业相对重要性的提升。1927年6月，汽车制造业的就业人数占整个（c）组就业总数的14.8%，到了1929年6月这一比例增加到15.4%。在这期间，（c）组的就业人数增加到31 000人，其中42%就职于汽车制造业。

第三章 出口贸易波动对总体经济活动影响的相对重要性（阶段Ⅰ：1924～1929年）

表3-1所示，那些诸如煤炭、棉纺和羊毛、钢铁等在20世纪20年代更多依赖出口的行业，其失业达到最低点的时间几乎领先于其他行业3个月。这进一步支持了如下观点：导致经济困难的是出口下降。

然而，建筑活动的减少并非完全无关。正像它助推了扩张一样，它也加剧了衰落。建筑活动的减少晚于出口的下降，有其自身的原因。导致建筑活动减少的最主要因素是本年度的补贴最终全部撤出①。这可以从以下事实中看出：由未获国家补贴的私人企业提供的房屋数量从截至1929年9月30日之前的半年中的38 000增加到1930年3月31日的52 000，而同期由地方当局和获得政府资助的私人企业提供的房屋数量则从85 000下降至27 000（见表3-1和图3-4）。因此，建筑活动的下降，总体来看完全是由于政府房屋政策的变化所引起的，很难将其视为对出口下降的反应，因为当时出口的下降还没有严重到要如此迅速地调整政府财政政策的地步。

在讨论引起经济崩溃的内部和外部因素的相对重要性时，不应忽略经济崩溃的货币背景。至1929年2月初，基于防止黄金外流的目的，银行利率从4.5%上升到5.5%，这一变化源自1928年7月②以来美国从信用扩张到通货紧缩政策的转变，同时还受法兰西银行自1929年开始的以黄金积累代替外汇的政策的变化影响③。银行利率的变化使得市场利率迅速上升，日利率从1月的3.54上升到2月的5.06。3月期利率从4.31上升到5.23。在接下来的7个月中银行利率进一步上涨，至九月份时达到6.5%，比2月份的日利率略有降低，3月期利率则持续上涨（见图3-2中所示的季度变化）。然而，9家清算银行贷款的减少比利率上升的时间晚得多（大约从5月份开始减少），并且直到最后一个季度时才显著下降（见图3-2中所示的季度变化）。

长期利率也对银行利率的变动迅速做出了反应。若令1924年4只定息股票的收益率指数为100，该指数从1月份的99上升到2月份的

---

① 康纳：《英格兰和威尔士的城市住房》，载于《皇家统计学会杂志》1936年。
② 纽约的再贴现率在1928年7月13日提高到5%。
③ 霍特里：《银行利率的世纪变迁》，第139页。

102，并在此后持续上升，达到 106~107，且直到 1929 年底银行利率回落时才开始下降[①]。利率变化以后，国外新发行的资本股票立即下降，国内则在 3 个月后开始下降。

此外，非财务清算揭示的名义需求或名义收入（城市与乡村的清算综合）直到该年的最后一个季度才开始下降。

因此，尽管在出口贸易呈现疲软之势前强制实行了通货紧缩政策，其不利后果直到出口贸易真正衰退后才体现出来。所以在统计意义上，很难判断到底是英格兰银行通货紧缩政策的加剧还是出口的下滑破坏了经济这次短暂的扩张；如果这两个因素都对扩张的结束有影响，也很难判断出每种因素的具体影响有多大。不可否认的是，银行利率的上升（如果没有显著到提高实际的成本负担）会造成贸易者和银行的心理压力，这反过来会对一般预期产生不利影响，产生或加强经济紧缩。然而，即使银行利率上升在 1929 年的下跌中发挥了重要作用，其本身也是受到外部因素推动的。正如我们前面提到的那样，黄金流出是银行利率上升的直接原因，而这总体上又归因于：1928 年 7 月纽约实行的高利贷以及 1929 年初法兰西银行外汇储备的减少，和由此导致的法国对黄金储备的吸收。这里应该补充的是，当时的贸易余额已变得越来越糟，在排除了正常的季节性变化以后，1928~1929 年英国货物的总进口额超过出口额的季度数据如表 3-2 所示。

表 3-2　　　　　1928~1929 年英国货物贸易余额　　　　单位：百万英镑

年份	第一季度	第二季度	第三季度	第四季度
1928	125.4	123.4	120.9	106.4
1929	122.8	126.8	129.5	122.5

资料来源：根据《伦敦与剑桥经济服务（月报）》给出的调整数据得出。

如上文所示，1928 年的进口盈余持续下降，但是自 1929 年第一季

---

① 令 1913 年指数为 100，季度变化如图 3-3 所示。

度开始又稳步增加。这种增加对英国的外汇头寸产生了不小的压力，相应地也对本年度的利率变化产生了影响。

工资自1928年第四季度到1929年第三季度都没有发生任何变化。参见图3-3曲线（1）（2）（4）的变动，制成品价格相对于同期工资水平的小幅反向变动完全是由于制成品本身的价格略有下降。鉴于此，以及失业人数从未低于110万（20世纪20年代末总参保人数的9%）的事实，作为导致扩张中止的可能因素，工资上涨和劳动力匮乏在当前情况下是不值得一提的。此外，由于原材料价格大幅下降，使得制成品价格相对于原材料价格自1929年第一季度开始急剧上升。制成品与原材料的相对价格的上升似乎更大程度地抵消了其相对于工资的小幅逆向变动。如果把主要成本因素（工资和原材料）视为一个整体，那么成本价格结构的变化绝不可能产生任何导致或强化经济衰退的不利影响。

也没有任何迹象表明当时的消费率有所下降。参见图3-4曲线（3）和曲线（5）的变动自1928年第三季度直到1929年末，国内商品的平均消费倾向（用参保的非耐用消费品行业的就业量与总就业量之间的比例来代表）始终保持不变。此外，前一组的就业直到1929年最后一个季度才停止增长，这个增长率也许同我们的讨论更为相关，但是亦提供了同样的证明。表3-3是经济扩张时非耐用消费品行业就业的季度变化情况。

表3-3　　　　1928年非耐用消费品行业就业同比增长率

年份	季度	增长率
1928	第四季度	+0.4
1929	第一季度	+0.8
1929	第二季度	+1.1
1929	第三季度	+0.6
1929	第四季度	+0.04

很明显，当其他行业组别的就业增长率已经下降时，消费的增长率还未开始递减。

总之，出口贸易波动看起来是产生上次经济扩张以及令扩张中止的关键因素。此外，建筑活动的波动也加剧了经济的扩张及崩溃。建筑活动的波动滞后于出口波动，与出口波动几乎无关，主要受政府住房政策变化的影响。虽然通货紧缩政策在 1929 年初开始加剧，但直到出口贸易已经出现疲软迹象之后才对投资活动产生不利影响。事实上，在 1929 年的前三个季度，国内耐用生产品行业的就业人数显著增长，这加剧了经济的普遍扩张。然而，一旦强化通缩的政策持续一段时间，它就可能会对投资者产生一些心理压力，令其投资决策犹豫不决。前文中提到的其他因素则并不重要。

第四节 决定扩张程度的因素——将 1924～1929 年作为整体来考察

到目前为止，我们只讨论了与其他因素相比，出口贸易对于 1924～1929 年期间经济活动上升和下降的相对重要性。正如本文前文指出的那样，若不考虑煤矿罢工对 1926 年总就业和生产状况的不利影响，并将此后年份的骤增仅仅视为是对总罢工所造成的停滞的一种修复，则我们可以明显地看出这一时期的经济有小幅的扩张趋势。制约扩张程度的因素是什么？其中哪些因素阻止了扩张，哪些因素又刺激了扩张？这些是本文将要研究的下一个议题。

在接下来的分析中使用了年度数据，对我们当前的议题而言，年度数据既充分又方便。本文以英国 16～64 岁参保人员的月均总估计值作为现有劳动力人口总数变化的近似指标，用月均的参保就业人员总

第三章 出口贸易波动对总体经济活动影响的相对重要性（阶段Ⅰ：1924～1929年）

数作为总体经济活动的指标①。前者在6年间增加了7%，从1924年的11 073 000上升至1929年的11 850 000；后者则从9 948 000上升至10 638 000，增加了6.9%。尽管这两个变量的增长速度基本一致，新增的参保劳动力并未全部就业。失业人员总量在参保总人口中所占的比例始终保持在10%左右，从1 125 000小幅度升至1 212 000。也就是说，这些年来的就业增幅远不足以降低原来的失业率，新增的就业人口仅占新增的参保劳动力的89%。

与此同时，尽管实际国民收入（即考虑价格调整后的货币收入）的增长速度超过了就业率，其增幅依然十分有限。根据理查德·斯通的估计，这一增幅为14%。

当然，就业和收入的小幅上升仅是各种内部因素和外部因素综合作用的结果，这些因素的影响方向可能不同，有些因素对就业和收入的增加有促进作用，有些则起到了阻碍作用。然而，根据第一章的分析，无论怎样这些因素都要通过以下三个方面对就业和收入的变动产生影响：国内投资（包括私人投资和公共投资）、出口（包括有形出口和无形出口）以及对国内产品的消费倾向。

我们首先考察前两个方面的相对重要性，具体采用它们在用1924～1929年的绝对数量来表示。在我们着手处理数据之前，需要澄清一点：由于本文此处论述的是将出口和国内投资作为收入的乘数因子，因此我们所要比较的价值或者是它们用当年价格衡量的价值，或者是用同样的消费者价格指数校正后的价值。它们的价值是作为生产要素（亦即收入获得者）的收入，因此，其变化将会影响到那些出口和国内资本品生产以外的行业的人们，并引发次级的收入变化。直接影响收入获得者的支出能力的不是他们生产的产品数量，而是他们所得到的产

---

① 以下所用的参保就业人员数据并未剔除身体有疾病及涉及产业纠纷的人员，故而与被广泛引用的那些数据略有不同。因为本文的目的是对劳动力人口的增加与在流行的商业环境下所可能允许的就业量的增加进行比较，而不是与实际的就业人数进行比较，所以使用前者即可。为便于比较，总参保人数与总就业人数都限于英国16~64岁的年龄段（资料来源：英国劳动统计要第22号摘，第30~31页表格）。

品的价值及他们对所购买商品付出的价格。

表3-4完整给出了所考察时期的出口总值（包括有形产品出口和无形产品出口）及国内投资总值（包括私人投资和公共投资），（a）列是用当年价格计算出来的数值，（b）列是用生活成本指数（1930＝100）校正后的数值。

表3-4　　　　1924~1929年出口及国内投资总值与构成

年份	商品出口 (1)		国际收支账目中的无形项目① (2)		出口总额 (1)+(2) (3)		固定资产投资总额（私人投资和公共投资）(4)		(3)+(4) (5)	
	(a)	(b)	(a)	(b)	(a)	(b)	(a)	(b)	(a)	(b)
1924	801.0	722.9	435	392.6	1 236.0	1 115.1	601	542.4	1 837.0	1 657.5
1925	773.4	694.3	449	403.1	1 222.0	1 097.3	585	525.1	1 807.4	1 622.4
1926	635.1	583.2	445	408.6	1 098.1	1 008.4	600	551.0	1 698.1	1 559.4
1927	709.1	669.0	468	441.5	1 177.1	1 110.5	638	601.9	1 815.1	1 712.4
1928	723.6	688.5	460	437.7	1 183.6	1 126.2	625	594.7	1 808.6	1 720.9
1929	729.4	702.7	460	443.2	1 189.4	1 145.9	639	615.6	1 828.3	1 760.9

注：①包括海运运费的净收入、海外投资净收益、短期利息及佣金等，此外还包括其他服务，但不包括政府来自国外的盈余收入。
资料来源：布雷瑟顿：《公共投资和贸易周期》，第412页，包括住房建筑。

用当年价格计算的出口商品价值1924~1929年下降了7 160万英镑，无形出口则增加了2 500万英镑。这两者合在一起的总额减少了4 660万英镑，这一数值超过了同期固定投资总额的增量（大约3 800万英镑）。将所有系列的数据都用生活成本指数加以校正后，商品出口减少了2 000万英镑，无形出口则增加了5 000万英镑，有形与无形加在一起的总出口增加了3 000万英镑，这个数字小于固定资产投资总额（大约7 300万英镑）。

因此，作为收入增加的因素，商品出口相对于无形出口和国内投资（包括房屋建筑、私人投资和公共投资的总合）的重要性在下降，

第三章 出口贸易波动对总体经济活动影响的相对重要性（阶段Ⅰ：1924~1929年）

尽管这一时期商品出口的绝对数量仍大于无形出口和国内投资。商品出口的这种下降部分抵消掉了无形出口和国内投资（包括房屋建筑）的增长，这就能够解释为什么1924~1929年收入和就业的增加呈现出低迷状态。

这样来比较出口和投资对于收入扩张的相对重要性，可能会受到出口和投资各自所包含的进口的不同比例以及这些比例随时间变化的影响。一方面，如本文第一章所述，只有那些源自国内的投资和出口才能形成初始收入，而它将会引致次级的收入变化。统计数据的缺乏使我们无法对这一比例进行必要的估计，即使是非常粗略的估计也难以进行。一般来说，商品出口所包含的进口材料的比例大于国内投资，进口材料用于生产出口商品时的价格要比用于国内投资时更具有波动性。这将对出口和投资总值产生程度不同的影响。另一方面，诸如航运业务、国外投资的利息和利润等无形出口项目在出口总额中所占的比重超过了1/3，有形出口和无形出口作为一个整体来看将需要很少或几乎不需要进口材料（或服务）。此外，在国内投资方面，包含在投资项目之内的机械设备如果不是在国内生产的且使用了部分来自国外的原材料，则必须全部计入进口。因而，如果把有形出口和无形出口作为一个整体与国内投资作比较，它们所包含的进口材料的比例总体来说并没有太大的差异。此外，由于出口和国内投资的构成直到20世纪30年代才发生重大变化，这一比例对于它们来说都不可能有太大程度的改变。因此，表3-4所示的出口和国内投资的相对重要性的量值排序，应该是符合实际的。

出口量主要受外部因素制约，那么决定国内投资强度的因素有哪些呢？首先，应该将工业设备投资与住房及公共事业投资区分开来，因为这两者的变动方向可能并不相同。根据科林·克拉克在《国民收入及支出》一书中的估计，1924~1929年在这两个组别中的固定资本国内净投资的分布情况如表3-5所示。

英国出口贸易的周期波动（1924－1938）

表3－5　　1924~1929年固定资本国内净投资的分布情况　　单位：百万英镑

年份	固定资本国内净投资总额	住房和公共事业（包括公路、电力、邮局等）	工业和商业资本
1924	235	154	81
1928	240	164	71
1929	255	185	72

从表3－5可以看出，在所考察的时期内，住房和公共事业的国内净投资在增加，而在工业资本上的投资则减少了。除了商品出口价值的下降以外，工业资本投资额的减少也是令1924~1929年总体经济活动的扩张微不足道的原因所在。

显然，住房和公共事业的国内投资扩张应该归功于政府和地方当局的政策。那么，导致这一时期工业投资下降的因素是什么呢？

首先，即使货币因素对于解释1924~1929年经济运行过程中某些短期上下波动的转折点不是至关重要的因素，它们对这一时期整体的国内工业投资程度的影响依然不容忽视。这一时期的货币经验的特征是人们所熟悉的，如表3－6所示。这是一个充斥着高息贷款和通货紧缩的时期。银行利率从未低于4%，大部分时间都高于4.5%，短期和长期市场利率也是如此，均处于非常高的水平。1924~1929年，银行存款总额增幅低于10%，而银行和货币票据流通量的降幅则超过了7%。银行贷款的增幅更高，但在这6年间也仅为12%。利率过高的不利影响以及对于银行对工业资本的货币和信贷供给的限制是显而易见的，此处无须赘述。

表3－6　　　　　1924~1929年银行存贷　　　　单位：百万英镑

年份	银行存款	存款及货币票据	银行贷款
1924	1 632	390	791
1925	1 623	383	840

第三章　出口贸易波动对总体经济活动影响的相对重要性（阶段I：1924~1929年）

续表

年份	银行存款	存款及货币票据	银行贷款
1926	1 627	374	876
1927	1 676	373	888
1928	1 729	372	933
1929	1 763	361	950

这些年出口扩张的不理想势必会对工业资本的发展产生不利影响，而出口扩张不理想的部分原因在于货币限制。人们普遍认为，较早地按照战前的平价恢复金本位制，不仅迫使英格兰银行实行了阻止黄金外流的通货紧缩政策，而且也由于其带来的英镑过高估值而削弱了英国出口的相对竞争地位。

作为货币紧缩的附带现象，价格自1925年起持续下降，而货币工资率下降幅度要小得多（参见图3-3）。如果制成品价格相对于原材料价格上涨了，价格相对于工资的估值下降对工业生产的不利影响将会有所减轻。但事实上，参见图3-3曲线（5），制成品相对于原材料的价格在1929年以前并没有增长。因此，价格相对于工资的持续下降可能也是抑制工业资本扩张预期的因素之一，尽管我们不能据此断言如果工资与价格同比下降局势就一定会更好。

如表3-4第5列（b）组所示，若将出口与国内投资一并考虑，它们的实际总价值（用消费者价格指数校正后的数值）自1924年至1929年上升了6.2%。与此同时，如前所述，实际国民收入增长了14%，实际国民收入的更大增幅表明在1924~1929年对国内产品的消费倾向一定有所增加。后者可大致通过两种方法进行估计：一是计算非耐用消费品行业（根据这里使用的分类标准）的就业量占总就业量的比例，需要指出的是，由于以下两个原因，这个比例本身不能被视为国内产品的平均消费倾向。首先，划入非耐用消费品组的行业依然出口部分产出，尽管出口的比重十分微小；而那些划入出口组的行业也会将部分产出提供给国内市场。其次，耐用消费品组别的行业未包括在内，该组中的大部分行业（特别是建筑业）通常被视为投资。第三，有相当多的行业（约占总就业量的25%）尚未被列入这四个组别中的任何一个。因此，它们全都是不完整的。尽管如此，如果在我们所研究的时期中生产结构没有发生明显的变化，这一比例的变化仍然可以适当地代表国内产品平均消费倾向的变化。各年份中每季度的平均比率如表3-7所示。

表3-7　　1924~1929年（d）组就业在就业总量中所占的比例　　单位：%

年份	（d）组比例
1924	34.0
1925	35.0
1926	38.2
1927	36.1
1928	36.8
1929	37.0

其中1926年异常的高比例是由于煤矿罢工，因为就生产和就业来说，煤矿罢工对资本品行业和出口行业的影响比对消费品行业的影响要大。此外也是由于这样的事实，即当收入下降到某一特定水平或者收入的变化被认为是暂时的或反常的情况时，消费的收入弹性将会变小。上表还显示了另一特点，即这一比例的增幅在较早的年份要大于随后几年。也就是说，收入水平越高，这一比例的增幅越低。但是只要这一比例（假定其变化能够代表国内产品平均消费倾向的变化）在增加（即使是以递减的速度增加），国民收入就会以比出口和投资更大的幅度递增。因为在上升时期，一种递增的平均消费倾向，不论其增长率是多少，都必然蕴含着某种变化，最有可能的是令消费函数上移，如图3-4a所示。[①]

[①] 出于尊重原作考虑，此处图序号与原作图序号保持一致。

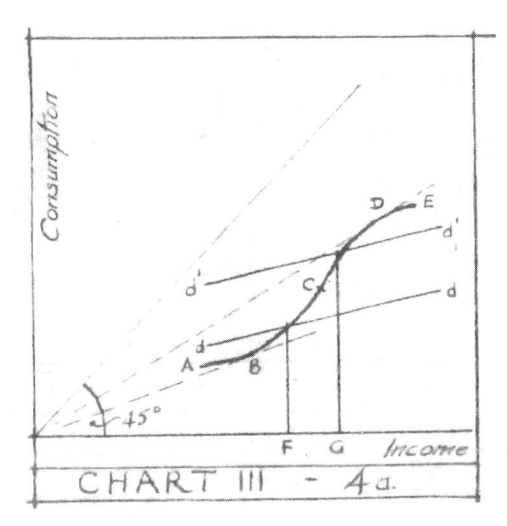

第三章　出口贸易波动对总体经济活动影响的相对重要性（阶段Ⅰ：1924~1929年）

图3-4a　消费函数变动

注：在消费者偏好状况、收入分配的类型、总体价格水平和相对价格结构给定的前提下，消费函数在正常情况下应该是收入的不变或递减的函数。当收入增加时，如果消费函数没有变化或者函数本身没有移动，可以预计，当收入增加时消费在转升中存在一种递减的平均消费倾向。在图中，AE表示在特定时期与不同收入水平对应的消费总量的轨迹，平均消费倾向递增可用曲线的中间部分（B、C、D点）来表示。从B点到C点，平均消费倾向以递增的速度增加；从C点到D点平均消费倾向以递减的速度增加。然而，该曲线不能被视为正常的消费函数。这条曲线上的各点仅反映了某个给定的消费函数随着收入变动而附带发生的移动。如果令正常的消费函数是一个具有不变的边际消费倾向的函数，图中的dd线所示，那么一种递增的平均消费倾向则表明，当收入增加时，比如从OF增加到OG，由于某些向上力量的作用，dd线将要移动到d'd'。

另一种研究国内产品消费倾向变化的方法是根据国民收入、投资及进出口的统计数据得出国内产品消费倾向的变化。

如本书第一章所述，国民收入（或国民产出净值总量[①]）的构成可用式（3-1）表示：

$$Y = (X - M_x) + (V - M_v) + (C_h - M_h)$$

或者　　　$C_h = Y + (M_x + M_v + M_h) - (X + V)$　　　（3-1）

式（3-1）中 Y 表示国民收入；

X 表示出口额（有形出口与无形出口的总和）；

[①]　此处的净值不是指不含折旧和维护费，而是指在所有行业的总产出中剔除每一行业产出中来自其他行业的部分，和生产普查报告中所界定的国外的产出部分。

英国出口贸易的周期波动（1924－1938）

V 表示国内投资（私人投资与公共投资之和）；

C_h 表示对国内产品的消费值①；

M_x，M_v，M_h 分别表示 X、V 和 C_h 中包含的进口值，三者之和表示原材料和资本品的进口总额（等于进口总额减去消费品进口额）。

由于式（3－1）右侧各项的数据已知②，我们可以很容易地估计国内产品的消费值（C_h），如表3－8所示。

表3－8　　1924～1929年国内产品消费值在国民收入中所占的比例　　单位：%

年份	比例
1924	67
1925	69
1926	70
1927	69
1928	69
1929	69

注：国内产品消费值与国民收入均用生活成本指数进行了校正，1930＝100。

对国内产品的平均消费倾向，1924～1925年有增加，此后除了1926年以外均无任何变化。这与表3－7所示的非耐用消费品行业参保的就业人数与总参保就业人数的比率揭示的结果略有不同，在那里得出的结论是1927～1929年平均消费倾向以递减的速度略有增加。然

---

① 当然，这样得出的国内产品的消费值（C_h）既包含进口消费品经销商的利润也包含进口原材料的经销商的利润。此外，它还包括对国内产品及劳务的私人与公共消费，参见第一章。

② 此处使用的数据如下：

a. 国民收入数据：由斯通先生的国民收入指数目前□所引文献并令1938＝100重新整理，乘以1938年白皮书（Cmd. 7099）给出的国民收入总值（即国民收入＋折旧和维修费用）。将折旧和维修费用计入国民收入是因为我们使用的投资数据是固定投资总量。

b. 固定投资总量和出口（来源见表3－4）

c. 原材料和资本品的进口值：由下列各类别中进口值加总得出

(a) 第Ⅱ类中包含的所有产业组别，"原材料及全部或主要的制成品"

(b) C组（钢铁），D组（有色金属制品），F组（电器），G组（机械），O组（化学品），Q组（皮革）和S组（车辆）。其中大部分或者是作为制造业材料使用的半成品，或者是可直接用于投资计划的资本品。

而，由于正常消费函数的边际消费倾向通常是保持不变或递减的，我们可以预计收入增加时平均消费倾向将减小。由于这一比率在这一时期没有下降，说明这时对国内产品的消费函数一定发生了变化，具有一种有向上运动的趋势，至少 1924～1925 年及 1927～1929 年是如此。这一点也可通过图 3-5 看出，其中给出了对应国民收入数值的国内产品的消费值，两者都用生活成本指数进行了校正（1930 = 100）。

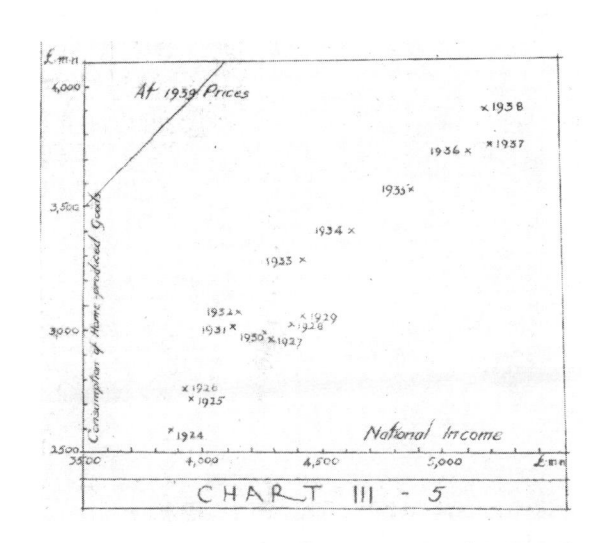

图 3-5　以 1930 年价格核算的国内产品消费与国民收入

注：为节省空间，整个图仅仅显示了代表各年份的点的位置。左上角的曲线是从全图的原点出发的 45 度对角线的一段。

根据图 3-5，代表 1927 年和 1929 年状况的点的位置远高于表示 1924 年和 1925 年状况的点。代表 1924 年和 1925 年状况的点与原点连线的斜率（图 3-5 未标出）大于代表 1927 年和 1929 年状况的点同原点的连线。这表明 1924～1925 年及 1927～1929 年对国内产品的消费倾向一定有一种向上移动的趋势。正是国内产品消费倾向的这种向上变动，可以解释为什么 1924～1929 年国民收入的增速高于出口和国内投资二者加在一起的增速。

然而，正如我们在本文的导论中所指出的那样，国内产品的消费

英国出口贸易的周期波动（1924－1938）

倾向只不过是总消费倾向和进口倾向共同作用的结果。那么，上面所显示的1924~1929年国内产品消费倾向的上升究竟是由于总消费倾向的增加，还是由于对进口的替代呢？

图3-6描绘了总消费①与国民收入对应关系的散布点，两者都用生活成本指数进行了校正（1930＝100）；图3-7描绘了进口消费值与国民收入对应关系的散布点，前者用自身价格指数②进行了校正，后者用生活成本指数进行了校正。

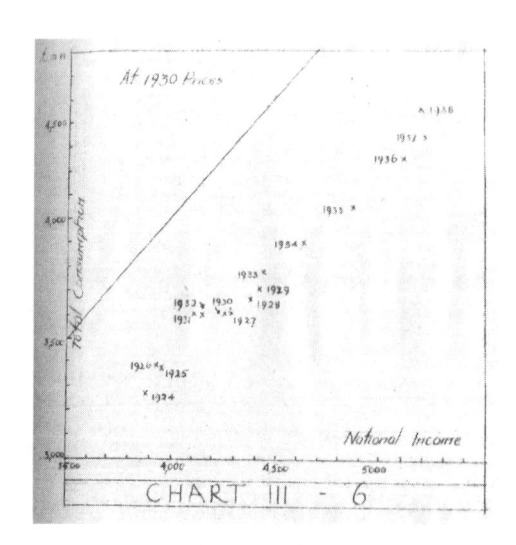

图3-6 以1930年价格核算的总消费与国民收入

根据图3-6和图3-7我们可以看出，图3-6中所示的代表1924~1929年的点的相对位置与图3-5中基本具有同一模式。与此同时，若不考虑1926年这个异常的年份，直到代表1929年的点出现了急剧上升之前。图3-7中这些点的相对位置似乎表明他们属于同一个函数。换

---

① 通过从国民收入中扣除国内投资和国际收支余额得出。
② 通过从以1930年价格计算的总的保留进口值减去原材料和资本品的保留进口价值得出。需要指出的是，用来表示保留的消费品进口的计量单位仅是国民收入计量单位的1/10，由于前者在后者中所占的比重非常小，若使用同样的计量单位，将无法在有限的空间里描述出相关年份中它们的相对位置。

第三章 出口贸易波动对总体经济活动影响的相对重要性（阶段I：1924～1929年）

言之，虽然总消费倾向在 1924～1925 年以及 1927～1929 年呈上升趋势，但同期的进口倾向至少没有下降。因此，图 3-5 显示的国内产品消费倾向的增加实际上是总消费倾向增加导致的，而不是以进口为代价①。

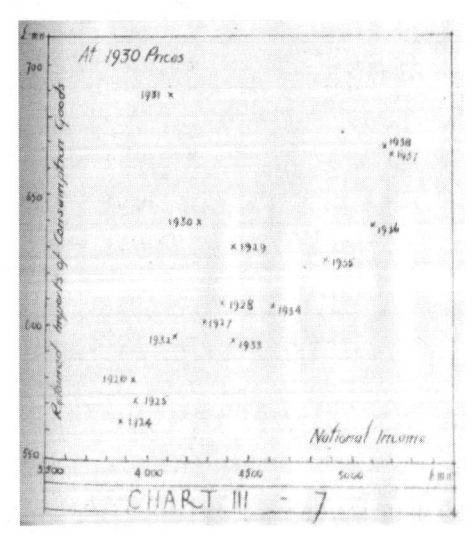

图 3-7 以 1930 年价格核算的进口消费值与国民收入

导致总消费倾向提高的因素又是什么呢，是由于公共支出增加还是私人消费增加？由于缺乏足够的资料来估计直接用于消费品和服务的政府支出的百分比，我们无法将总消费划分为公共支出和私人消费。然而，一方面，鉴于 20 世纪 20 年代与国民收入相关的政府支出没有显著增加的事实，公共支出的增加对总消费倾向的提高可能并不重要；另一方面，以下几个因素可能会提高与收入相关的私人消费。

首先，由进口品价格下降引起的生活成本下降势必会对消费倾向产生一定的有利影响。如表 3-9 所示，由于货币工资具有刚性，生活成本的下降令实际工资上升。收入水平既定时，价格水平较低会激励

---

① 然而，比较个别年份国内产品消费值的增量和与国民收入增长相关的进口值的增量，两者之间确实存在着一定的替代关系。根据图 3-7 和图 3-8 中相应年份点的相对位置可以看出，1924～1925 年，与收入相关的国内产品消费量增幅较大，与收入相关的进口商品消费增幅较小；1928～1929 年，前者的增幅较小，后者的增幅则较大。

人们更多消费。此外，随着进口价格的下降，人们在进口商品上支出的货币会减少，省出更多的钱用于国内产品的购买上。

表3－9　　1924~1929年生活成本、货币工资和实际工资

年份	生活成本（a）	货币工资（b）	实际工资
1924	100	100	100.0
1925	100.3	100.6	99.7
1926	97.7	100.4	102.8
1927	95.2	100.5	105.5
1928	94.3	99.8	105.8
1929	93.2	99.3	106.5

注：①1924＝100。
资料来源：①英国统计摘要，1924－1938；②鲍利指数。

图3－8给出了进口消费的名义价值与名义国民收入之间的对应关系。

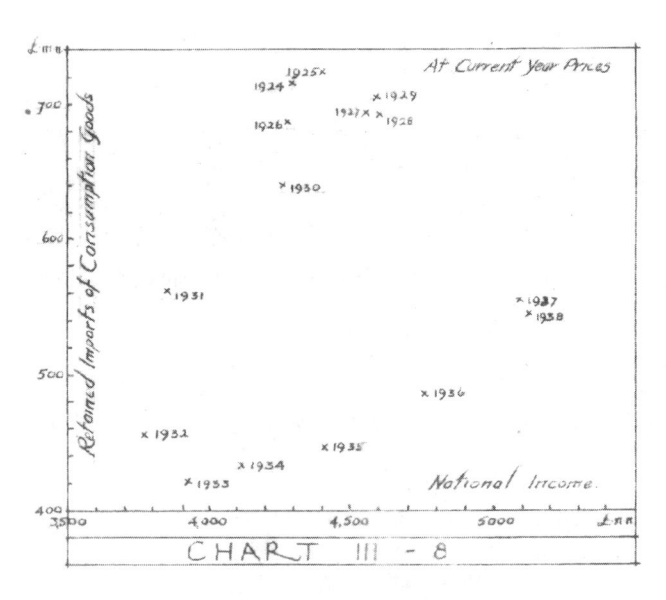

图3－8　以当年价格核算的进口消费值与国民收入

第三章　出口贸易波动对总体经济活动影响的相对重要性（阶段Ⅰ：1924~1929年）

　　将代表1924~1925年的那些点与代表1927~1929年的那些点的位置做一比较，可以看出，在1927~1929年，收入中用于进口商品支出的比例要更低，尽管在这两个时间段里，与实际收入相关的进口量并未下降（如图3-7所示）。

　　因此，以货币价值来看，可以说与收入相关的国内产品消费的增加，部分是以进口消费品的支出下降为代价的。如果我们标出对应名义收入的总消费和对国内产品消费的名义值，如图3-9和图3-10所分别显示的那样。那么将会看到，代表1924~1925年的点与1927~1929年的点之间的离散度在图3-9中要小于图3-10。这也许暗示着，虽然总的"货币"消费倾向没有显著变化，但是对国内产品的"货币"消费倾向上升了，而这种上升是以进口商品"货币"消费倾向的下降为代价的。

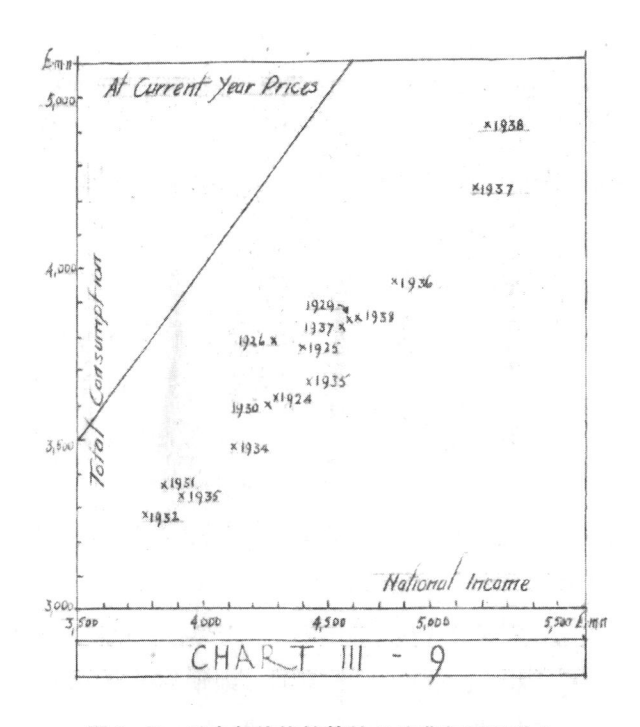

图3-9　以当年价格核算的总消费与国民收入

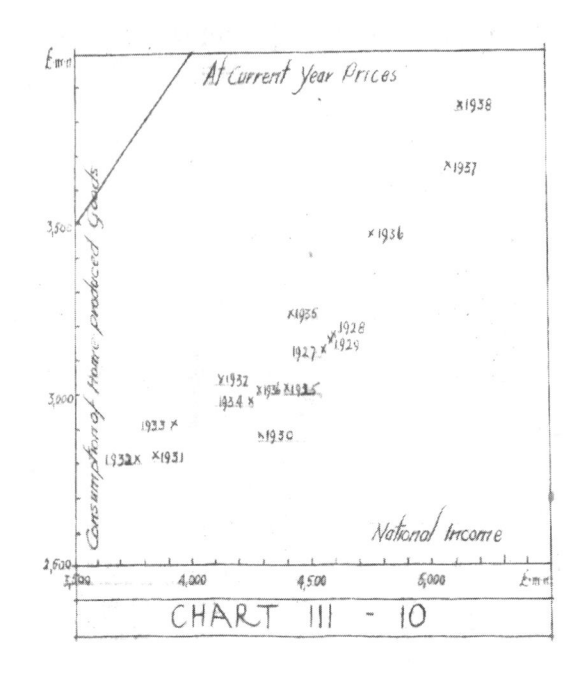

英国出口贸易的周期波动（1924–1938）

图 3–10　以当年价格核算的国内产品消费与国民收入

上述章节中提到的出口、投资和国内产品的消费值均指总量。但是本书第一章已经指出，在这些总值中，只有真正用于国内市场的部分才有扩张效应，并且，即使这些总值不变，它们之中包含的进口比例的变化也会对收入流产生影响。那么，在我们考察的时期中这一比例有变化吗？图 3–11 和图 3–12 分别描绘了以 1930 年价格和以当年价格核算的进口原材料和资本品与国民总产值（即总出口值、国内投资及对国内产品的消费三者之和）之间的对应关系。根据图中代表相关年份点的相对位置，我们可以大致判断在这一时期进口项目的比例是否有变化。从图 3–11 中可以看出，除 1926 年以外，尽管每年的具体数值不尽相同，但是在 1924～1929 年以 1930 年价格计算的这一比例（也就是以实际指标来表示），并没有明显地偏离某个既定水平。但是在图 3–12 中，按照当年价格计算（也就是以货币指标来表示）的这一比例在 1927～1929 年看起来要比 1924～1925 年更低。这可能会对名义收入的增长产生有利影响，这一变化应再次归因于进口价格在1927~1929年相对于1924~1925年的下降，就像进口消费品相对于名义收入的变动情况一样（比较图3-12和图3-8）。

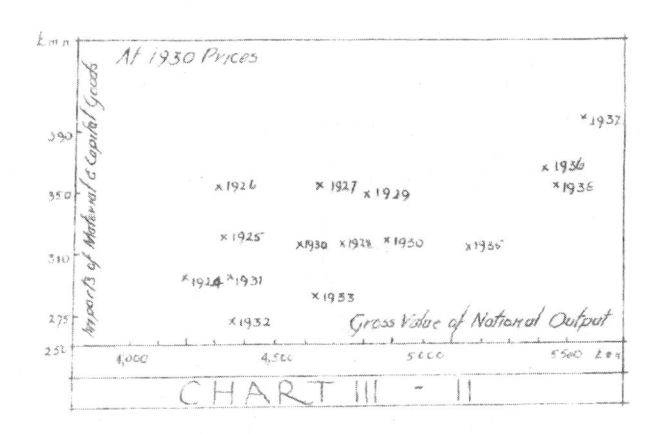

图3-11　以1930年价格核算的进口原材料和资本品与国民总产值

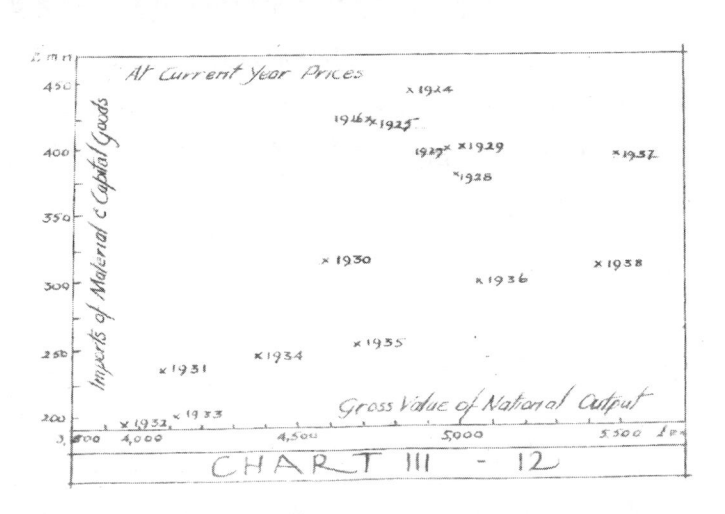

图3-12　以当年价格核算的进口原材料和资本品与国民总产值

在上述分析中，我们将进口总量区分为消费品进口和原材料与资本品进口两类，并将其视为两个影响收入增长的独立变量。但是这种

英国出口贸易的周期波动（1924－1938）

区别可能具有一定的随意性和武断性。为避免出现此类状况，若我们将进口总量视为收入漏出，并采用与对待总消费倾向同样的方法对其进行分析，结论是否会有所不同呢？

图3－13给出了用1930年价格核算的总进口与国民收入的关系，图3－14则给出了用自身价格校正后的总进口与国民收入的关系（也即，进口量用进口价格校正，国民收入用生活成本指数校正，均假定1930＝100）。上述图形中代表1924～1929年的点的相对位置与图3－7和图3－8中相应点的位置大致相仿。现在将图3－13和图3－14与图3－6和图3－7一起来进行考察，后两个图分别给出了用1930年价格和用当年价格表示的与国民收入相关的消费总量。首先，就实际指标（亦即使用1930年价格来表示）来看，总消费倾向在1927～1929年要高于1924～1925年，而这期间的总进口倾向则似乎保持同样的函数形式，直到1929年后才变化。这表明在此期间，在"实际"总进口倾向几乎保持不变的情况下"实际的"总消费倾向的提高，可能会对实际收入的增长起到一定的扩张作用。其次，就名义指标（即用当年价格来表示）来看，总消费倾向看起来自1924～1925年以及1927～1929年略有上升，而总进口倾向在1927～1929年则比1924～1925年更低。这显示出在此期间，在"名义"总消费倾向大致

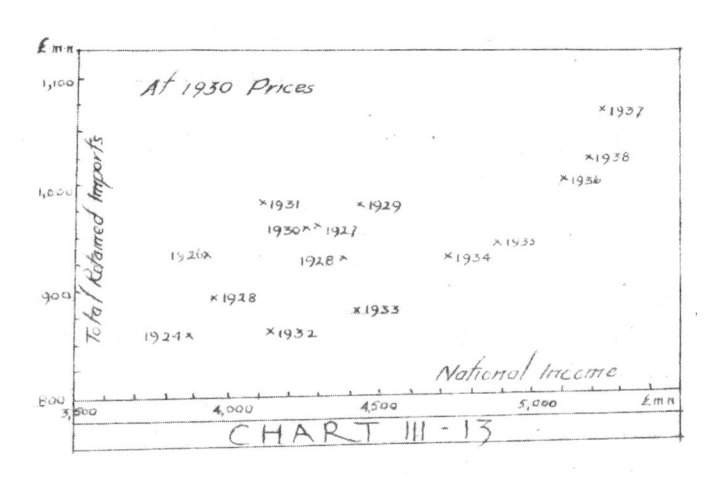

图3－13　以1930年价格核算的总进口与国民收入

第三章 出口贸易波动对总体经济活动影响的相对重要性（阶段Ⅰ：1924~1929年）

保持不变的条件下，"名义的"进口倾向的降低可能会对名义收入的增长产生某种有利影响。因此，在这两种情况下出现的"名义"指标与"实际"指标结果之间的背离，可能暗示同样的结论，即进口价格下降存在一定的"收入效应"，这种收入效应会使得以"名义"指标表示的总进口倾向降低，但反过来却会使得以"实际"指标表示的总消费倾向提高。

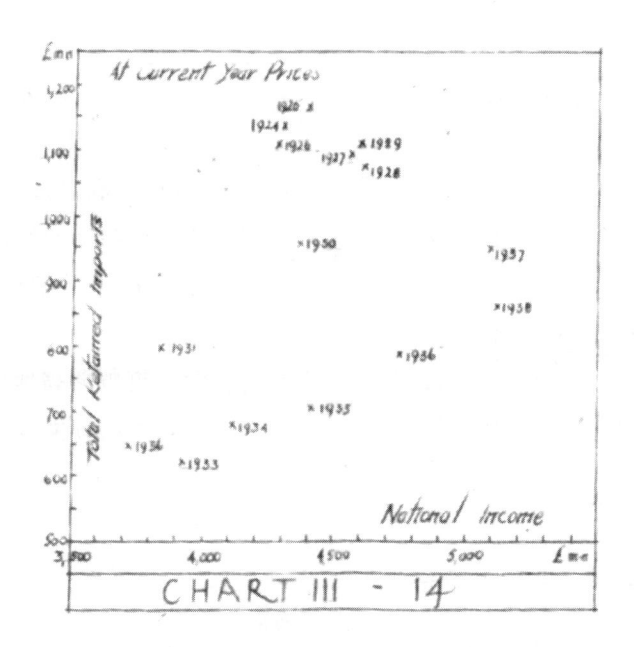

图 3-14　以当前价格校正后的总进口与国民收入

彼时，另一个提高消费倾向的重要因素是政府的财政政策。本文的导论部分曾指出，税收和公共支出的规模及结构变化可能会影响整个社会的消费倾向，接下来我们对它们分别加以考察。

首先看税收的规模和结构，表 3-10 显示的是 1924 年和 1929 年的总税收收入。

英国出口贸易的周期波动（1924－1938）

表 3－10　　　　　　1924 年和 1929 年的税收收入　　　　单位：百万英镑

税种	1924 年	1929 年
所得税与资本税	441.1	402.1
商品税	253.2	274.2
杂税	232.0	267.0
总计	926.3	943.3

资料来源：H·K 希克斯：《英国金融》，1920～1936 年，附录表。

以总税收占国民总收入的比例粗略估计总税率，1924 年约为 22%，1929 年约为 21%[①]。可见自 1924～1929 年，总税率略有下降，即使税收结构不变，税率下降也是提高消费倾向的有利因素。

然而，这一时期的税收结构变化显著，这是提高消费倾向的一个更为重要的因素。因为税收结构变动使得低收入阶层的纳税者减少，高收入阶层的纳税者增加。表 3－11 给出了 1925～1926 年和 1930～1931 年两个财政年度的税收结构分布情况，它们可以适当地代表此前的 1924～1925 年和 1929～1930 年两个财政年度的相应税收结构分布状况。

表 3－11　　　1925～1926 年和 1930～1931 年两个财政年度的
税收结构分布情况

收入分组	假设（1）全部是劳动收入		假设（2）一半是劳动收入，一半是投资收益（包括遗产税）	
	1925～1926 年	1930～1931 年	1925～1926 年	1930～1931 年
	（税收在收入中的百分比）			
50	……	……	……	……
100	11.9	10.9	13.0	13.1
150	11.6	11.3	12.7	13.2

① 税收与名义收入的比例，根据斯通（Stone）的估计得出。

第三章 出口贸易波动对总体经济活动影响的相对重要性（阶段Ⅰ：1924~1929 年）

续表

收入分组	假设（1）全部是劳动收入		假设（2）一半是劳动收入，一半是投资收益（包括遗产税）	
	1925~1926 年	1930~1931 年	1925~1926 年	1930~1931 年
	（税收在收入中的百分比）			
200	10.2	9.6	11.3	11.7
500	6.2	5.1	8.4	10.1
1 000	11.0	10.9	14.4	20.7
2 000	15.2	17.5	19.3	30.8
5 000	23.2	28.2	29.5	47.7
10 000	31.2	37.6	40.1	63.8
20 000	37.5	45.3	48.7	83.4
50 000	44.4	53.2	57.7	117.9

注：所有情况下的纳税人都是已婚者，且拥有三个 16 岁下的孩子。1925~1926 年的数据来自科尔因委员会（Colwyn Committee）的《国民债务》（National Debt）；1930~1931 年的数据来自桑德拉尔（Sandral J. R. S. S.）；后者是前者的一个扩展。

根据假设（1），也即假定全部收入都是劳动收入，收入低于 1 000 英镑的阶层（特别是其中收入低于 500 英镑的群体）中，需纳税的比例降低，而收入超过 1 000 英镑的阶层中需纳税的比例则以累进的速度增加。根据假设（2），也即收入中劳动收入与投资收益各占一半，低收入阶层和高收入阶层中需纳税的比例都提高了，但是高收入阶层的税率增幅比假设（1）的情形下更高。事实上，由于低收入阶层的收入大部分是劳动收入，而高收入阶层的收入中可能有更大部分来自投资，因此，高收入阶层承受的税收负担要比假设（1）和假设（2）中体现出来的更大。这无疑是一个减少收入分配不平等的有利因素，消费倾向也会因之提高。

现在再来看一下公共支出的规模和结构变化的影响。如表 3 - 12 所示，用当年价格计算的大不列颠的公共支出总额 1924~1929 年上升了9.5%，用1930年价格计算的公共支出的同期增长率则为16.4%。其中，诸如教育、卫生、劳动服务以及社会保险等社会支出增长较快，按当年价格计算的增长率是27.3%，用1930年价格计算的结果是35%。社会支出在公共支出总额中所占的比例由28.5%上升至33.2%。由于社会支出可算作是向公众提供的直接服务，或者纯粹就是公众的另一种消费形式，社会支出规模以及它在总公共支出中的比例增加都会对整个社会的消费倾向产生有利影响。

表3-12　　1924年和1929年公共支出总额和社会支出　　单位：百万英镑

年份	公共支出总额	社会支出
1924	1 161.1	331.4
1929	1 271.8	421.8

注：均使用当年价格。
资料来源：希克斯的数据（补充为对应的文献）。

第五节　本章小结

总之，1924~1929年总体经济活动的温和扩张是各种因素沿着不同方向综合作用的复杂结果，这其中有些是有利因素，有些是不利因素。本文表明，一方面，作为一种增加收入的因素，商品出口同国内投资总体比较而言，是导致这一时期不尽如人意的经济扩张的更为重要的因素。然而，除了住房投资和公共事业投资，此段时期的工业资本投资也没有明显的增加。出现这种结果部分原因是某些特定的出口行业长期衰退的影响，还有一部分原因在于通货紧缩及与工资刚性相伴随的价格下降。另一方面，进口价格下降提高了实际工资，它有助于维持消费。此外，税收和支出的结构也朝着提高总消费倾向的方向变化。更为重要的是，消费倾向增加主要体现为对国内产品的消费增加，而以实际

第三章 出口贸易波动对总体经济活动影响的相对重要性（阶段Ⅰ：1924~1929年）

指标来表示的对进口消费品的消费倾向直到1929年都没有增加，以货币指标表示的进口消费倾向在1924~1925年和1927~1929年也是下降的。如果对国内产品的消费倾向没有增加，那么收入的增长率将不会比出口和投资的增长率更高。

第四章

出口贸易波动对总体经济活动影响的相对重要性（阶段Ⅱ：1930～1932 年）

第一节 大 萧 条

如图 4-1 所示，总参保就业总量从 1929 年第三季度的峰值急转直下，自 1929 年末到 1931 年第一季度，这种下降几乎呈线性趋势。此后，由于暂缓实行金本位制所带来的短时缓解，经济开始出现波动。不过总体来说，大萧条在 1932 年后期才达到最严重的程度。从 1929 年的峰顶到 1931 年第一季度，总参保就业人数下降了 9%；从 1931 年第一季度到 1932 年第三季度，它又下降了 2%。与之相对，参保者的失业总数从 1929 年 6 月的 1 128 000 人增加至 1929 年 8 月的 2 866 000 人；同期，参保的失业人数占总参保人数的比重从 9.5% 上升至 22.8%。

萧条一旦开始，其过程将具有累积性；一旦悲观情绪蔓延且人们对经济丧失了信心，整个经济活动的每一个方面都将受到影响。然而，萧条的程度在第三章所划分的不同行业组别中却不同①。如图 4-1 所

---

① 对于（a）组和（b）组进行了与 1924～1929 年这一时期同样的调整。唯一的差别是这里对耐用生产品出口行业中就业人数的估计，是基于 1930 年价格水平而非 1924 年的价格水平，通过计算出口产品价值和人均总产值得出的。

第四章 出口贸易波动对总体经济活动影响的相对重要性（阶段Ⅱ：1930～1932年）

示，在这些行业组别中参保的就业人数的变化情况。

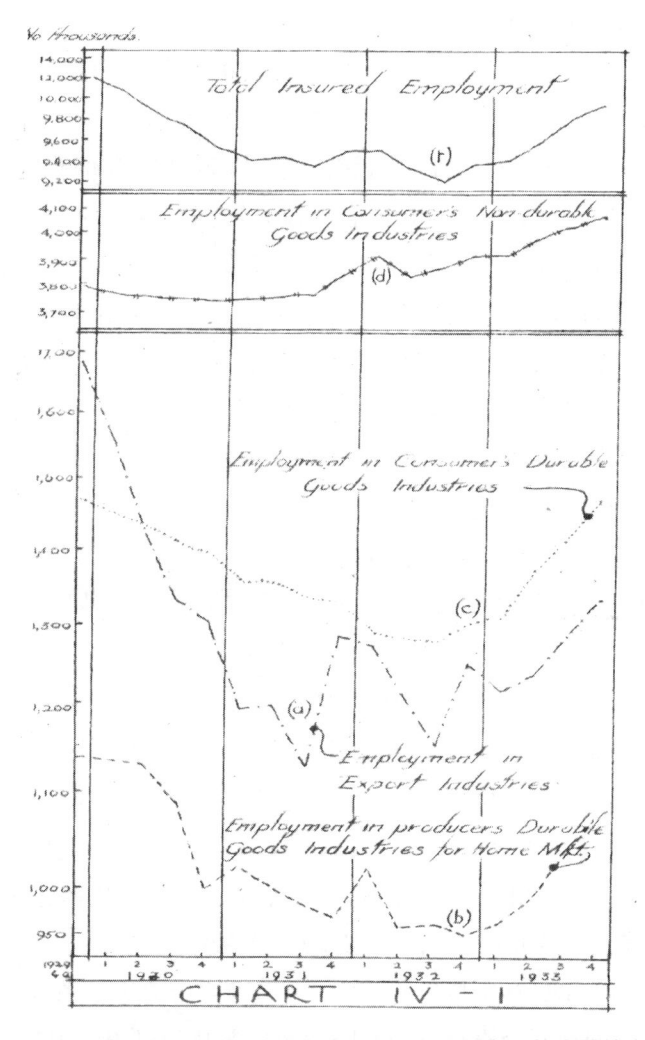

图4-1 1930～1933年总参保就业量及不同行业组别参保就业量的变化情况

注：图中折线自上而下依次为：参保就业总量、非耐用消费品业就业情况、耐用消费品业就业情况、出口行业就业情况、国内市场耐用生产品业就业情况。

1929年第四季度到1931年第三季度（即暂停金本位制度之前），出口行业的就业［(a)组］受到的打击最大，其雇员人数减少了55

万，减少的数值将近总雇员数的1/3。与此同时，国内耐用生产品行业和耐用消费品行业[（b）组和（c）组]的失业人数分别为15万（约14%）和14万（约9%）。非耐用消费品生产行业[（d）组]的就业人数下降的最少（大约为6万），不到1930年第四季度最低迷时就业总数的2%。然而，到了大萧条后期，尽管存在波动，以及（b）（c）两组的就业人数依旧下跌，并分别持续下跌到1932年的第四季度和第三季度，但（d）组和（a）组的就业人数开始逐步回升。因此，如图4-1所示，尽管（a）组的就业波动主导着整体就业人数变动的进程，（b）组和（c）组就业状况的低迷在大萧条后期对就业总数的影响更大，这就使得在（a）组就业人数开始上升的情况下，整体就业人数依然下跌，直至1932年第三季度达到最低点。

1929~1931年出口行业就业人数急剧下降很明显是受到了世界范围内大萧条的影响。英国出口行业的就业人数从1929年中期的最高点到1931年第三季度（英镑贬值前夕）下跌了将近40%。暂停金本位制给了出口贸易一个暂时的缓和机会，但是英镑贬值给英国出口贸易带来的收益在短期内却被外界愈发严重的大萧条抵消掉了。因此，出口行业就业情况在1932年第三季度再次创下新低。

（b）组的萧条毫无疑问地反映了这些年中国内经济活动的收缩。如果不考虑科林·克拉克先生关于国内固定资产总投资的季度数据[①]中"建筑"和"交通工具"两项[按照本文的分类方式，这两项应该属于（c）组，即耐用消费品]，那么这种固定资产投资的走势与（b）组中参保就业人数的走势总体上是保持一致的，如图4-2所示。

正如本文第二章所指出的那样，由于在扩张阶段，在下单日和实际交付日之间通常会有很长的间隔时间，尤其是对于耐用品，其生产过程的完成将需要更多的时间。根据克拉克先生图表中记录的情况，我们有理由相信资本品行业的就业状况会先于已实现的固定投资发生变动。因此，在就业人数已经开始下跌的1930年第一季度，国内资本品的消费

---

① 《国民收入与支出》，p182。

第四章 出口贸易波动对总体经济活动影响的相对重要性（阶段Ⅱ：1930~1932年）

却达到峰值。此后，两者均急速下跌，直至1932年末达到最低点。

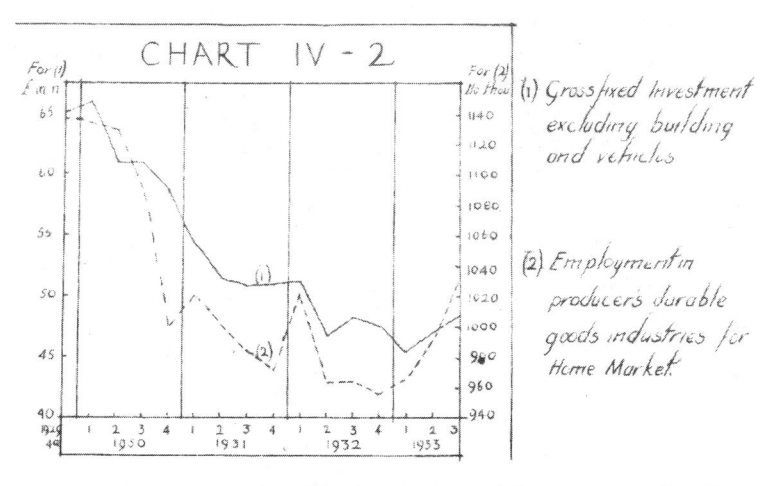

图4-2 1930~1933年固定资产投资与参保就业人数的变动趋势

注：图中折线1为：除建筑物和交通工具的固定资产投资总额，折线2为：国内市场耐用生产品业就业情况。

在大萧条期间，（c）组就业人数的变化不能再像1924~1929年的情况那样，用房屋建筑活动来解释。这些年来英格兰和威尔士（康纳，1936）已建成房屋数量如图4-3中曲线（1）所示。

一方面，1930年竣工的房屋数量少于1929年，但是这种下降并没有持续下去，也没有加剧大萧条。恰恰相反，在余下的大萧条期间，竣工的房屋数量反而略有上升。

另一方面，建筑业的就业总量在下降，建筑业从业人数是（c）组就业总量的主要组成部分，它的变化在相当程度上体现了（c）组中与建筑活动相关的其他行业的就业变动情况，如图4-3曲线（3）所示。然而，住房行业的就业人数（由建筑业就业总数和房屋成本在"已通过的英国建筑计划"（Builddiing Planes Passed in the U. K.）总成本中所占比例估计得出）与竣工房屋数量展现出了相同的变动趋势，那就是在1930年出现了下跌；在1931年、1932年出现了小幅上涨〔见图4-3，曲线（2）〕。

英国出口贸易的周期波动（1924－1938）

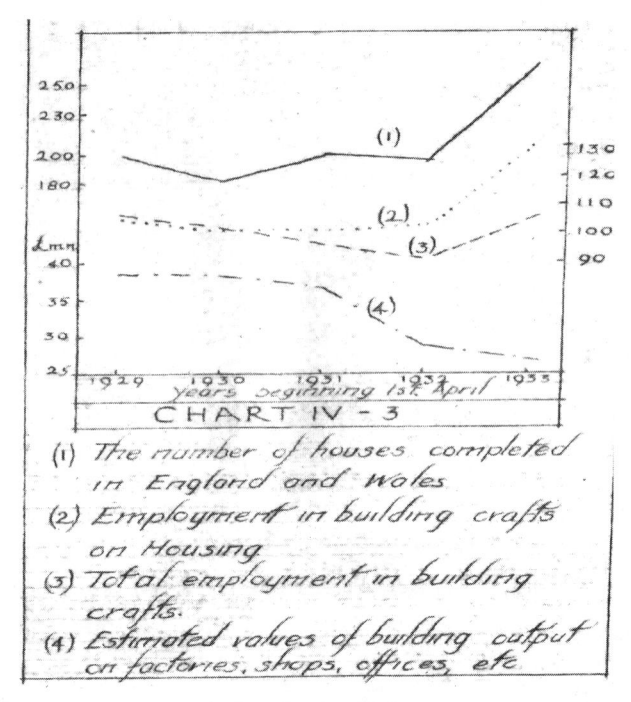

图 4－3　1929～1933 年竣工房屋数量与各行业就业总量变动情况

注：图中折线自上而下依次为：英格兰和威尔士竣工房屋数量，住房业就业人数，建筑业从业总量，厂房、商店、办公楼等建筑产值估值。

　　因此，（c）组在 1931 年和 1932 年持续的衰退可以主要归因于建筑活动而不是房屋行业（诸如厂房、商店和办公楼等与当时盛行的一般投资活动密切相关的房产）的下滑。从有关厂房、商店、办公楼以及所有其他除住宅以外的私人建筑[①]的估计值下降中，可以证明上述结论，对此可见图 4－3 的曲线（4）。

　　此外，汽车业也是（c）组的一个重要组成部分，它在大萧条期间只受到了轻微的冲击。机动车（包括私家车和商用车）总产量在 1930 年几乎没有下跌。1931 年汽车业出现了轻微的衰退，但在一年后迅速

---

① 该估计基于劳工部公报公布的已通过建筑计划的成本，有一年的滞后期。很显然这不是一个精准的估计，任何基于滞后数据的估计都面临两个困难：（1）难以预测究竟有多少此类计划会被执行；（2）计划通过和最终执行的时间差。

第四章 出口贸易波动对总体经济活动影响的相对重要性（阶段Ⅱ：1930～1932年）

复苏①。所以汽车业几乎不可能是加剧（c）组就业状况不景气的因素之一。

因此如果考虑到下述事实：（c）组中加剧萧条的并非是耐用消费品业（例如住房或交通工具），而是非住房类建筑业，以及（d）组（即非耐用消费品行业）中的就业人数在1930年仅下降2%并且在1931年初重新上升，那么受大萧条影响最深并使其累积性加剧的行业主要就是那些与出口和除住房业以外的投资活动直接相关的行业。这两者在大萧条期间所占的相对权重可以通过对比出口和非住房类固定资产总投资的价值得出。

如表4-1所示，用各自当年价格计算出来的每年出口商品价值，从1929年到1932年下跌了3.64亿英镑（50%）；无形出口（invisible exports）减少了2亿英镑（43%）；包括住房的总固定资本投资下降了9 600万英镑（15%）；不包括住房的总固定资本投资下降了9 100万英镑（17%）。用生活成本指数对这些数据进行校正（令1930年的指数为100）之后，各项数据的下降程度如表4-2所示。

表4-1　　　　1929～1933年出口商品价值与固定资本投资

年份	出口商品价值 (1)		无形出口商品价值 (2)		(1)+(2) (3)		总固定资本投资 (4)		不包括新住房的总固定资本投资 (5)	
	(a)	(b)	(a)	(b)	(a)	(b)	(a)	(b)	(a)	(b)
1929	729.4	702.7	460	443.2	1 189.4	1 145.9	639	615.6	553.5	533.2
1930	570.8	570.8	395	395.0	965.8	965.8	629	629.0	534.1	534.1
1931	390.6	418.2	290	310.5	680.6	728.7	578	618.8	490.5	525.2
1932	365.0	400.7	260	285.4	625.0	686.1	543	596.6	462.4	507.6
1933	367.9	415.2	265	299.1	632.9	714.3	579	653.5	461.7	521.1

注：①使用当年价格；②用生活成本指数校正（令1930＝100）；③变量数据具体参考第三章表3-4。

---

① 详细分析见第七章。

英国出口贸易的周期波动（1924–1938）

表4–2　　　　　　　　　1929～1932年出口贸易与投资

项目	总价值（百万英镑）	增长率（%）
出口商品	-302.0	-43
无形出口	-157.8	-36
总固定资本投资		
（1）包括住房	-19.6	-3
（2）不包括住房	-25.6	-5

资料来源：笔者计算得出。

因此，上述数据清晰表明，在大萧条期间，出口贸易的下滑比国内投资更为严重。这不仅表明出口贸易有着比国内投资更大的周期性波动，也表明他们作为增加收入的因素所具有的相对重要性开始发生变化[1]。若将出口和投资（包括住房）视为一个整体，出口（有形出口和无形出口的总额）在1929年的总量中所占的比重超过65%，但这一比重在1932年下跌到54%。如果仅考虑商品出口，它在1929年的数值为8 700万英镑，大于同期的国内投资总额。但到了1932年，经生活成本指数修正后的商品出口额则比国内投资额低了大约1.95亿英镑。

出口方面的巨大损失很显然是由于外部世界蔓延的大萧条所致，那么是什么原因导致了比出口贸易衰退持续更久的国内投资下滑呢？当然，就出口在彼时对于英国经济的重要性而言，其大幅下滑势必对国内投资有着毁灭性的影响，这种影响既可能是通过出口行业中资本品需求的大幅降低（也就是说，出口行业本身的投资紧缩）发生的，也可能是通过它所引起的悲观情绪的蔓延产生的。然而，还有没有其他因素也可能加剧或者减轻投资活动的萧条呢？

首先考虑一下货币因素。1929年9月末，银行利率从5.5%进一步提高到6.5%，这有可能加速了已经可以察觉到的大萧条的进程。但

---

[1] 第五章中将对此进行论述。

第四章　出口贸易波动对总体经济活动影响的相对重要性（阶段Ⅱ：1930～1932年）

是，随后持续半年的阶梯式下调（每次0.5%）至3%的降息措施（1930年5月），对减缓危机几乎起不到任何作用。3%的银行利率水平维持了一年，直到1931年5月进一步下调为2.5%。与此同时，大萧条愈发加剧，尤其是在耐用品行业（见图4-1）。

2.5%的银行利率仅仅持续了10周。英格兰银行黄金持有量在7月中旬的突然下滑以及欧洲大陆几乎同期发生的金融危机，迫使银行利率在7月底重新提高至4.5%[1]。重新调高的利率有可能加剧了本有可能通过降息来缓解的经济衰退，并最终随着金本位制的暂时中止而达到其临界点。显然，随之而来的英镑贬值暂时缓解了经济压力，尤其是对于出口业和非耐用消费品业（见图4-1）。然而，在金本位制被强制暂停5个月的同时银行实行的，高达6%的利率，也许维持了当时普遍存在的悲观情绪[2]，并部分地抵消了出口贸易暂时增长带来的收益。所以出口的这种暂时增长绝不预示着经济开始稳步回升。

因此，当暂时性的缓解结束时，大萧条是如此的深刻以至于从1932年2月开始迅速返回到廉价货币政策也未能破除悲观情绪的重重迷雾并令人们重塑信心[3]，直到出口业和房屋建筑活动开始复苏才改变上述状态[4]。事实上，尽管有这种向廉价货币政策的较早转变，耐用生产品行业和非住房投资活动的就业人数仍然在1932年末达到了最低点（见图4-2）。

所有这些都证明了那种关于低利率政策在严重萧条情况下无效的广泛接受的观点。也可以通过另一种方式来看待这一问题。尽管市场短期和长期利率对银行利率的变化做出了快速的反应，以及在这些年中现金基础（银行业者在英格兰银行的存款）不断扩大，但银行货币

---

[1] 霍特里：《银行利率的世纪变迁》，第143页。
[2] 然而，我们也不能过分强调银行利率高达6%的所可能产生萧条性后果，因为在同一时期银行的现金基础（cash basis）实际上扩大了。在那五个月里，在高利率水平下钱来得很容易。
[3] 银行利率在2月18日降至5%，3月10日降至4%，3月17日降至3.5%，5月12日降至2.5%，6月30日降至2%。
[4] 相关结论详见本文第五章。

与信贷（即银行的现期存款和贷款）数量却在持续下跌。这些现象表明，需求方面的下滑是如此的严重，以至于仅仅通过供给方面的放松货币与信贷可能是无济于事的。尽管只在金本位制暂停前后经历了短暂的高利率时期，然而如表4-3所示，在这些月份（1931年第三、第四季度，1932年第一季度）内银行系统的现金基础实际上明显增加了。因此那种认为货币供给宽松的观点可被应用于自1930年5月起的整个时期。

表4-3　　　　　　　　1929~1932年相关货币数据

数据名称	3月期利率	定息债券	银行业者在英格兰银行的存款	即期存款	银行贷款
单位	（%）	（收益率指数）	（百万英镑）	（百万英镑）	（百万英镑）
1929年	5.31	104.3	62.3	940	97.7
1930年	2.62	100.7	63.0	921	94.8
1931年：					
上半年	2.39	98.8	63.7	895	90.4
下半年	4.68	104.8			
1932年：					
第一季度	4.47	103.9	80.5	866	83.0
其余时间	1.10	85.8			

资料来源：《英格兰银行统计概要》《伦敦与剑桥经济服务（月报）》。

其次在成本—价格结构中的工资刚性通常被认为是加剧大萧条的一个主要因素[1]。在这两者的关系中，正如本书第三章指出的那样，需

---

[1] 尽管普遍被接受的观点认为，降低工资从来都不是制止大萧条的有效措施，反而很有可能因减少劳动者的收入水平而令大萧条加剧。

第四章 出口贸易波动对总体经济活动影响的相对重要性（阶段Ⅱ：1930～1932年）

要考虑成本—价格结构的另一个方面，亦即当价格在经济转衰期下降时，原材料的价格通常比制成品下降得更快。另外，因为原材料也属于制造业初始成本的一部分，当制成品价格下降时，工资刚性的负面结果有可能会被原材料成本的下降所抵消。换言之，虽然工资的降幅越小越不利于制造业的利润水平，但是原材料价格跌幅越大则越能起到维持利润边际的作用。

这两种相互抵消的变动确实发生在大萧条时期。如图4－4所示[1]，从1930年第一季度到1931年第三季度，工资水平相对于制成品价格有所增加（工资的跌幅低于制成品价格的跌幅），而制成品价格相对于中间产品和基础材料价格则在增加（制成品价格的跌幅低于中间产品和基本材料价格的跌幅）。另外，制成品价格相对于中间产品和基础材料价格的上涨幅度比工资相对于制成品价格的上涨幅度大得多。这似乎意味着初级总成本（工资成本和材料成本之和）有可能比制造业产品价格下降更多[2]。换言之，在大萧条期间，工资刚性可能并没有削弱制

---

[1] 基于贸易委员会期刊给出的关于基础材料、中间品和制成品的价格指数（"修正的批发价格指数"，1935年1月24日增刊）以及伦敦和剑桥经济服务给出的工资指数。

[2] 当然，原材料价格需要下降怎样的幅度才能抵消工资刚性的负面影响，不仅取决于原材料价格和工资的下降速度，还取决于单位产出所需的人工和材料比例。不同的行业这一比例有所不同。基于剑桥大学两篇学位论文*中的数据，表4－4给出了英国生铁、钢和棉花业单位产品中的工资成本、原材料成本、初级总成本以及收益的年度变化的估计值，该表对理解这个问题也许会有所帮助。在1930年和1931年，在所有这三个行业中单位产出的工资成本与收益（即平均价格）相比，要么增幅更大，要么降幅更小。然而，在这两年间（除了1931年的铁产业），由于单位产出的原材料成本降幅更大，单位产出的初级总成本比收益下降的更多。在1932年，单位产出的工资成本比收益下降得更多，与此同时该年原材料成本的降幅开始变小。因此，单位产出的初级总成本仍然比收益下降的更多，但该年原材料成本上升的棉花业除外。这说明单位产出的工资成本和材料成本的变化总是相互抵消的，并且单位产出的初级总成本与收益相比总体上要跌幅更大。参见，*张（Tew），英国钢铁业的价格、成本和投资，1924～1937，附录Ⅰ，表19、20，附录Ⅱ，表1、7和30，p. 386, 389, 437, 468。徐（Hsu），大萧条时期的英国棉花业，1924～1937年，p. 84, 91，表Ⅰ、Ⅱ。徐并未给出关于棉花行业工资成本和原材料成本的任何数据，但是他提出了初级总成本的估计方法。这里用到的工资和材料成本是通过他提出的方法推算得出的。（转下页）

造业的利润率，鉴于中间产品和基础材料的价格同时大幅下跌，它不可能导致初级总成本相对于价格水平的提高。在我们看来，在大萧条时期削弱利润的因素主要是由于产出下降导致的每单位产出中固定费用（均摊成本）的相对提高，而不是初级成本对价格水平的相对提高，在资本密集型行业[①]更是如此。

如图4-4所示，从1931年第三季度到1932年第一季度，工资相对于制成品的价格降低。与此同时，如果忽略季度间价格水平的波动，制成品价格相对于中间产品和基础材料的价格有了轻微的上升[②]。但是，当经济从1932年最后一个季度开始从萧条中走出，且复苏在1933年第一季度后趋于稳定时，价格结构又明确地回到了通常的模式。也就是说，在工资水平相对于制成品价格持续下跌的同时，制成品价格相对于中间产品和基础材料的价格同样有着相当程度的下降。换言之，它们的变化再度呈现出相互抵消的方式。

（接上页）

表4-4　大萧条时期英国生铁、钢和棉花业单位产品中的工资成本、原材料成本、初级总成本以及收益的年度变化的估计值

类别		单位产品中的原材料成本	单位产品中的工资成本	单位产品中的初级总成本	单位产品中的收益	产品数量或规模
		年度变化百分比（%）				
生铁	1929~1930年	-4.3	+3.0	-3.2	+0.8	-18.4
	1930~1931年	-11.9	-3.6	-10.7	-13.1	-39.1
	1931~1932年	-8.4	-6.7	-8.1	-4.6	-5.3
钢	1929~1930年	-7.3	+11.0	-2.2	+5.4	-24.0
	1930~1931年	-12.2	+9.5	-5.4	-1.7	-29.0
	1931~1932年	-4.6	-5.7	-5.0	-5.0	+1.1
棉花	1929~1930年	-28.7	-7.2	-20.3	-18.5	-22.9
	1930~1931年	-32.4	-12.3	-22.2	-16.9	-0.4
	1931~1932年	+4.2	-1.4	+1.3	-0.4	+5.8

① 如果将利润率定义为（价格-平均初级成本）/价格，那么公司主要关注的净收益率则是这个比率减去单位产出的固定费用。

② 基础材料、中间产品和制成品的价格在1932年下半年有上升，但是这种上升直到1933年第一季度才呈现稳定态势。工资水平在同期持续下跌，甚至直到1933年底都没有出现任何增长。

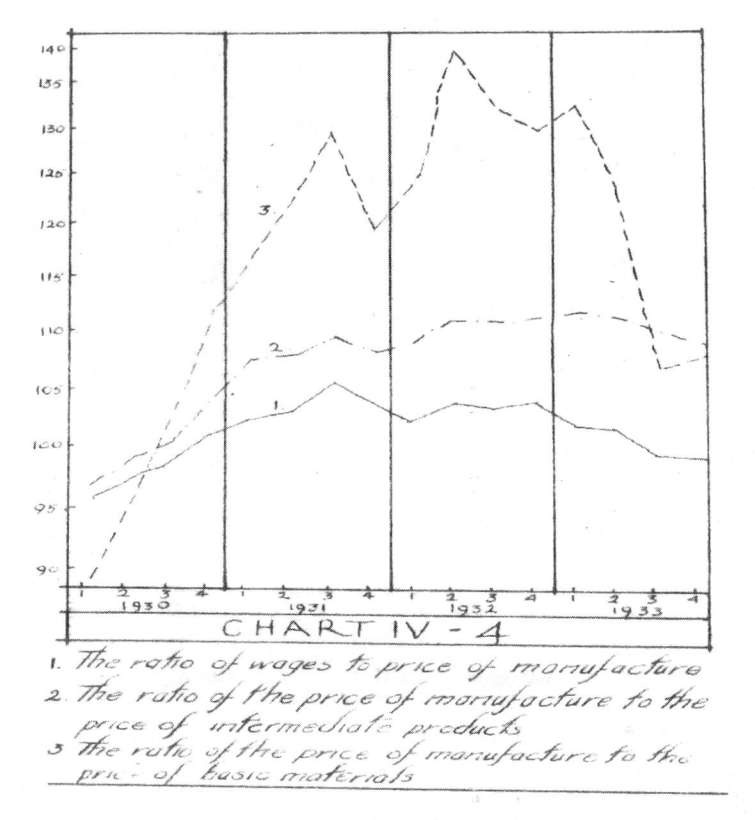

第四章 出口贸易波动对总体经济活动影响的相对重要性（阶段Ⅱ：1930～1932年）

图4－4　1930～1933年工资、制成品价格及中间产品和基础材料价格的相对变化情况

注：图中折线1为：工资与制成品价格之比，折线2为：制成品价格与中间产品价格之比，折线3为：制成品价格与基础材料价格之比。

大萧条期间的消费行为又是怎样的呢？消费行为加剧还是缓和了大萧条？本书前文曾指出，在非耐用消费品业，参保的就业人数在大萧条第一年降幅非常微小（仅下降2%）。但是根据加速原理，只要消费减少，无论下降程度多么微不足道，都会令投资率出现更大幅度的降低。因此这2%的消费下降有可能是导致这一年来大萧条加剧的因素之一。然而，非耐用消费品业的就业人数自1931年初又再次回升。即使不考虑金本位制暂停后那两个季度的反弹，非耐用消费品业的就业人数仍具有明显的上升趋势。类似地，如前所述，住房业作为耐用消费品类别中一个重要的组成部分，在经历了 1930 年一年的下滑之后，在接下来的两年（1931 年和 1932 年）里基本回升到了 1929 年的水平，如图 4-3 所示。因此很明显，消费行为在大萧条期间（特别是 1931~1932 年）实际上起到了缓和而非加剧经济下行的作用。

此外，消费行为不仅对投资率产生影响，如果改变了对国内产品的消费倾向，那么即使在投资率给定的前提下消费行为也能影响收入增长。表 4-4 表明了对国内产品平均消费倾向的持续上升，它是通过非耐用消费品业就业人数与参保的总就业人数之比的变化反映出来的[①]。

表 4-4　　1929~1932 年各季度国内产品的平均消费倾向

年份	第一季度	第二季度	第三季度	第四季度
1929	37.0			
1930	37.4	38.1	38.6	39.2
1931	39.8	39.9	38.9	40.5
1932	41.2	41.1	42.0	

确实，如果消费以正常的方式成为收入的常值函数或者减函数（即，当收入下降时消费成比例下降或下降更少），那么我们可以得出平均消费倾向在萧条期间将会增加的结论。换言之，如果萧条期间在消费函数未改变的前提下平均消费倾向增加了，这一定意味着收入水平和消费总量都下降了，无论它们下降的程度是否成比例。然而，1931 年和 1932 年的情况是不同的，(d) 组的就业人数在总就业人数下降时保持上升。因此，平均消费倾向的上升一定是源于消费函数的某种改变。而且，根据图 3-6 中代表 1930 年、1931 年和 1932 年的点的位置可以明显看到，这些年间对国内产品的消费相对于收入水平具有一种明显的上升趋势。这在大萧条时期肯定是一种减缓萧条程度的因素，因为它意味着在给定投资或出口下降的条件下，就业人数和收入

---

① 国内产品的平均消费倾向是采用与第三章相同的方法依据收入、进出口和投资的相关数据计算得出的，1929 年约为 69.2%，1930 年为 70%，1931 年为 73.3%，1932 年为 74.2%。

的降幅比消费没有上升的情况下要更小。这就能够解释为什么当出口行业和耐用生产品行业的就业人数总和减少了25%时，总就业人数从1929年的峰值到1932年的最低点仅下跌了11%；以及为什么根据斯通先生的估算，当出口量和投资量的总和（用1930年的价格水平计算得出）下跌了27%时，实际收入仅下跌不到7%（见表4-1）。

那么，对国内产品消费倾向的增加究竟是由于总消费倾向增加了，还是由于对进口品的消费倾向减少了呢？从实质指标来看，根据图3-6和图3-7中代表这些年份（1930~1932年）的点的相对位置判断，与1927~1929年相比，1930年和1931年的总消费倾向和进口消费倾向都有所增加。在随后的1932年又都回落——进口消费倾向下跌到接近1924~1929年的水平。因此，我们可以认为图3-6中所示的国内产品消费倾向的增加是由于1930年和1931年总消费倾向的增加，同时也是部分地以1932年进口消费倾向的减少为代价的。

然而，从货币价值指标来看，根据图3-9、图3-10和图3-11中代表这些年份的点的相对位置判断，在1930年和1931年，总消费倾向（1）、国内产品消费倾向（2）以及进口产品的消费倾向（3），均与1927~1929年的情况相一致。在1932年，三者之间的变化出现了某种不一致：该年的总消费倾向似乎仍然与1927~1931年的情况相一致，但国产产品的消费倾向与1927~1931年相比则增加了，而同期进口产品的消费倾向则明显地下降了。

以货币指标和实际指标来衡量的这三种消费倾向在1930年和1931年[1]的这种背离，也许揭示了由这两年间贸易条件改善所导致的生活成本降低的重要性[2]。食品和原材料的世界价格相对于制成品价格更急剧下降令英国受益，因为此种情况下出口带来的货币收益能够购买比以前更多的进口商品，这就能在某种程度上弥补出口下滑导致的损失；

---

[1] 就是说，从名义价值角度来衡量，与1927~1929年相比所有这三种倾向在这两年间都没有变化；然而从实际价值角度来衡量，这三种倾向都有明显的提高。

[2] 当然，在1931年，消费品进口相对于收入水平的增加在某种程度上也是由于对实行保护关税的预期所致。

英国出口贸易的周期波动（1924－1938）

或者用更一般的方式来说，食品和原材料的世界价格相对于制成品价格的大幅下降降低了生活成本，使得实际收入的下降小于名义收入①的下降。事实上，实际工资在 1930～1932 年是有显著提高的②，这有助于那些收入较低的阶层维持其实际的消费水平。

我们已经看到，不论是以货币指标还是以实际指标来表示的国内产品消费倾向在 1932 年都进一步增加，而进口产品消费倾向则都在下降。与此同时，如上所述，以货币指标表示的总消费倾向保持不变，而以实际指标表示的总消费倾向则有轻微的下降。所有这些表明对国内产品消费倾向的增加，主要是以进口产品消费倾向的下降为代价的，而这显然是由于施加了保护性关税，它抵消掉了较低的进口品价格所带来的利益。此外，贸易条件在 1932 年也已不再有利，大萧条期间贸易条件的变化如表 4－5 所示。

表 4－5　　　　　　　　1929～1932 年贸易条件变化情况

年份	（1）进口价格	（2）进口价格加关税*	（3）出口价格	（4）贸易条件 (1)/(3)×100	（5）包含关税的贸易条件 (2)/(3)×100
1929	113.4	125.6	104.7	108.3	119.9
1930	100.0	112.7	100.0	100.0	112.7
1931	81.0	94.9	89.4	90.5	106.1
1932	75.5	94.6	83.3	90.4	113.6

注：*（当年公布的保留进口总值＋关税净收入）/以 1930 年物价水平计算的各年保留进口总值。此处既包括收入性关税也包括保护性关税，两者都是消费者或企业为进口商品实际支付的价格水平的一部分。

接下来本文将分析，这些年进口在出口、投资和国内产品消费中

---

① 因此，以货币指数表示的一种不变的消费函数，如果用实际指标来表示也许体现出消费函数的向上移动。
② 令 1930＝100，则 1929＝97.3，1931＝105.7，1932＝106.7。

第四章 出口贸易波动对总体经济活动影响的相对重要性（阶段Ⅱ：1930~1932年）

所占的比例是否有变化？从实际指标来看（即使用1930年的价格水平），如图3-12所示，代表与国民生产总值相关的原材料和资本品进口的这些点，在1930~1931年与在1924~1929年相比，偏离很小；但是，代表1932年的点与代表1924~1931年的那些点相比则要低得多。这也许表明，以实际指标来表示的进口在国民总产值的比例，1930~1931年相比于1924~1929年，并没有发生显著的变化，但是它在1932年却减少了。从货币指标来看（即使用当年的价格水平），如图3-13所示，代表与1930~1931年国民生产总值相关的原材料和资本品进口额的这些点，在1930~1931年要比在1927~1929年处于更低的位置，并且它们在1932年处于更低的位置。这可能表明，以货币指标表示的进口占国民生产总值中的比例在所有这几年中都是降低的。至于1930~1931年，分别以实际指标和以货币指标衡量的进口在国民生产总值中所占比例的差异，再次表明了进口价格下降的后果，而无论是以实际指标还是以货币指标来衡量，这一比例在1932年都下降，则显然是由于对某些原材料、半成品、特别是铁和钢征收保护性关税所导致的。

如果不将进口总额分成消费品进口和原材料、资本品进口这两部分，而是将进口总额作为一种收入的漏出，并且将其置于与总消费倾向的同等地位，会得到相同的结论。通过比较图3-14（使用1930年价格水平）和图3-15（使用当年价格水平）中那些代表这些年中与国民收入相关的进口总额比指标的点的相对位置，以及图3-7（使用1930年价格水平）和图3-10（使用当年价格水平）中那些代表相同年份中与国民收入相关的总消费的点的相对位置，可以明白这一点。在1930~1931年，以实际指标衡量的消费倾向和进口倾向都高于1927~1929年的情况，但是在1930~1931年以货币指标衡量的这两种倾向，看起来各自与1927~1929年具有相同的函数形式。因此，虽然就对货币收入的影响而言，以货币指标衡量的这两种倾向没有产生任何缓解或者加剧萧条的效果，但是"实际的"消费倾向的增加则必定是缓和萧条的一个因素，尽管这一有利的效应部分地通过"实际的"

进口倾向的增加又出了。进一步说，这也应该部分地归因于这些年贸易条件的有利改变它降低了生活成本并且产生了"收入效应"。在1932年，一方面，无论是以货币指标还是以实际指数来衡量的进口倾向，都急剧下降，甚至降到了比代表1927~1929年的那些点所在位置更低的区域；另一方面，以货币指标衡量的消费倾向则没有显示出任何变化，它与以实际指衡量的1931年的消费倾向相比，只有一点微小的偏离。因此，这两种倾向变化的净效应当然有利于收入的增长。需要再次说明的是，这种情况肯定部分地源于本年实行的保护性关税。保护性关税不仅增加了国内制造品的消费倾向，也减少了在国内投资和出口总额中所包含的进口成份的比例。

最后，让我们考察政府财政对于萧条过程的影响。

与收入相关的税收总量在经济萧条时期增加了很多。税收总量与国民收入的比率可以视为总体税率，它从1929年的21%增加到了1932年的26%，如表4-6第（2）列所示。这也许加剧了萧条的严重程度。

表4-6　　　　1929~1933年税收、公共支出总量与占国民
收入的百分比及公共支出的构成情况

年份	总税收	(1) 占国民收入的百分比	公共支出总量	(3) 占国民收入的百分比	社会支出占总公共支出的百分比	失业援助占社会支出的百分比	转移性社会支出支付占总社会支出的百分比
	(1)	(2)	(3)	(4)	(5)	(6)	(7)
1929	943.3	20.6	1 271.8	27.7	33.2	24.4	83.1
1930	964.3	22.7	1 340.1	31.5	36.0	31.1	84.7
1931	992.0	25.8	1 314.4	34.2	38.3	33.5	84.7
1932	988.2	26.2	1 265.2	31.6	37.6	33.0	84.4
1933	985.7	25.1	1 181.2	30.1	40.0	30.8	81.8

注：①总税收包括所得税、资本税、商品税和杂税。②公共支出下面的项目有国债服务、军事支出、公民政府、社会支出和经济支出。③转移性社会支出＝总的社会支出—工人的社保缴费，在教育和租金上支付的费用等，以及住房上的支付。

资料来源：①所有的税收和支出均以当年价格来表示，它们源自希克斯编写的《1920-1936年的英国政府财政》，附录部分的表1、表5、表6、表7、表8和表9，第380~384页。②国民收入的数据是基于斯通先生的估计。

第四章 出口贸易波动对总体经济活动影响的相对重要性（阶段Ⅱ：1930~1932 年）

此外，从税收结构的变化中似乎也看不到任何能够显著减轻这种负担的因素。1930 年和 1931 年税收的增加主要来自所得税和资本税。所得税的标准税率从 1929 年的 4 先令上升到了 1930 年的 4 先令 6 便士和 1931 年的 5 先令。尽管 1931 年的附加税增加了 10%，财产税率在前一年也有所增加①，但一方面，在 1931 年个人和被抚养人津贴都下降了②，这当然会影响低收入阶层。至于 1932 年税收相对于收入的增加，主要是由于实行保护性关税的结果，它影响到所有的收入阶层。因此，总体来说，在萧条期间不存在税收负担从低收入阶层到高收入阶层的重要转移。

但是，公共支出规模相对于收入的增加以及社会对于整个被救济群体支出的进一步扩大，可能更大程度上地抵消了这一时期不断加剧的重税带来的后果。如表 4-6 第（4）列所示，公共支出总量在国民收入中所占的百分比从 1929 年的 27.7% 上升到 1931 年的 34%，尽管到 1932 年又滑落到 31.6%。在公共支出总量中，社会性支出在 1930~1932 年占了大约 38.3%，而 1929 年这一占比是 33.2%［见表 4-6 第（5）列］。不仅如此，1930~1932 年的社会总支出中有将近 85% 是"转移支付"，也即，不是由社会服务接受者本人支付的（见表 4-6 第（7）列）。无须说，社会支出的主要项目是失业救济，1931~1932 年失业救济在社会支出中的占比超过了 33%，而 1929 年这一比例为 24.4%［见表 4-6 第（6）列］。

那么，如果公共支出规模增加带来的有利效应能够抵消总税率③增

---

① 资料来源：《英国统计摘要 1924-1938 年》，第 299~201 页。
② 资料来源：《英国统计摘要 1924-1938 年》，第 201 页。
③ 希克斯关于总支出和总税收的数据给出了这些年的政府赤字，科林·克拉克关于地方政府和社会保险的收入支出的集中核算则给出了这些年的盈余。然而，此处我们关心的并不是赤字或者盈余的存在，而是赤字或盈余的规模相对于国民收入的变化。根据希克斯的计算，在 1930~1932 年经济萧条的三年中，赤字支出或公共负储蓄相对于收入的水平比 1929 年更高了。科林·克拉克的数据也表明了同样的趋势：根据他的集中核算，在经济萧条的年份盈余相对于收入的水平要比 1929 年更低。因此，除了政府财政在收支两方面的结构变化以外，财政政策总还有某种减缓萧条的净效应，即使增加的总税率完全以侵蚀消费为代价，也是如此。

加导致的不利效应，对低收入阶层（特别是那些失业者）有利的支出结构的改变，通过它对整个社会消费倾向产生的有利影响，将肯定成为减轻萧条的严重程度的一个重要因素。

在结束对政府财政这一话题的讨论之前，关注一下在经济萧条期间公共投资和私人投资的相对比重，将是十分有趣的。

从表4-7明显可以看出，经济萧条前两年总投资下降完全是由于私人投资的下降，同期公共部门的投资则略有上升。但是，最后一年这两个值的变化情况颠倒了。由于公共投资的变化主要源于地方当局支出的变动，表4-8中给出的地方当局和私人企业在房屋建筑投资中的比例分布，将是理解私人投资与公共投资这种相对地位逆转的关键。

表4-7　经济萧条期间公共投资和私人投资的相对比重

从4月1日开始的财政年度	固定投资总额	地方政府资本投资和维护	中央政府	公共设施铁路和电力	(2)+(3)+(4)	私人投资
	(1)	(2)	(3)	(4)	(5)	(6)
1929年	641	202	61	80	343	299
1930年	616	206	59	82	347	269
1931年	569	211	55	83	349	222
1932年	548	170	52	79	301	247

资料来源：布雷瑟顿（Bretherton）：《公共投资和贸易周期》，附录，第451页。

表4-8　英格兰和威尔士竣工的房屋供给　　　　　　　　单位：%

年份	地方当局	私人企业
1930	30.4	69.6
1931	35	65.0
1932	27.9	72.1

由此可见，在1932年，私人投资总量的增长主要是由于私人企业

房屋建筑投资的增加，公共投资的下降则主要是因为地方当局的房屋建筑投资的降低。

第二节 走出经济萧条

一般来说，经济萧条大约在1932年第三季度就结束了（见图4-1）。非耐用消费品行业［(d)组］的就业在那时已经增加了；出口行业［(a)组］和耐用消费品行业［(c)组］的就业在接下来的一个季度也开始增加；参保的总就业人数在这一季度也增加了。尽管耐用生产品行业［(b)组］的就业在低位又徘徊了一个季度。

因为［(d)组］的就业从1931年初就已经有了一种强劲的上升势头，所以很难将其视为对复苏直接做出贡献的因素，不过也不能否认这一产业组别的持续增长确实缓解了萧条的严重程度，并令复苏更早地到来。因此，就图4-1所显示的四个独立的产业分组中的就业变化情况来看，经济复苏显然是从出口行业和耐用消费品行业开始的。

出口总量和（a）组的就业显示出，经济确实从1932年第四季度开始复苏（见图2-1）。一方面，房屋建筑活动是引起（c）组就业改善的主要原因。竣工房屋的半年期数据表明，尽管1931年的房屋建筑相对于1930年已经下降了，可是情况的改善直到1932年10月1日开始的下半年才稳定地出现（见图4-5）。此外，正如本文在第一节最后一部分提到的，住房以外的建筑活动在整个经济萧条期间始终是下降的，甚至在1933年也是如此。这显然影响了整个建筑业就业的尽早复苏，从而建筑业就业的改善直到1932年第四季度房屋建筑活动有了实质性的改善之前都未能出现。另一方面，（c）组中另一个主要组成部分——机动车业的早期复苏，肯定也是使（c）组整体的就业在1932年初的下降得到控制并且在第四季度最终加速好转的一种积极因素。

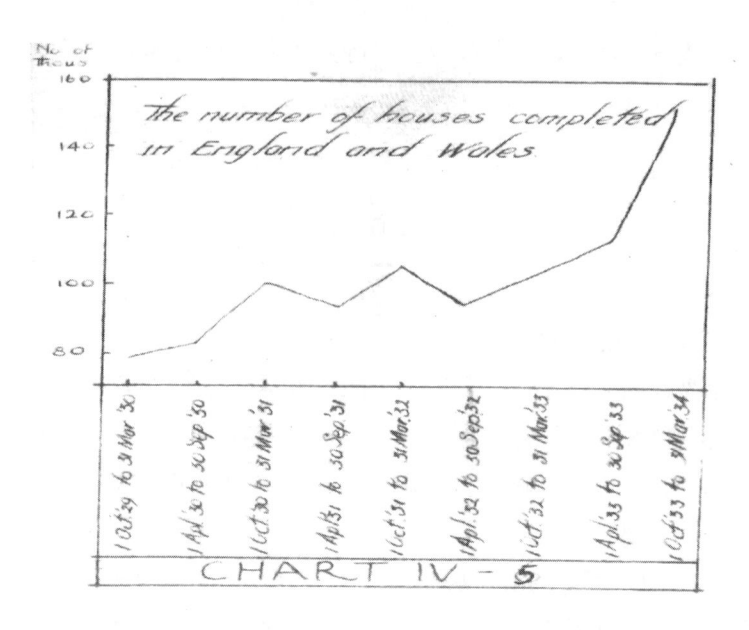

英国出口贸易的周期波动（1924－1938）

图 4－5　英格兰和威尔士竣工房屋数量变动情况

当出口和房屋建筑活动开始复苏时，那些对各种经济活动有着更为普遍性影响的因素处于怎样的状况？

经济复苏大概出在转向廉价货币政策（cheap money）（1932 年 2 月）的半年后才开始显现。但是这样的时间次序并不必然意味着是这种货币政策引起了经济复苏。确定市场的短期利率和长期利率会对银行利率的变化做出迅速的反应。此外，当现金基础通过英格兰银行的公开市场操作（即增加持有政府债券）而扩大时，清算银行的经常账户也随之逐渐增加，上述变化是与银行利率下调的同时发生的。然而与此同时，非金融的流通速度下降了，并且直到 1934 年初也未能提升；清算银行的货币贷放也持续下降，直到 1935 年初才开始稳定上升。前一个事实表明，新增的货币供给在经济实际启动复苏之前也许会主要以闲置余额的形式先存在一段时间，后一种情况则表说明，尽管货币当局也调整了货币政策，但银行系统对于经济环境具有被动性。因此，廉价货币政策也许为经济复苏扫平了道路，但是其本身却不足以引起经济复苏，如表 4－9 所示。

第四章 出口贸易波动对总体经济活动影响的相对重要性（阶段Ⅱ：1930~1932年）

表4-9　　　　　　　　　　1932~1933年

时间	3月期利率%	定息证券收益率(1924=100)	英格兰银行的政府债券	银行业者在英格兰银行的存款	9家清算银行的经常账户	非金融流通速度	9家银行清算的贷款
1932							
第1季度	4.47	103.9	44.2	71	797	11.20	889
第2季度	1.66	93.4	65.9	80	822	10.52	854
第3季度	0.80	83.1	69.9	87	903	9.63	805
第4季度	0.85	80.9	76.1	84	943	9.32	772
1933							
第1季度	0.83	81.9	86.4	106	957	9.25	753
第2季度	0.56	81.1	72.4	97	973	9.08	759
第3季度	0.44	80.8	83.9	101	971	9.37	746
第4季度	1.00	79.0	74.7	104	973	9.23	728

资料来源：《英国银行统计摘要》和《伦敦剑桥经济服务（月报）》。

制成品价格指数在1932年的第二个季度开始上升，此时工资率仍然在下降。然而，这一优势被同时期与制成品价格相关的基础材料和中间产品价格的上涨所抵消（见图4-4）。其次，就像本文前面已经提出的那样，单位产出的固定成本增加大多会侵蚀利润边际，因此，具有降低每单位产出高的均摊成本才有可能期望一种复苏的开始。但是经济复苏看起来更多的是要依靠需求侧的改善，而不是仅仅通过降低总均摊成本这一个条件来实现。换言之，仅有供给侧的成本—价格结构的改变不可能引起经济复苏。

至于政府财政，与国民收入相关的税收总量在1932年较上一年有所下降，如表4-6所示；但是，就如我们在第一部分看到的那样，这一年的税收结构没有明显的变化。与此同时，与1931年相比，1932年与国民收入相关的总支出明显下降；总支出中社会支出所占的比例也下降了（见表4-5）。[①] 因此，虽然在经济萧条年份支出结构的调整总

[①] 此外，公共投资在1932年也下降了。

体上说是一个缓和萧条的因素，但是若将1932年的情况与1931年进行比较，却发现并没有任何可以促进经济复苏的进一步改进①。

当进口品的消费倾向回落到其原有水平时，1932年2月引入的综合保护机制使得对国内产品的消费倾向进一步增加（见图3-6和图3-8）。这显然是促进1932年晚期经济复苏的因素之一。

第三节 本章小结

上面两部分的分析可以总结如下：

第一，遭受经济萧条打击最大并且使之出现累积性恶化的行业，主要是与出口贸易和除房屋建筑以外的国内投资活动直接相关的行业，即出口行业和耐用生产品行业，对于它们来说，出口和国内市场的需求都是十分重要的。

第二，房屋住宅建筑和汽车工业仅在萧条年份的早期有过短暂的衰退，它们得以维系和发展使得耐用消费品行业整体遭受的损失小于上述两组行业。并且，正是由于1932年这些行业随出口贸易的复苏不断发展，使经济最终走出了萧条。

第三，除了在1930年有过一段短暂的极轻微衰退，非耐用消费品行业在整个20世纪20年代保持了其增长势头。这种发展反映出，对国内产品的平均消费倾向比在萧条期间一个正常的消费函数所可能有的更大程度的提高。换言之，在这些年中消费函数发生了某种向上的移动。这减轻了萧条的程度，并且使随后的经济复苏变得更为容易。

第四，对于第三点中提到的发展，贸易条件在1930年和1931年的

---

① 根据希克斯的数据，1932年与1931年相比，用总支出和总税收之间差额所表示的政府赤字相对于国民收入的比例有所降低，尽管其仍比1929年高。科林·克拉克根据收益和支出账户整理出来的盈余，在国民收入中所占的比例从1931年的9.5%上升到1932年的15.3%（这里计算百分比所使用的国民收入数值也是根据克拉克先生的估算值）。这两者都表明，同1931年相比，1932年政府财政的总体账户并没有出现进一步的改善。

第四章 出口贸易波动对总体经济活动影响的相对重要性（阶段Ⅱ：1930~1932年）

有利变化是主要的原因，它使得实际收入的下降小于名义收入的下降。因为作为贸易条件改善的结果，生活成本大幅下降，这提高了1930年和1931年以实际指标来衡量的国内生产品的消费倾向和进口消费品的消费倾向。1932年的贸易条件不再有利，同年实施了保护性关税，这以损害进口消费品的消费倾向为代价使得国内产品的消费倾向进一步增加。此外，保护性关税也减少了进口在国内投资和出口产品中所占的比例。因此，与收入相关的进口总额在1932年大幅下降。所有这些因素都有利于经济复苏。

第五，政府财政也是缓解1930年和1931年经济萧条的因素之一。尽管这些年间与收入相关的税收负担非常繁重，但是公共支出相对于收入的增加和公共支出结构的改变对于缓解消费下降发挥了一种重要的作用。然而，与1931年相比，这一有利的变化在1932年并没有持续下去。因此，当经济开始复苏时，它没有起到进一步的促进作用。

第六，1930年5月份开始的货币供给的放宽没有减轻经济萧条的严重程度。英镑贬值确实带来了一种暂时的缓解，但是却不能对抗外部世界。1932年迅速转向廉价货币的政策也许为经济复苏扫平了道路，但是仅靠这一政策本身并不能启动经济复苏。

第七，工资、中间产品和基础材料的价格，相对于制成品的价格通常以一种相互抵消的方式变动。因此，当把工资成本和原材料成本一起考虑时，总体来看应当说，在萧条期间主要成本相对于价格水平的变化不会产生任何明显的不利影响。同理，当相对于制成品的价格同时出现工资降低和中间产品与基础材料价格上升时，与价格水平相关的主要成本的变化也不可能对经济复苏有太大的帮助。最可能侵蚀（或扩大）利润边际的，进而最可能使萧条恶化（或者复苏）的，也许是单位产出中固定成本相对的增加（或减少）。然而，单位产出中固定成本的变化无论是减少还是增加，大多是产出量变化的结果（产出量反过来又受需求因素控制），而不是源自总固定费用本身的变化。简言之，产业波动的过程中成本—价格结构的变化通常只是起到一种被动的而不是主动的作用。

第五章

出口贸易波动对总体经济活动影响的相对重要性（阶段Ⅲ：1933~1938年）

第一节　复苏与扩张（1933~1937年）

一般来说，复苏开始于1932年第四季度。从总参保人员就业的态势来看，直到1937年第三季度的高峰到达之前，复苏的进程一直没有间断[①]。然而，通过观察图5-1中四个分类组别的运动轨迹可以发现[②]，它们彼此之间的进程是有少许差异的：（a）组（出口行业的就业）从1933年末到1936年初处于一种低迷的状态；（d）组（非耐用消费品行业）从1933年末到1935年中期呈现出平稳展开的态势；而（b）组和（c）组（面向国内市场的耐用生产品行业和耐用消费品行业）在1937年的第三季度之前则呈急剧上升之势。

---

① 尽管总参保人员的就业在1937年的峰值要比1929年的峰值高出13%，失业的总量并没有下降，相反还有所增长，从1929年6月的1 164 000增长小幅地到1937年8月的1 359 000。与之对应的失业率则分别为9.6%和9.9%。这是因为这两年间总参保的就业人口也增加了（从1 180万增加到1 430万）。

② 注意：就像对1924到1929年这一期间所做过的那样，这里对（a）组和（b）组也做了同样的调整。唯一的区别是，此处对面向出口的耐用生产品行业中就业的估算是基于按照1930年价格而不是1924年价格计算的出口总值和人均总产出值。

第五章　出口贸易波动对总体经济活动影响的相对重要性（阶段Ⅲ：1933~1938年）

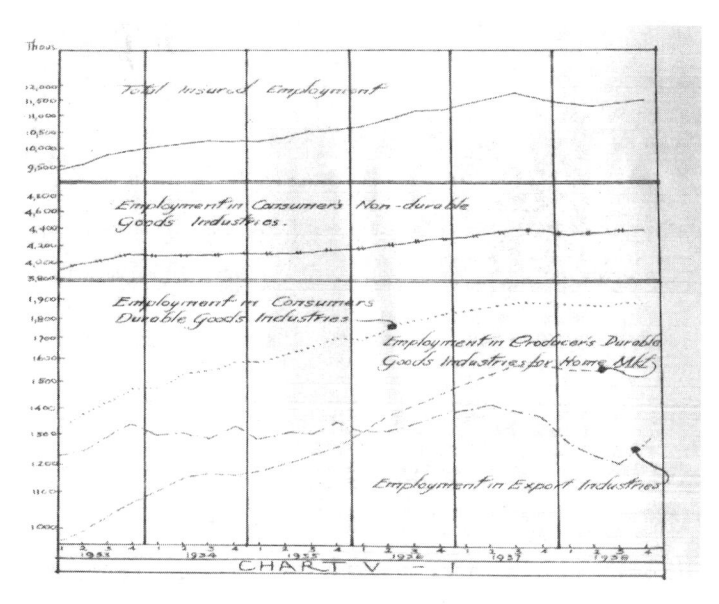

图5-1　四组行业就业变化轨迹

注：几组曲线分别是（从上至下）：总体就业情况；非耐用消费品业就业情况（d）；耐用消费品业就业情况（c）；国内市场耐用生产品业就业情况（b）；出口企业就业情况（a）。

因此，每个组的扩张程度也截然不同。从大萧条中的波谷到1937年的峰顶，（a）组增长了22%（从1931年的第三季度到1937年的第二季度）。在大萧条中受到重创之后，这样的增长也没能使其达到1927~1929年所取得的水平，仍比那时低了16%。（b）组增加了65%（从1932年第四季度到1937年第四季度）。这种扩张不仅抵消而且超过了大萧条中的下降程度，其在1937年达到的水平比1929年高出25%。（c）组增长了46%（从1932年第三季度到1937年第四季度），其在1937年的水平要比1929年高出26%。（d）组只增长了17%（从1930年第四季度到1937年第三季度），因为它在20世纪20年代已经有过显著的增长，并且在大萧条中下降的很少，其在1937年的水平要比1929年高出15%[①]。

---

① 总参保人员就业增长了27%（从1932年第三季度到1937年第三季度）。

103

英国出口贸易的周期波动（1924—1938）

虽然四个组别中各自的就业扩张率与所观察到的它们各自绝对数量①的变化也许并不具有同样的排序。然而它们在总体就业情的相对位置由于在其前面提到的这一阶段内具有不同的扩张率，还是发生了变化。

由于（b）组和（c）组合起来大致相当于固定资产投资总值（包括住宅投资），我们可以将固定资产投资的价值与出口值（而不是它们所体现的就业量）进行比较，以便观察在这些年间各种影响收入的因素其相对的地位是如何变化的。

从表5-1中可以清楚地看出，出口作为增加收入的因素，其相对重要性在上述阶段中被大大降低了。与处于波谷的1932年相比，1937年的出口值增长，无论是有形出口或者无形出口，无论是基于当前价格或以生活成本指数修正过，都远远比不上固定资产投资总额的增长。与第一次波峰年1929年相比，1937年的出口值下降，而固定资产投资总值却显著增加。在出口和投资的总和中，前者（有形出口和无形出口加在一起）在1929年的占比超过65%，而到了1937年，仅占到50%。

表5-1　　　　　　固定资产投资价值与出口值对比　　　　单位：百万英镑

年份	商品出口值 (1) a	b	无形出口值 (2) a	b	(1)+(2) (3) a	b	固定投资总值 (4) a	b
1929	729.4	702.7	460	443.2	1 189.4	1 145.9	639	615.6
1932	365.0	400.7	260	285.4	625.0	686.1	543	596.0
1933	367.9	415.2	265	299.1	632.9	714.3	579	653.5
1934	396.0	443.9	280	313.9	676.0	757.8	653	732.1
1935	425.8	470.5	295	326.0	720.8	796.5	721	96.7

① 从波谷到峰顶，(a) 组增长了254 000；(b) 组增长了625 000；(c) 组增长了802 000；(d) 组增长了683 000。由于这里对每一组的分类并不完整，因此，这些数据只能显示其大小顺序。

第五章 出口贸易波动对总体经济活动影响的相对重要性（阶段Ⅲ：1933~1938年）

续表

年份	商品出口值 (1)		无形出口值 (2)		(1)+(2) (3)		固定投资总值 (4)	
	a	b	a	b	a	b	a	b
1936	440.6	473.8	330	354.8	770.6	828.6	815	876.3
1937	521.4	534.8	390	400.0	911.4	934.8	910	933.3
1938	470.8	477.0	335	339.4	805.8	816.4	770	780.1

注：(a) 按当前价格计算；(b) 基于1930年的生活成本指数进行修正，令1930=100。
资料来源：布雷瑟顿：《公共投资和贸易周期》，第412页；英国《国民收入与支出(1938-1946)》。

在始于1933年的复苏中，国内资产投资的显著增加，不仅遮蔽了出口的相对重要性，并且直接引起了（b）组和（c）组中就业的明显提升，在解释这一现象时，有两个重要因素一直被提及，即1933年以来房屋建筑的增长，以及1935年后的军备重整。

当然，自1924年以来房屋建筑就已经成为国内投资活动中的一个重要部分。然而1933~1936年，房屋建造得到进一步发展，变得更为重要。这些年份中房屋建造在总建筑活动（包括维修）和固定资产投资总额中的相对位置，可参见表5-2后两项中比率的变化。

表5-2　　房屋建造在建筑总量和固定资产投资中比率

年份	房屋建造（百万英镑）(1)	建筑总量（百万英镑）(2)	总固定资产投资（百万英镑）(3)	(1)占(2)的百分比（%）(4)	(1)占(3)的百分比（%）(5)
1924	72.0	173.0	601	42	12
1927	104.3	215.7	638	48	16
1929	90.5	212.2	639	43	14
1933	98.8	225.5	579	44	18
1934	128.2	262.6	653	49	20
1935	140.0	288.0	721	49	19

英国出口贸易的周期波动（1924－1938）

续表

年份	房屋建造（百万英镑）(1)	建筑总量（百万英镑）(2)	总固定资产投资（百万英镑）(3)	(1)占(2)的百分比（%）(4)	(1)占(3)的百分比（%）(5)
1936	156.0	328.0	815	48	19
1937	151.0	347.0	910	44	15
1938	136.0	339.0	(770)	40	(18)

注：所有数据都按当期价格计算。
房屋建造和建筑总量的资料来源：伊恩·鲍恩（Ian Bowen）：《建筑产出和贸易周期（英国，1924－1928）》，载于《牛津经济学报》1940年3月第3期。

正如本文第三章指出的，1927年房屋建造总量的数值过高是由于对当年政府补助削减的预期。除了这一例外情况，1924～1929年，新建房屋价值在总产出中所占比例大约为42%～43%，而1933～1936年大约为44%～49%；在总固定资产投资中的占比在1924～1929年间大约为12%～14%，而1933～1936年大约为18%～20%。然而，这一情况在1936年之后发生了变化，一方面是因为新建房屋本身陷入低迷状态；另一方面则是由于与庞大的军备项目相关的工程和建筑的大量增加（本文将在后面再对此进行讨论），导致其相对重要性的下降①。

在1924～1929年和1930～1938年这两个时间段中，有关房屋建筑的另一个显著的反差，是由地方政府和获得国家资助的私营企业建造的房屋，与由没有获得国家资助的私营企业建造的房屋，两者处于相互颠倒的相对位置。

如图5－2所示，1924～1929年，大部分的新房屋是由地方政府和取得政府资助的私营企业②建造的；1930～1938年，大部分的房屋则

---

① 1938年的百分比似乎被高估了，因为与1937年相比，1938年的投资数据可能被低估了，尽管1938年是一个衰退年份。

② 1924年，在所有已建成的房屋中有将近一半是由无政府资助的私营企业建造的，因为根据1923和1924年的房屋法案所提供的补贴才刚刚开始实施。

第五章 出口贸易波动对总体经济活动影响的相对重要性（阶段Ⅲ：1933~1938年）

由无政府资助的私营企业建造。这一事实说明，在此之后的建筑热或多或少是由经济自然运行引发的，而不是由于政府的补贴，虽然政府补贴在前一时期是主要的刺激因素。然而，即使在20世纪30年代，政府房屋政策所起的作用依然不可小觑。1923年和1924年法案所规定的补贴分别在1929年和1932年取消，这一取消行为本身就刺激了私人企业在接下来几年中的扩张。1930年针对清除贫民窟的法案和1935年针对过于拥挤情况的法案，也提供了除直接财政资助以外的某些支持。

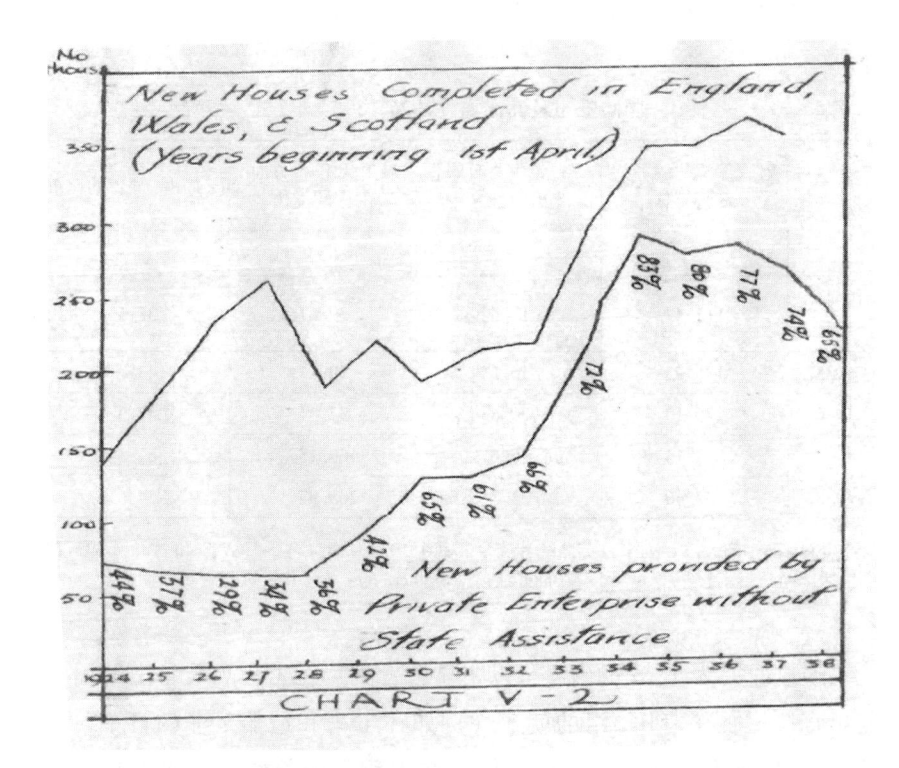

图5-2 新建成房屋总量对比（有政府资助 vs 无政府资助）

注：两组曲线为（从上至下）：英格兰、威尔士和苏格兰的新建成房屋；没有取得政府资助的私人企业新建房屋。

当1936年之后房屋建造开始放缓时，军备重整的项目已经启动，

英国出口贸易的周期波动（1924－1938）

它给整体的扩张提供了进一步的刺激。如表5－3所示，1924~1934年，年度国防开支从未超过120万英镑，仅占中央政府总支出的15%。这10年间的平均值只有112.5万英镑，占总支出的13.5%。在1935年，这一数值开始增加，并在接下来的年份中冲劲十足，在1938年达到了382万英镑，约占中央政府总支出的1/3。除此之外，自1935年起，在国防总支出中，工程和装备（包括战舰、飞机、技术备品、新的设施和建筑及其维护）方面的支出占据了更大的比重。据估计，这项支出在1926~1934年占36%，而在1937财政年度则达到了大约61%。

表5－3　　　　国防支出及其比重（1926~1934年）　　　单位：百万英镑

财政年度	财政部国防服务的发行筹款 (1)	(1) 占中央政府总支出的百分比 (2)	工程和设备方面的国防支出 (3)	(3) 占 (1) 的比重 (4)
1924~1934	112.47	13.5	39.61	35.5
1935	136.95	16.3	59.17	43.2
1936	186.10	20.6	97.31	52.3
1937	262.13	26.6	160.15	61.1
1938	382.46	33.3	208.97	54.6

资料来源：第（1）列来自英国统计摘要。其中1924~1934年、1937年和1938年的数值都包括了国防贷款；第（3）列来自布雷瑟顿（Bretherton）：《公共投资与贸易周期》。

通过研究表5－3的内容可以明显地看到，在工程和装备上的国防支出直接增加了（b）组的就业（例如在工程和造船工业的订单，等等），同时也促进了（c）组（例如在工程和建筑物、交通工具和飞机[①]上的支出等）的就业增长。除此之外，军备项目的扩张性影响肯定

[①] 飞机的制造与汽车产业的联系非常紧密，以至于这两个产业的就业无法分别计算。劳工部的就业数统计只有一个标题："机动车、自行车和飞机"，根据本文的分类它被包含在（c）组中。

第五章　出口贸易波动对总体经济活动影响的相对重要性（阶段Ⅲ：1933~1938年）

并不限于这些直接的订单。我们有理由相信，不断增加的军备订单会诱使那些已经达到生产上限或者预期需求进一步会增加的军需品供给企业扩大投资。然而，考虑到非耐用消费品行业就业［(d)组］的缓慢增长这一情况，由这些年军备重整连同整体工业复苏所带来的收入与就业的增长是否真的具有"关联"效应，从而带动大规模的附加投资，仍然是十分不确定的[①]。

如果按照实际年份[②]计算，在1935年之后，用于工程和装备方面的国防支出在国内固定资产投资总额中的占比，具有一种显著增长的态势（见表5-4）。这表明其在20世纪30年代后期的扩张中发挥了重要的作用。

表5-4　　工程和装备方面的国防支出占固定资产投资比重

年份	工程和装备方面的国防支出占总固定资产投资的比重（%）
1935	8
1936	11
1937	16
1938	26

此外，除去工程和装备以外的国防支出也可以看作是一种公共消费，无论是用于从市场上购买消费品和服务，还是用于支付服役人员的工资本身都是如此。此类公共消费的增加必然会引起对国产产品和社会服务数量的总体消费相对于收入增加。因此，如果没有任何相抵消的因素，它将会对收入增加产生某种支出效应。

本文在上面将国防支出视为公共投资或公共消费，认为它刺激了1936~1938年收入和就业的扩张。但没有提到国防支出的钱是如何筹

---

① 另一方面，也可以想象，军备重整项目在后期由于其成本不断上升的压力，也许阻滞了某些领域里的私人投资。这一点将在后面的章节中进行讨论。
② 1934年财政年度数据的1/4，加上1935年财政年度数值的3/4，等于1935年实际年份的数值，以此类推。

措的。然而，不同的筹资方式也许会对收入增长产生不同的影响。如果是通过压缩其他公共投资或者公共消费筹资，将会对产生同等力量的抑制效应。如果通过提高税率筹资，那么是否会对收入增长抑制效应就取决于税收的增加是否会侵占私人消费或者私人储蓄。只有当筹资来自预算赤字的增加，它的刺激效应才会被认为是一个净效应[①]。

正如表5-3所示，1937年和1938年两个财政年度，财政部国防服务发行筹款的一部分是在国防贷款名义下的发行（在1937年的262.13万英镑中有64.87万英镑，在1938年的382.46万英镑中有128.05万英镑）。而国防贷款支出当然就是赤字支出。不过，为了观察政府财政的总体效应，应将中央政府的总支出、总收入和赤字与国民收入联系起来加以考察。

从表5-5可以看出，虽然在1935年之后，随着总支出的增加，中央政府的总税收收入在稳步上升，税收收入占国民收入的比重（也可以看作是整体的税率）直到1937年才停止下降，并且直到1938年之后才有显著上涨。因此，截至1937年，财政收入的增加应该归因于国民收入本身的增长，而不能视为税收负担的增加。并且，在表中可见，1937年之前，甚至总支出占国民收入的比重都没有上升。确实，自1935年以来，国防支出相对于国民收入增加了，但是其他政府支出却相对地缩减了（不是绝对数值）。只有当1937年出现国防贷款支出的时候，前者的相对增加幅度才超过了后者的相对减少的幅度。

表5-5 中央政府的总支出、总收入与赤字占国民收入比重

年份	总收入	(1) 在国民收入中的比重	总税收[①]	(3) 在国民收入中的比重[②]	总支出	(5) 在国民收入中的比重	赤字或盈余	(7) 在国民收入中的比重
	(1)	(2)	(3)	(4)	(5)	(6)	(7)	(8)
1933~1934年	809.38	20.9	708.99	18.1	778.23	19.9	+31.5	+0.8

[①] 当然，这里假定没有同时出现自主储蓄的增加。

第五章　出口贸易波动对总体经济活动影响的相对重要性（阶段Ⅲ：1933～1938年）

续表

年份	总收入 (1)	(1) 在国民收入中的比重 (2)	总税收 (3)	(3) 在国民收入中的比重 (4)	总支出 (5)	(5) 在国民收入中的比重 (6)	赤字或盈余 (7)	(7) 在国民收入中的比重 (8)
1934～1935年	804.63	19.5	709.81	17.2	797.07	19.3	+7.56	+0.2
1935～1936年	844.78	19.1	738.99	16.7	841.84	19.1	+2.94	+0.1
1936～1937年	896.60	18.9	783.15	16.5	902.19	19.0	-5.60	-0.1
1937～1938年	948.66	18.7	841.22	16.6	984.74	19.4	-36.08	-0.7
1938～1939年	1 006.24	19.6	896.42	17.5	1 147.00	22.4	-140.96	-2.8

注：①国防支出占国民收入的比重：1935年为3.1%，1936年为3.9%，1937年为5.2%，1938年为7.5%。②正如本文在导论那一章中提到的，政府盈余或者赤字的绝对规模改变也许不能显示出政府财政对收入流量的净效应方向和程度；但是，如果税收和支出结构没有同时发生相反方向变化，并且所涉及的税率的变化，完全是以与收入相关的消费减少（或者增加）为代价相呼应，那么政府盈余或者赤字相对于收入的变化还是可以显示出其对于收入的净影响的方向和程度的。（参见第一章）

资料来源：《英国统计摘要（1924-1938年）》，实际年份数据，比税收收入数据提前三个月。

然而，自1933年以来，财政收入和支出的差距一直以此消彼长的方式在扩大。1933～1935年，政府盈余占国民收入的比重大幅下降，到1936年转而出现赤字。一直到1938年，赤字占国民收入的比重都非常大。如果我们暂时不考虑税收和支出结构变化带来的影响，那么相对于收入而言的政府盈余的降低和赤字的上升，自1933年以来政府财政在整体上产生了某种净扩张效应，尽管1933～1936年整体税率的下降的好处完全转化到私人储蓄的增加上，而在1937～1938年总体税率的增加是以完全私人消费的减少为代价。

那么，1937～1938年的税率增加，真的损害了私人消费，并且部分抵消了赤字支出的扩张效应吗？

英国出口贸易的周期波动（1924－1938）

  遗憾的是，尽管1938年的信息可以从《国民收入和支出白皮书》中获得，我们仍没有足够的信息去构建这些年中有关个人税前或税后的系列数据以及收入、个人支出的系列数据，以观察它们的变化。

  然而，如第三章第五节所述，总消费是可以从国民收入、投资和国际收支的数据中估计出来，这也许可以给现在的问题提供一些启示。总消费（包括个人和公共对物品和服务）占国民收入的比重从1937年的83%上升到1938年的86%。由第三章的图3－7中可以看出，与国民收入相对应的总消费的点的位置（消费与收入二者的数值均为经过生活成本指数矫正过的值），在1938年要比1933～1937年的那些点异常，这表明，1938年总消费倾向已经给予了提示。但是，社会总体的消费倾向增长也意味着储蓄倾向的下降。并且，因为在这两年间没有政府盈余，后者可以被看作是与收入相关的私人储蓄的下降，以及整个社会储蓄的下降。

  因此，这至少表明，1938年税率的增加主要是通过私人储蓄的下降来实现的。不仅如此，甚至私人消费的下降，也一定被公共消费的增加赶超，因为社会的总消费增加了。最后，因为赤字支出相伴的是储蓄相对于收入的减少，而不是增加，所以其净效应一定是扩张性的。

  正如本文前面指出的，除了税收和公共支出的规模相对于国民收入的变化以外，税收和支出结构的本身变化也会通过对收入的重新分配对影响消费函数施加某种影响，并最终影响收入的增长。然而，税收和公共支出结构并没有沿着与1924～1929年和1930～1932年相同的方向发生变化。虽然1933～1937年所得税的税率标准发生了几次改变[1]，但是其结构并没有变化，只是婚姻减免税从1931～1934年的150英镑增加到1935年的170英镑和1936年的180英镑，直接税收和间接税收的相对地位也没有发生显著变化[2]。

  至于公共支出结构，社会性支出占总支出的比重从1933年到1936

---

  [1] 1931～1933年的5先令下降到1934～1935年的4先令6便士。1936年又上涨到4先令9便士，1937年涨到5先令，1938年涨到5先令6便士（《英国统计摘要（1924～1928年）》）。
  [2] 1933～1937年，所得税与资本税的收入和商品税的收入之间的比率从（100：80）变为（100：82）。

第五章 出口贸易波动对总体经济活动影响的相对重要性（阶段Ⅲ：1933～1938年）

年逐年递减（见表5-6）。到1937年，在公共支出总额显著增加的时候，它的绝对数量甚至在下降。此外，在1936年，转移性支出（即不是来自非服务接受者自身缴款的费用）在总社会性支出中的比重和绝对量都缩小了，1937年也极有可能是如此。

表5-6 各项支出占社会总支出比重

年份	社会支出（百万英镑）(1)	总公共支出（含中央政府和地方权力机关）（百万英镑）(2)	(1)/(2)（%）(3)	转移性社会支出（百万英镑）(4)	(4)在总社会支出中所占的比重（%）(5)
1933	472.7	1 181.2	40	392.1	82
1934	475.7	1 204.1	39.5	401.2	84
1935	491.6	1 256.0	39	412.3	82
1936	498.6	1 323.0	38	344.6	70
1937	(394.7)				

注：①1933～1936年第（1）列和第（2）列的数字来自U-K Hicks的书（前引），附录，表1。第（1）列中的数字与社会服务年度收益回报中给出的"总社会支出"稍有不同，因为后者减去了来自贷款的支出和一个少量的杂项支出。②对于1937年，第（1）列的数字来自1938年的社会服务收益（英国政府文件.5906），它是此类收益中的最后一个，而且只是估算值。③第（4）列中的数字是从总社会支出中扣除服务接受者已缴费的部分而得到的，这两组数字都来自社会服务收益。但是，对于1937年服务接受者自己缴费的数据无法估计。④因为没有地方权力机关支出的详细数据，所以无法将Hicks给出的总支出的系列数据扩展到1937年。

因此，在上文所考察的时间段，似乎不太可能通过税收和公共支出调节的收入再分配，对消费倾向产生任何有利的影响。

除了1933年以来房屋建造的增加，以及1935年后的重整军备以外，在所考察时期中，英国的经济复苏通常也被归功于1932年后实施的关税保护。这种说法在多大程度上属实呢？在这里，我们仅仅考虑通过进口的替代方式来刺激经济复苏的保护措施。首先，我们应该估计保护性关税使进口价格提高了多少，因为这一点对于检验进口替代的程度很重要。想要知道关税水平占进口价格比重的总体情况，最简

英国出口贸易的周期波动（1924－1938）

单的办法就是用包含关税①的进口价格除以原来的进口价格指数。1924~1938年的相关数据如表5-7所示。

表5-7　　　　　　　　关税占进口价格比重　　　　　　　单位：%

年份	所加关税占进口价格的比重		
1924	8.8	1932	25.7
1925	8.7	1933	28.7
1926	9.5	1934	27.3
1927	10.0	1935	28.0
1928	11.0	1936	26.7
1929	10.7	1937	23.2
1930	12.7	1938	26.3
1931	17.1		

如表5-7所示，1924~1929年所征关税使进口价格平均上涨了10%。这一比率从1930年开始逐渐增大，到1933年，当保护性的作用发挥到最大关税充分展开实施时，使得进口价格上涨了近29%。如果我们以1929年为基数，1933年的关税水平将进口价格额外提高了18%。而1929~1933年，国内产品价格②下降了22%。因此，1933年进口价格因关税而上涨18%其实意味着进口价格相对于国内产品价格上涨了23%③。

由保护性措施引起的进口价格相对于国内价格的提高，对国内生产的效应是双重的。

其一是对某些特定的国内生产者物品的生产带来的影响。用国内生产的同类产品替代进口产品，会改变国内投资以及出口品行业所包

---

① 包括税收和保护性关税，因为就导致进口价格提升而言，税收与保护性关税没有任何区别。
② 因为英国没有单独编制国内价格的数据，我们这里用进口价格指数代替。
③ $\frac{18}{100-22} \times 100 = 23\%$。

第五章 出口贸易波动对总体经济活动影响的相对重要性（阶段Ⅲ：1933～1938年）

含的进口成份，这间接地提高了收入增长的乘数因素。因为只有排除了所包含的进口内容以后的国内投资和出口值，才能够带来收入的次级变化①。在1932年后的保护政策中最受益的行业中，钢铁行业是最重要的②。这一点会在第六章中讨论，那里将研究工业出口企业。至于关税保护之后国内产出中包含的出口比重的下降，我们在第四章中已经论述过了。对此可以通过比较图3-11和图3-12中代表1932～1933年的那些点和代表1924～1931年的那些点的相对位置，来作出判断，这两张图中分别以1930年的价格和当年价格标识出原料及资本品进口相对于国民产出总值的位置。

其二是对国内消费品生产的影响。正如我们在第四章中看到的，1930年和1931年，对国内制品消费倾向的提高可部分的归因于由贸易条件的有利变化所带来的"收入效应"。但是，在1932年，当关税保护下的贸易条件（即包含关税的进口价格与出口价格）不利于英国时，如图3-5中所示1930～1931年以及1932～1933年的情况，这主要应归因于这一年引入的全面保护体制。通过图3-7和图3-8的情况，也可以证实这一点：对进口消费品的消费倾向在1931～1932年大幅下降，1932～1933年，当关税的保护效应充分地释放时，它又有了进一步的下降。正如本文之前已经指出的③，伴随着对国内产品消费倾向的上升，而同时出现对进口消费品消费倾向的下降，于收入和经济活动增长的影响，投资或出口的增长具有的影响是一样的。

如图3-13和图3-14所示，1932～1933年的总进口倾向与1931年比要下降很多。然而，如图3-6和图3-9所示，1932～1933年的总消费倾向只比1931年偏离了一点点。这也间接地表明，这些年国产货物替代了进口货物，并且推动了复苏。

然而，一旦关税率提高了，且没有后续附加的关税措施，就不能再期望对经济有追加的刺激。也就是说，如果新的关税水平保持不变，

---

① 详细内容参见第一章。
② 资料来源：Cf. F. Benham：《贸易保护下的大英帝国》中关于钢铁的一章。
③ 详细内容参见第二章。

那么最近降低的总进口倾向、消费品进口倾向和国内产出中所含进口量的比重也就不会再持续下降。这一点可以在图3-13和图3-14、图3-7和图3-8和图3-11和图3-12中明显地看出,上述图都显示,1933~1936年①,进口与收入的增长或多或少呈一种线性的关系。同时,总消费倾向和国产货品消费倾向各自看起来也都具有一种恒定的函数形式,正如在图3-6和图3-9,以及图3-5和图3-10中所显示的那样,1933~1937年的消费和收入之间有着惊人的线性关系。

因此,非常有可能的是,1932年以来的保护措施在复苏的第一阶段产生了一些刺激效应,因为其在1932年和1933年引起了国产商品消费倾向的提高。但是,在这之后,它就没再提供更多的刺激作用了。1933~1937年,出口和投资增长的乘数效应似乎是通过大概不变的对国产物品的边际消费倾向来实现的②,尽管这个边际消费倾向比20世纪20年代的更高,如表5-8所示。

表5-8 国产商品的消费占国民收入的比重（以1930年价格计算）　单位:%

年份	比重
1933	74.4
1934	73.7
1935	73.1
1936	72.9
1937	71.9

---

① 在相同的图中,代表1937年点的位置要比代表1933~1936年进口商品消费函数的线高一些。这也许与本年的低关税水平有关（见表5-7）。但有趣的是,1929年和1937年这两个经济繁荣的年头,其代表点也都分别高于之前几年的进口商品消费函数线。

② 在这一阶段的国产物品的平均消费倾向是下降的,国产商品平均消费倾向下降解释了为什么国民收入增长率（1933~1937年为18%）比投资和出口之和的增长率（同期为37%）要低。但是,因为1937年国产商品的平均消费倾向比1929年高,故1929~1937年,国民收入增长了18%,而出口和国内投资总共只增长了6%（所有数值都经生活成本指数修正过,令1930=100）。

第五章 出口贸易波动对总体经济活动影响的相对重要性（阶段Ⅲ：1933~1938年）

在这些年中消费和进口函数不变的另一个原因是，贸易条件的改变并没有带来像1930~1931年那样有利后果。如表5-9所示，相反，1934~1937年，贸易条件实际上转为不利，因而，在生活成本的变化中并没有体现出有利的"收入效应"。这是因为后者主要受到进口价格的控制，而自1933年来，进口价格在稳步上升[1]。

表5-9　　　　贸易条件与生活成本变化比较（1930=100）

年份	贸易条件	含关税的进出口交换比率	生活成本
1933	87.1	112.0	88.6
1934	89.2	113.4	89.2
1935	90.1	116.2	90.5
1936	94.5	119.7	93.0
1937	98.3	121.2	97.5

现在，我们来看看经济复苏中的货币因素，考察一下廉价货币政策在促进经济复苏方面起了什么作用。

从1932年的6月起，在本文所研究的这一时期的剩余时段银行利率一直保持在2%没变。正如我们在第四章所看到的，尽管廉价货币政策本身也许不能够启动经济复苏，但是它为复苏扫清了道路。利率长期不变对复苏是很有帮助的，因为它提供了充足的信贷便利。然而，由于商业银行的被动性，它的效应是间接的而非直接的。这可以从银行放贷对复苏反应的迟缓中看出来。尽管每一种基数都有充分的增加，但是银行放贷直到1935年并没有什么改进，到1936年也没有显著增加。这或许可以部分的用由多种原因造成的对银行贷款需求的长期紧缩来解释[2]。但是，这也表明了商业银行在有可能通过调整其态度来促

---

[1]　此外，税收和公共支出的结构变化也没有对消费函数起到任何有利的影响。
[2]　赛耶斯（R. S. Sayers）给出了引起这种长期紧缩的五个原因：工业一体化明显地依赖银行贷款的行业数量的相对减少、专业信用机构的增加、股票市场的发展和零售贸易中现金交易的增长（资料来源：《现代银行业（第二版）》，第238~246页）。

进复苏之前，不得不经历一个较长的时间。换句话说，这也许表明银行至少在复苏的第一阶段是相当被动的。无论如何，英国的银行通常总是倾向于使它们的投资不利于货币贷放①（即购买票据和证券）。因此，当银行的放贷业务在这一时期没有增长时，它们持有的投资却有了大量的增加。

这一点可能会带来一些非直接的有利后果。首先，它有助于控制长期利率的升高；其次，在一种扩展的现金基础上，银行投资的增加也引起了客户存款的大幅增长。这也相应地帮助很多公司和行业具有更充足的流动性，不必借助于银行就可以为生产的大幅度扩张提供资金。

一方面，在长期市场上，商界从廉价货币政策所获得的直接益处也是很少的。1932~1938年伦敦市场上所有的可转换与可变现证券资产的发行，大约有80%是为了英国政府，剩下的20%中，大约有一半是为了自治领的当地政府。这种资产转换的流动看起来只在极小的程度上与产业方面的利益相关联②。另一方面，长期市场上廉价货币所具有的间接的心理刺激结果，复苏的第一阶段是相当显著的。在1932年，战争贷款的大量兑换打破了5%的长期利率的支配地位，迫使其降到了3.5%的新水平③。此次降息不仅使得所有定息债券的价格上涨，股价也随之上涨。这一情况带来了新的希望，也必然加速了复苏的进程。

另一个间接影响是，政府预算中的利率成本和管理费将用下降（即国债服务），这笔费用在1932年是318万英镑，当廉价货币政策的效应充分释放时，它下降到211万英镑。这一缓解使得税收比在通常情况下减低了。

上文中提到的统计数据如表5-10所示。

---

① 赛耶斯（R. S. Sayers）：《现代银行业（第二版）》，第236~237页。
② 康诺利（F. G. Conolly）：《对英格兰特有的廉价货币政策的反思》，1939年10月，索引补充。
③ 这一下降又持续了两年，在1935年的早期，战争贷款的收益率再次下降到3%以下。

第五章　出口贸易波动对总体经济活动影响的相对重要性（阶段Ⅲ：1933～1938年）

表5-10　　　　　　　　　廉价货币政策的效应　　　　　　单位：百万英镑

年份	银行业者在英格兰银行的款	当前存款	银行放款	银行投资	定息债券价格 1924=100	股票价格 1924=100	国债服务
	(1)	(2)	(3)	(4)	(5)	(6)	(7)
1932	81.3	1 750	844	348	112.8	84	318.0
1933	99.9	1 908	759	537	124.4	103	216.3
1934	100.3	1 880	753	560	132.5	125	211.7
1935	96.7	1 999	769	615	136.2	139	211.5
1936	96.2	2 216*	865*	643*	136.9	161	210.9
1937	97.2	2 287*	964*	652*	127.7	150	216.2

注：*表示在1936年之前，数据来自10家结算银行，1936年后增加到11家。在1936年，10家清算银行相对应的数据是：当前账户存款为2 142，银行放款为839，银行投资为614。

资料来源：第（1）~（4）列，来自《英格兰银行统计摘要》；第（5）~（6）列，来自《伦敦与剑桥经济服务》月报；第（7）列，来自《英国统计摘要（1924～1938）》。

再简略提及这一时期的成本—价格结构。在1936年的下半年以前，价格和工资以我们所熟悉的方式平缓上涨，即原材料价格的上涨幅度超过了制成品价格上涨幅度，而制成品价格的上涨幅度又超过了工资的上涨幅度。因为直到那个时候在成本—价格结构上并没有显著的变化，所以也不能指望它将带来特别的刺激。然而，从1936年后半期开始，由大规模的军备重整带来的压力增加，使得原材料价格和工资显著上涨，似乎导致了私人有效需求的缩减，这可能也是导致1937～1938年经济衰退的重要因素。我们将在第二节讨论这个问题。

第二节　1937～1938年的衰退

如表5-1所示，出口企业就业（a）组在1937年的第二季度达到顶峰，这比其他组别的就业早了一个季度。在同一个季度，出口的总

英国出口贸易的周期波动（1924–1938）

量也达到最高点。这似乎再次表明，是出口的下降导致衰退开始，尽管在第一节中所看到的情况是，在复苏和扩张时期出口的相对重要性已经下降。

然而，也许不难想象，当（a）组开始下降的时候，在同一时期，甚至更早的时候，其他的组别中已经出现了衰退的征兆①。仅从出口企业较早出现的就业的衰退就推断出口的下降是1937~1938年衰退的唯一原因，未免过于草率。

让我们来看一下是否有其他可能引致衰退的原因。

首先，在1937年春天，房屋建造开始放缓。1937年4月1日起，在英格兰、威尔士和苏格兰竣工的房屋数量要比1936年减少了10 000（见图5-2）。英格兰和威尔士半年的数据表明，从1937年4月1日算起的半年内，竣工的房屋数量不仅比此前半年（1936年10月1日到1937年3月31日）的数量要低，更低于1936年同期（1936年4月1日到1936年9月30日）②。并且，这一下降全部集中在没有取得政府资助的私人企业上（见图5-2）。

其次，不仅房屋建造，私人投资的下降也不晚于1937年中期（见表5-11）。在1936年最后一个季度，英国的新资本发行（这个数据可以部分地反映工业资本投资）达到了最大值。在1937年春天，获批的工厂、工程设施和商店的建筑计划的预计成本（此数据也可部分地反映对工业固定资本投资决策的变化）开始下降。此外，在1937年中期，商业货轮（这也是私人投资中最主要的项目之一）的建造也开始下降。在第二季度，计划建设和正在建设的货轮总吨位达到了最高值，尽管下水货轮的总吨位直到第四季度才开始下降。

---

① 需要注意的是，在1937年初，工业股票价格已经开始下滑。
② 根据《英格兰和威尔士地区关于房屋建造、贫民区清理等等的半年报告》中提供的数据，通过对半年数据的一般性研究，我们看到这里似乎有某种季节性变化——10月1日到转年3月31日建成的房屋要多于4月1日到同年9月30日建成的房屋数量。

第五章　出口贸易波动对总体经济活动影响的相对重要性（阶段Ⅲ：1933~1938年）

表 5-11　　　　　　　　　私人投资的变化数量

时间	英国的新资本发行（百万英镑）	工厂和商店建筑计划的预估成本（百万英镑）	100吨及以上的商业货轮（1 000吨）		
			计划建造	在建	已下水
1935 年					
1 季度	33.0	1.95	144	556	106
2 季度	47.2	1.74	108	560	116
3 季度	59.7	2.22	119	531	113
4 季度	23.8	1.76	311	743	132
1936 年					
1 季度	61.5	2.25	233	842	194
2 季度	45.1	2.75	282	849	168
3 季度	36.0	3.08	293	929	212
4 季度	64.3	1.98	273	964	280
1937 年					
1 季度	50.5	3.26	253	1 014	176
2 季度	41.1	2.29	368	1 200	253
3 季度	23.6	2.14	219	1 185	266
4 季度	31.8	1.59	217	1 125	223

因此，根据上述事实，虽然出口的下降是引起1937~1938年衰退的重要因素之一，但看起来它绝不可能是唯一的原因。

在这方面，军备重整项目也许起到了双重的作用。一方面，在第一阶段中，军备订单和国防工事与建筑上的支出给了经济进一步的刺激，尤其是对于生产者物品和耐用消费品行业。另一方面，当国防支出的大幅增长对原材料价格和工资产生的压力被感知，从而导致人们产生对于原材料价格和工资上涨的预期时，这又必然会驱散一部分对于投资品和房屋建造的私人需求，除了与军备订单直接相关的投资需求以外。由此引起的私人部门中投资受挫的影响在一段时期内会被重整军备支出的增长所掩盖①。然而，当私人投资（包括房屋建造）的缩减不断累积并达到一定势头的时候，它就会最终超过公共投资的扩张，而变成一次衰退②。实际上，1938年的总投资，包括私人投资和公共投资，比1937年低了很多（见表5-1）。

当大量军备重整的订单叠加在本就已经很显著并且还在不断增加的私人投资需求上之后，原材料的价格和工资都出现了快速显著增长，如图5-3所示③。

在这张图中，从1936年上半年到1936年下半年，再从1936年下半年到1937年上半年，所有的系列数据都大幅度增长，工资的增长甚至持续到1937年后半年。

像往常一样，制成品的价格上涨大于工资上涨，却小于原材料价格的上涨。因而，就它们的相对变动而言，在成本—价格结构上应该没有太大的变化，以至于不会成为阻碍扩张的因素。相反，随着总产出的增加，每单位产出中固定费用的下降还会扩大归于生产者的利润边际④。

因此，引起了私人部门衰退的也许不是比价格增长更多的成本增长（工资成本或材料成本，或两者一起），而是成本的上涨带来的价格上涨削弱了私人投资的需求，并随后成为引起衰退的重要因素之一。

此外，重整军备支出对于资本品生产行业的扩张效应也许是间歇性的。在初期，当私人企业为了迎合日益增加的政府订单而扩张它们的资本设备时，可以预期会对资本品生产行业的产品有一个旺盛的需求。但是，一旦私人企业的设备扩张到足够满足增加的订单后，我们也应该估计到由军备重整引发的投资活动会达到暂时的饱和状态，并

---

① 因此，在1937年的下半年，虽然私人部门中已经出现了衰退，（b）组和（c）组中的就业增长仍还在持续（见图5-1）。

② 虽然降幅很小，但是（b）组和（c）的就业在1938年的初期就已经开始下降（见表5-1）。

③ 手稿打印者注：图5-3连同要准备打印的手稿由宋先生于1949年4月从中国寄出，但遗憾的是打印部门将它们丢失了。

④ 虽然我们不能过分强调这一点，因为当企业达到其生产能力上限时，不断增加的需求就会导致初级成本和总固定成本的同时增加，因此，每单位产出的固定成本也许不会像在扩张的第一阶段那样显著地下降。

第五章 出口贸易波动对总体经济活动影响的相对重要性（阶段Ⅲ：1933~1938年）

随后下跌。

而且，与美国和法国不同，英国已经经历了 5 年的持续复苏，这使得 1937 年的总就业水平和物质生产的水平比 1929 年分别增长了 13% 和 24%。在这些年的复苏中，总固定投资的扩张尤为显著。如我们在表 5-1 中所见，经生活成本指数修正后（1930 = 100），1929~1937 年，其数值增长了 50%。因为在 20 世纪 30 年代英国的经济结构与过去相比没有发生根本性的变化，所以在经历了具有此种强度和持续性的复苏之后出现衰退也许是很自然的。特别是房屋建筑领域活动，至少是当那些能够负担得起无补贴住房的阶层的住房需求被满足之后①，对房屋需求的下降也就在意料之中了。实际上，如本书之前提到的，在此次衰退当中，房屋建筑的下降完全发生在那些没有政府资助的私人企业中。

进一步说，私人需求的早期下降不仅出现在投资领域，而且也出现在消费领域。随着 1937 年初价格的迅速上涨，零售业（除去估计的季节性变化）② 从第二季度起开始下降，在随后的两个季度中只有微小的改善，如表 5-12 所示。

表 5-12　　　　　　　　　　零售价格指数

年份	调整后的零售价格指数（1930 = 100）	
1935		109
1936		117
1937	Ⅰ	128
	Ⅱ	124
	Ⅲ	126
	Ⅳ	126

---

① Meade，世界经济调查 1938/1939，第 21 页。
② 原始指数来自《英格兰银行统计摘要》，季节性变化是根据 1933~1938 年的季度数据计算得出。

英国出口贸易的周期波动（1924－1938）

续表

年份	调整后的零售价格指数（1930＝100）	
1938	I	129
	II	129
	III	129
	IV	127

这里，我们可以再来研究一下，在这些年间为支付军备重整而增加的税赋在多大程度上限制了私人消费①。正如本书在第一节中提到的，自1935年来，总税收收入在稳步增长。然而，相对于国民收入的税收负担，（用赋税收入在国民收入中所占的比重来表示），在1938年之前并没有显著增长。因此，一方面，正如从零售价格指数中所看到的，税收的增加不大可能是导致私人消费在1937年第一季度后停止增长的一个重要因素。另一方面，在1938年，当税收负担相对于国民收入变得过重时，我们本以为私人消费将要缩减（见表5－5）。可是，从零售指数来看，其平均值比1937年还略高了一点。所以，就此看来，尽管1938年的税率比之前要高，但私人消费似乎没有受到进一步的限制。1937年私人消费的下降也许主要是由于其前半年价格飙升的结果②。

最后，在衰退之前以及衰退期间，货币因素的变动产生某些不利影响了吗？

---

① 本书在第一节中提到了这一点。
② 正如之前所分析的那样，在这次衰退中，私人部门对于国内市场需求下降的重要性可以通过面向对国内市场的产出变动（不包括军备生产，除非其间接地影响了其他行业）与面向国外市场的产出变动的比较中观察出来，具体如图7－12所示（见第七章），该图是根据《经济学家》（1938年12月24日，第648页）中的资料制作的。同1929后的萧条（当时面向出口的产出的下降要远远超过面向国内市场的产出的下降）相比，1937～1938年衰退的显著特点是面向国内市场（不包括军备生产）与面向出口生产的同时下降。米德（Meade）先生用这同一个图来支持他的观点，即在1932年和1937年之间的内部活动的大规模扩张之后，如果没有非正常的军备重整活动，英国的经济很有可能经历一次内部原因引致的萧条（世界经济调查，1938/1939，第21～22页）。

第五章　出口贸易波动对总体经济活动影响的相对重要性（阶段Ⅲ：1933～1938年）

在这些年间，银行利率一直保持在2%。市场短期利率也没有明显的波动，如图5-4（曲线1）所示，然而，在1937年初，长期利率有着显著的上升（见图5-4中的曲线2）。与此同时，由于自1936年的第三季度开始，银行的现金比率已经下降到接近于10%的传统的最低限。清算银行的当前账户存款的剧增也戛然而止（见曲线4）。但是，当时快速增长的商业活动使得私人企业对于资金的需求增加。为了能够更多地向客户放贷，银行被迫缩减其对证券的投资（见曲线5和曲线6）。因此，银行持有投资的减少也许是造成证券价格下降和长期利率上升的因素之一。

更为重要的是，当私人企业对流动资金的需求增加时，政府宣布了（1937年2月）在今后的5年间将投入15亿英镑用于军备重整的决定，其中的4亿英镑将通过借贷的方式获得。这引起了对资本市场巨大压力的预期，导致了证券价格的立刻下降[1]。

导致1937年早期长期利率坚挺的另外一个原因是，外国黄金卖家出于窖藏目的而增加了对流动资金的需求[2]。

长期利率的升高在多大程度上直接打压了投资行为，这点很难确定。但是，它一定是通过迫使工业股票价格下跌而间接地影响了投资活动。因为，1937年早期政府有价证券长期利率的上升使得工业股票价格必须要向下调整，以便使其收益与固定利率证券的收益相平衡（见图5-4中的曲线3）。工业股票价格下调的消极影响是显而易见的[3]。

---

[1] 米德（Meade）：《世界经济调查，1937/38》，第29页。
[2] 这是凯恩斯（Lord Keynes）爵士在对国民互助人寿保险协会的演讲（见时代周刊1938年2月24日报道）中指出来的，因为不允许进口黄金导致货币供给的增加，用通过在资本市场上出售长期证券，而间接筹措的与货币等价的外汇等价基金来购买黄金，这就造成国外黄金卖家出于窖藏目的而榨干市场中的资金。如果没有现金基础的增加，这将会提升利率。（米德：《世界经济调查，1937/38》，第30页；塞耶斯：《现代银行业（第二版）》，第198页）
[3] 还有另外一个原因很偶然地导致了1937年早期工业股票价格的下降。在4月份，政府宣布对那些盈利增长了的公司在标准水平之上征收一个特别税，叫作国防贡献税。在6月份，按照统一税率标准对公司利润的征税额度提升到5%。这一行为对于工业股票价格相应地产生了负面影响（米德：《世界经济调查，1937/38》，第30页）。

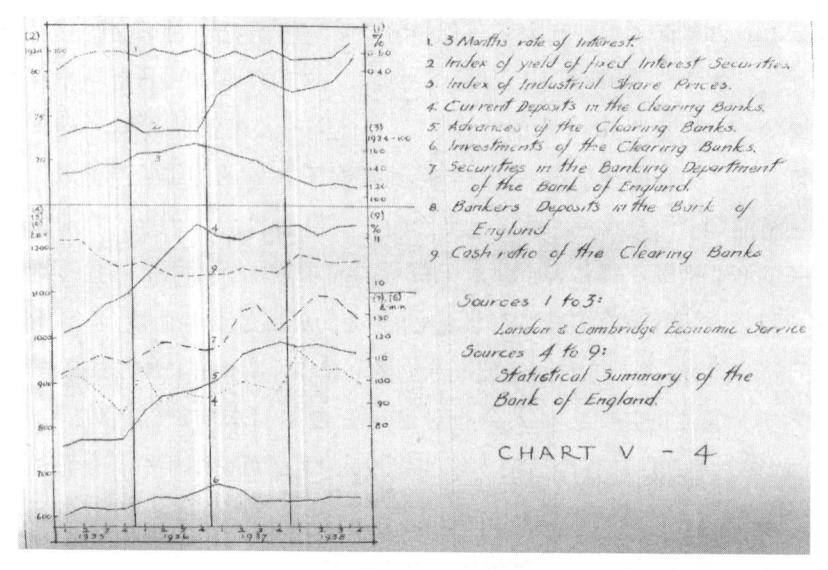

英国出口贸易的周期波动（1924－1938）

图 5－4　英格兰银行统计摘要

　　注：图中 9 条折线依次为：1. 月利率；2. 定息证券收益指数；3. 工业股票价格指数；4. 清算银行的当前账户存款；5. 清算银行贷（出）款；6. 清算银行的投资；7. 英格兰银行营业部持有的证券；8. 英格兰银行的银行业者存款；9. 清算银行的现金比率。
　　资料来源：1~3：《伦敦与剑桥经济服务》；4~9：《英格兰银行统计摘要》。

　　在衰退期间，如果不考虑季度间的变化，英格兰银行营业部持有的证券和银行业者存款都显著增加了（见图 5－4 的曲线 7 和曲线 8），这也许反映了货币管理机关在通过扩大银行现金基础的方式来努力扭转衰退。然而，当前账户存款没有任何改善，每一个比重都要高于传统的最低限。银行贷款再次展现了它的被动性。它在衰退中下降得很迟，并且在 1938 年第四季度，当商业活动开始逐渐复苏时，它的下降还在继续。长期税率仍然保持在 1937 年早期达到的高水平。工业股票的价格持续下降。然而，到 1938 年末，所有组别中的就业都已经上升了。

　　总体看来，衰退持续时间很短并且程度也不深，因为在重新军备的计划体系下，公共部门对于投资和消费品及服务的需求扩张抵消了一大部分的私人部门和海外需求的缩减。在 1938 财政年度，军备重整的进一步扩大（见表 5－3），到 1938 年后半年已经开始盖过私人和海外需求的缩减。因而实际上，军备重整本身成为一个反衰退的因素，虽然此次衰退在刚开始时，除了由于前面提到的海外需求下降、长期利率飙升以及其他因素以外，也部分地归因于军备重整对私人需求的负面影响。(b) 组和 (c) 组的衰退微乎其微，并且只持续了三个季度（见图5-1），(d) 组的就业也下降得很少（见图5-1）。

除了军备重整计划体系对于消费品和服务的需求不断扩张之外，在1938年，私人对这两方面的消费需求似乎也没有受到进一步的限制，正如本文前面已经指出的。一方面，1938年的第一季度，制造品的价格一度下降，零售额随之上升并在之后一直维持（见表5-2）。因此，在下一个季度中，(d) 组的就业上升，这比其他组别更早一些（见图5-1）。另一方面，出口行业就业及出口总量的衰退是严重的，直到第四季度才双双增加，比总参保的就业量的增加迟了一个季度（见图5-1）。与这些年一直起主导作用的军备重整相比，出口的波动失去了它在先前的经济上下波动中所具有的相对重要性。

第三节　本章小结

前面两节的主要发现可总结如下：

第一，虽然1933～1937年出口量的恢复不算小，但是1937年的水平还是要低于1929年的水平，同时，国内固定资产总投资却要远远超出1929年的水平。与国内投资相比，出口作为影响收入增加的因素，其相对重要性大大降低了。在1937年，出口规范（商品与无形项目一起）与国内投资的相对比接近于50∶50，而在1929年，这一比值是65∶35。这一变化一方面可以解释出口行业就业方面不尽如人意的复苏；另一方面也能够证明面向国内市场的生产者物品行业和耐用消费品行业的大幅增长，这里耐用消费品行业主要包含那些与建筑活动相关的企行业。

第二，国内固定投资1933～1936年的大规模增长，主要是由于房屋建筑的增多，而在1936年之后则主要是因为大规模的军备重整。后者使得政府的赤字支出增加，也提升了商品和服务的公共消费。为满足国防支出税率也提高了，但是税率的增加主要以储蓄的减少为代价。因此，这些年政府财政的净效应是扩张型的。

第三，贸易保护政策在复苏的第一阶段，带来了一些有利的效应，因为它在1922～1933年一方面减少了投资和出口品中包含的进口成份，另一方面又提升了对国产商品的消费倾向。不过，这些有利的效应在之后的阶段并没有持续下去。

第四，廉价货币政策在第一阶段，对刺激经济复苏也起到了重要的促进作用，并使得随后的扩张变得更加容易，但是其对经济活动的影响是间接的，而非直接的。

第五，在1933～1937年的上升期，对国内产品的边际倾向也许看起来没有多少改变。究其原因，除了贸易保护政策的有利效应已经耗尽，还有下述两点：（1）1924～1932年，税收和公共支出的结构没有进一步的变化，从而未能实现有利于社会整体消费扩张的收入再分配；（2）自1934年以来，贸易条件开始变得不利。

第六，至于说在1937年第三季度到1938年第三季度之间间歇地出现的短期衰退，出口行业的就业比所有其他行业更早地出现下降这一事实，并不能证明出口的下降就是导致衰退的唯一因素，尽管它是造成衰退的重要因素之一。本文发现，到1937年中期，来自私人部门的有效需求也开始下降，这从房屋建筑、新股票的资本发行、有关工厂、工程设施以及商店的已批准建筑计划的预计成本、高业货轮的建造以及零售量等等多方面的缩减中都可以看出，其中的部分原因是大规模的军备重整支出的压力下原材料价格和工资骤升，并伴之制成品价格的上涨。然而，私人部门需求的下降在很大程度上被重整军备计划下的公共部门需求的不断扩大所抵消。因此，这些行业中就业的下降没有像出口行业的下降出现得那么早，直到私人部门的需求下降不断累积并形成势头之后，它才开始显现。

第七，长期利率在1937年前期的显著提高也对国内经济活动产生了直接或间接的抑制作用。此外，军备重整支出对资本品生产行业的扩张效应可能是断断续续的。并且，在经历了一个持续时间较长和数量规模显著的复苏之后，出现衰退也是正常的，尤其是在建筑领域中。

第八，在1938财政年度重整军备的进一步大规模扩张，成为一种抗衰退的因素，它盖过了私人部门和海外需求的下降。在此次衰退中，出口的损失相对来说更为严重，然而，由于在20世纪30年代后期出口的相对重要性已经下降了，因而这次衰退整体而言是轻微的。并且，其他经济活动的复苏在这一次也要比出口来得更快一些。

第六章

出口贸易在英国某些产业发展中的作用（一）

本章和第七章①将研究1924~1938年英国若干行业的出口波动以及它们在这些行业的发展中所起的作用。特别要重点关注在所考察的这一时期，出口的变动相对于这些行业的国内市场的变动所具有的重要性。为避免使所研究的主题复杂化，将不去讨论这些行业的英国出口产品在世界市场中的竞争地位。

本章所讨论的出口分为两类：

（1）那些在1924年出口总值中占有较大份额，但在20世纪20年代后期和20世纪30年代其份额又不断下降的产品；（2）在1924年出口总值中占有较小份额，但之后其份额又呈上升趋势的产品。

包含在上述两大类中的产品，根据其在1924年、1929年、1937年三个年份中出口规模指数以及在出口总值中所占的份额，如表6-1所示。

表6-1　　　　　　　出口份额和规模指数

类别	占出口总值的相对份额（%）			出口规模指数（1930=100）		
	1924年	1929年	1937年	1924年	1929年	1937年
第一大类						
棉纺	24.9	18.6	13.1	160.0	141.4	92.8
钢铁	9.3	9.3	9.3	115.6	133.8	89.3

---

① 本章和第七章出现的数字、指数、图表及相关计算所利用的统计数据来源，统一见第七章结尾的注释，这里不再一一说明。有关本章和第七章所完成的发现的总结，可以在本论文结尾处总体讨论的后面部分找到。

续表

类别	占出口总值的相对份额（%）			出口规模指数（1930＝100）		
	1924年	1929年	1937年	1924年	1929年	1937年
第一大类						
煤炭	9.0	6.7	7.2	114.0	109.8	73.7
毛纺织品	8.5	7.3	6.8	172.1	132.5	108.2
第二大类						
机械	5.6	7.5	9.5	95.3	117.9	91.4
车辆	3.4	6.9	7.7	48.0	99.0	102.8
化学品	3.2	3.6	4.7	88.5	114.8	119.3
有色金属	2.0	2.5	3.0	100.6	125.4	120.8
陶器和玻璃	1.6	1.9	1.9	95.1	114.7	93.8
电器	1.3	1.8	2.4	81.4	106.5	103.8
餐具、工具、科学仪表	1.1	1.3	1.9	102.3	124.2	154.1
丝绸和人造丝绸	0.8	1.4	1.4	59.3	122.9	160.9

1924年，第一大类商品出口占到出口总额的52%，但到1937年降至36%；第二类商品出口在1924年仅占出口总额的19%，但在1937年已上升至33%。

关于表6–1有以下几点需要注意：

首先，第二大类中的那些产品在出口总值中所占份额的上升，并不意味着它们的出口的绝对量一定增加。一方面，如果考虑到1929年英国的出口总量比1924年提高了，那么1924~1929年第二大类产品出口份额的相对增加当然表明这类产品出口规模的增加要高于平均增长水平。另一方面，由于1937年英国的出口总规模相较于1929年又减少了，所以这些产品的出口相对份额1929~1937年的提高，在某些情况下可能意味着出口量的绝对增加（如车辆、化学品、餐具仪表、丝绸和人造丝绸等）；但在另一些情况下，也可能只意味着出口量的下降低于平均下降水平（如机械、有色金属、电器、陶器和玻璃制品等）。同理，第一大类中的钢铁产品出口份额在1924年、1929年和1937年三个年份保持不变，表明它1924~1929年与总出口具有相同的增长率，而1929~1937年又与总出口具有相同的下降速度。1937年煤炭出口的份额稍高于1929年，这只意味着煤炭出口减少的幅度小于平均幅度。

其次，每一类别中的产品出口变动的方向和幅度各不相同，它们相较于国内市场而言所具有的相对重要性也不尽相同。正如我们将要看到的那样，这些差异在上面所列的不同类别的大部分产品中都存在，包括棉纺和毛织品类别下的纱线和片料、钢铁类别下半成品与成品、车辆类别下的汽车和轮船，等等。因此将各类产品进一步分类十分必要，这将在下面各节中来进行。

最后，上面所列的每一类别中最重要的出口产品，大多数都代表了其各自行业的总产出的相当大一部分。而表中没有列出的那些（仅占1924年出口总值的30%左右）在此不予考虑。这或是因为在本书所考虑的这一时期它们在这总出口中只占有微小的份额，或是因为同一类别下的保留进口远高于出口，抑或是因为出口与国内市场相比无足轻重。

本章只讨论第一大类产品，第二大类产品将在第七章讨论。

第一节 棉纺产品

众所周知，英国棉纺业极度依赖国外市场。在两次大战的中间阶段，英国棉纺业因国外需求萎缩而陷入严重萧条。

第一次世界大战之前的10年是英国棉纺业最繁荣的时期。战争爆发后，棉纺业的出口和生产不可避免地萎缩。一方面外国棉纺业在战争时期快速扩张以满足本国需求，另一方面来自其他出口国的竞争也在加剧。当第一次世界大战结束时，面对着这些新的变化形势，英国棉纺业逐渐进入了一种慢性的萧条，这种萧条贯穿本文所研究的这一时期的始终。

表6-2列出了1913年和1924年的数据比较，从中可以看出战后最初几年英国棉纺业恶化的状态。

表6–2　　　　英国棉纺业（1913年与1924年比较）

棉纺纱生产和出口估计值（包括纺纱、片料产品等）	1913年（百万磅）	1924年（百万磅）	1924占/1913的百分比（1913=100）（%）
总产量（百万磅）	1 922	1 352	70
出口（百万磅）	1 432	942	66
出口占总产量的百分比（%）	75	70	

资料来源：《纺织业调查》（Survey of Textile Industry），第51页，此处数据是丹尼尔斯（G. W. Daniels）和朱克斯（J. Jewkes）的估计数据。

1924年，棉纺业中以棉纱来表示的总产出相比1913年降低了5.7亿磅，其中86%源自出口的减少。因出口减少导致生产大幅下降，仍然是1924~1938年这一时期中英国棉纺业的显著特征。

图6–1显示了1924~1937年英国棉纺业棉纱和制成品的产出规模、出口和国内消费的变动。

如果忽略年度之间的波动，我们看到1924~1929年出口和总产出均呈现出小幅下降，而国内消费则小幅上升。出口在1925年达到整个所考察的这一时期的峰值，随后则连续下降，虽然直到1930年之前这种下降并不严重。出口持续走低也使得总产出未能分享到1927~1929年经济扩张的好处。但1927~1929年的国内消费水平要高于1924~1925年，这使得出口占总产出的比例从72%降低到67%。

1930~1931年的衰退加剧了棉纺业出口的缓慢下滑，与1929年的出口规模相比减少了几乎40%。一方面，1932年短暂复苏后，棉纺业出口稳定在一个非常低的水平，直到20世纪30年代末也没有进一步复苏的迹象。另一方面，国内消费量在经历了1930年的短暂衰退后，在1931年超过1927~1929年的水平。正是国内消费的较早恢复阻止了该行业进一步的严重下滑，而国内需求随后的增加又使得总产量在1932年之后超过1930年的水平，而出口甚至在1935~1937年的经济扩张阶段比1930年低20%左右。因此，出口在总产出中的份额在1935~1937年严重地跌落到46%。而且，出口的绝对量的减少也数额巨大，使得国内需求的增长无法实现适当的补偿，以至于产出无法恢复至 1927~1929 年的水平。

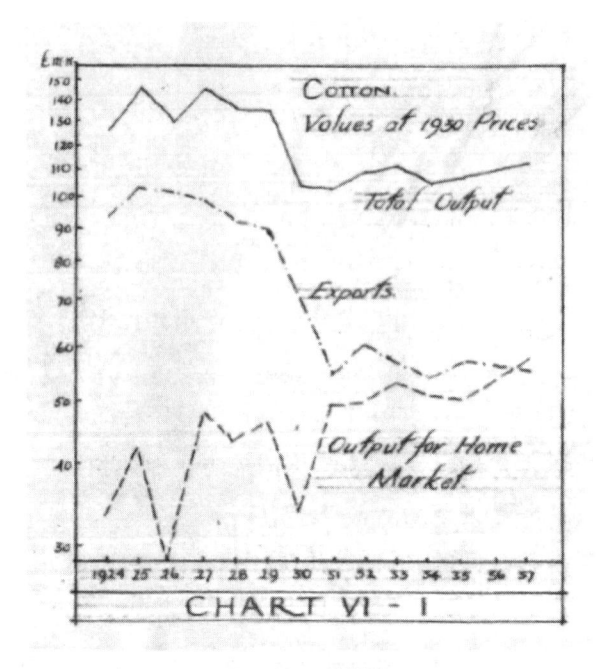

图 6-1　棉纺业

注：①以 1930 年价格计算的值；②产出规模以棉纺业总收入表示，按照 1930 年片料和棉纱的批发价格计算得出。国内消费量是行业总收入和出口的差额，均以 1930 年价格计算；③图例自上而下依次为：1930 年价格，总产出，出口，面向国内市场的产出。

一般来说，面料产品的重要性往往与其他棉纺产品不同，包括用于棉纺织业以外的棉纱。表 6-3 是棉纺产品（不包括面料产品）的生产普查数据。

表 6-3　　　　棉纺产品生产普查数据（1930=100）　　　　单位：百万英镑

	1924 年	1930 年	1935 年
棉纱和废纱			
出口	14.1	14.2	13.6
行业外的使用量	7.8	10.0	13.6
合计	21.9	24.2	27.2

第六章　出口贸易在英国某些产业发展中的作用（一）

续表

	1924 年	1930 年	1935 年
其他棉纺产品			
出口	9.6	10.7	9.8
国内消费	0.5	4.0	7.8
合计	10.1	14.7	17.4

在三个普查年度中间的年份，棉纱、废纱和其他棉纺产品的出口实际上处于停滞状态，而行业外使用的棉纱和废纱，以及国内对于其他棉纺产品的消费量却大幅增长。因此，除面料产品以外的棉纺业产出呈现一种显著复苏的趋势。另一方面，面料产品的出口严重下降，而国内对面料产品消费的增长比其他棉纺产品少很多。这些情况由图 6-2 明确地显示了出来，该图描绘了面料产品的生产规模、出口以及国内消费的变动。

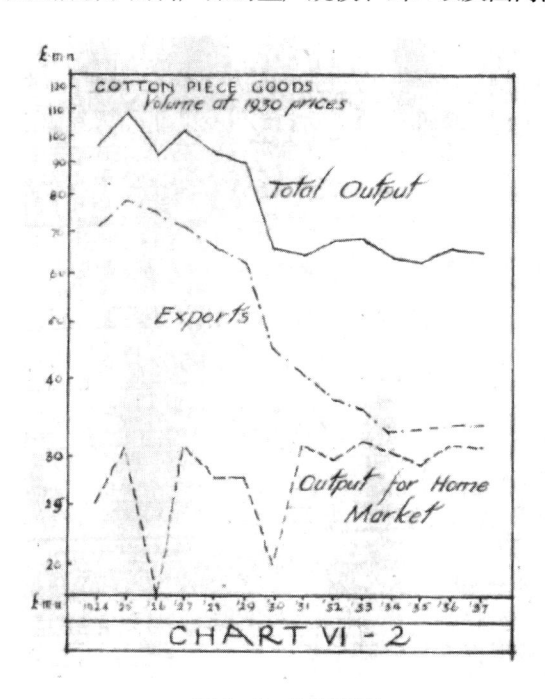

图 6-2　面料产品

注：图中折线自上到下依次为：1930 年价格；总产出；出口；面向国内市场的产出。
资料来源：根据徐先生（Mr. Hsu）的论文《萧条时期英国棉纺业》数据（以 1930 年价格计算）。

第二节 毛纺和精纺产品

众所周知，英国毛纺业和棉纺业一样也强烈依赖出口，只是依赖程度稍低。英国毛纺和精纺生产在两次大战中间阶段萎缩，但没有棉纺业受挫严重，究其原因也是出口的降低。

第一次世界大战前，英国棉纺业经历了50年的出口繁荣期，但同期毛纺和精纺产品出口已开始减少。尽管如此，但由于国内市场的扩张，毛纺和精纺业仍保持稳定增长。战后，毛纺和精纺出口继续下降，但国内市场的扩张已经不能再像战前那样足以阻止整个行业的下行。不过比较而言，第一次世界大战期间毛纺和精纺业生产的维系要稍好于棉纺行业。

图6-3给出了毛纺和精纺产品的出口规模、国内市场产出、总产出以及内销于国内市场部分的变动趋势[1]，以便分析其出口波动及其对

---

[1] 所有值均按照1930年价格计算。
(i) 出口规模是根据毛纺、精纺线和制造商的出口规模指数（令1930=100）乘以1930年的出口值估计得出。
(ii) 毛纺和精纺产品的总产出根据以下数据估计得出：
(1) 根据生产普查报告数据计算出1924年、1930年及1935年的生产规模指数（令1930=100）。
(2) 根据生产普查报告数据得到1930年产品的总价值。
根据(1)和(2)得出：
(a) 按照1930年价格计算的1924年、1930年及1935年产品的总价值。
(3) 根据生产普查报告数据得到1924年、1930年及1935年毛纺和精纺业平均就业人数。
根据(3)和(a)可得到：
(b) 三个普查年份的人均产出总价值（按照1930年价格）。
根据(b)，我们可以以外推方式填补1924~1930年、1930~1935年及1935年以后的各年份人均产出总值，从而得出：
(c) 1924~1938年人均产出总值系列数据（按照1930年价格）。
(4) 1924~1938年劳工部毛纺和精纺行业参保的就业人数。
从(c)和(4)最终可得到总产出系列数据的估计值（按照1930年价格）。
(iii) 面向国内市场产出，是通过从对应年份的总产出中减去出口值而估计得（转下页）

第六章　出口贸易在英国某些产业发展中的作用（一）

这一行业起伏的影响。

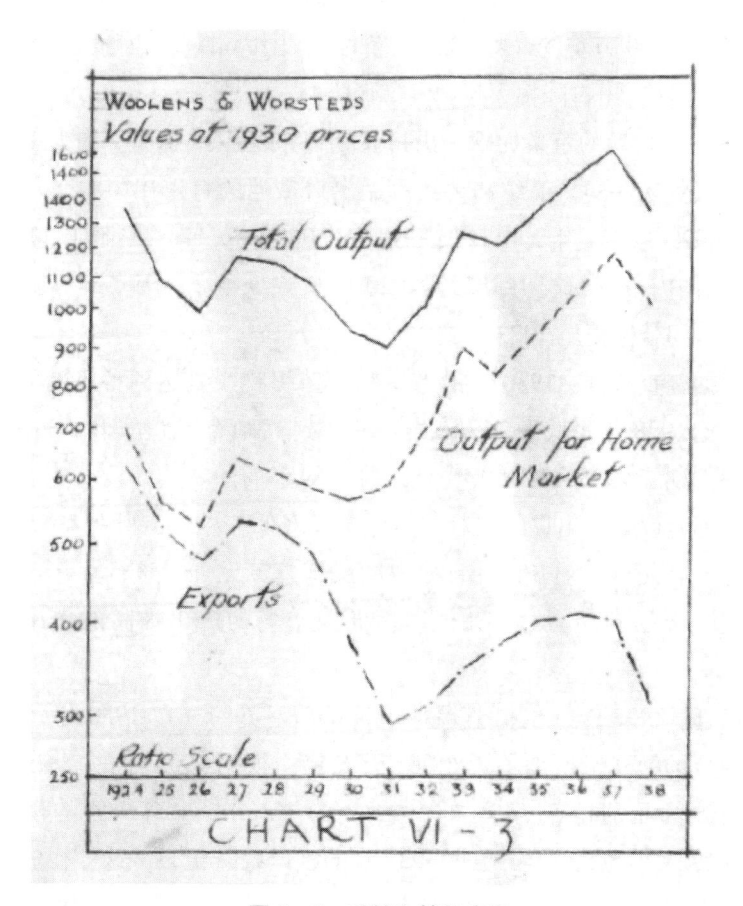

图 6–3　毛纺和精纺产品

注：图中折线自上到下依次为：1930 年价格；总产出；国内市场产出；出口。

（接上页）出。不过正如我们所充分意识到的那样，这种估计方法也具有明显的缺陷：这种估计方法有以下缺陷：

第一，根据两次普查之间年份的就业人员的人均产出总值，等于是假定在这两个年份之间有均等的增长率，这具有较大的随意性。

第二，在这一行业中参保的就业数可能少于实际就业人数。

第三，面向国内市场的产品数据不仅包含在国内市场上的销售，而且也包括存货的变动情况。所以并不能通过从总产出中减去出口而简单地得到。不过，由于缺乏可供利用的适当资料来进行更精确地估计，这里的估算数据可以在近似意义上代表实际数据。

英国出口贸易的周期波动（1924—1938）

如果忽略年度波动，我们从图6-3中可以看出在1924～1929年这一时期出口规模和面向国内市场的产出都在下降。1924～1929年出口减少了约1 500万英镑（按1930年价格），国内市场产出的减少估计在1 200万英镑，出口降幅大于国内市场降幅。

1929年之后的萧条加剧了出口长期以来的下跌态势。和大多数英国的大宗贸易一样，毛纺和精纺产品出口遭遇的打击比国内市场更为严重。1929～1931年，出口损失约为2 000万英镑（按照1930年价格），而国内市场的产出1929～1930年只减少了200万英镑，随后仅用一年时间就恢复至1929年的水平[①]。

根据普查数据，1930年的毛纺和精纺织物产量达到了3.165亿平方码，比1928年降低了24%[②]，而1928到1930年出口减少了1/3，出口降幅占到了1928～1930年总产出降幅的60%。

从那时以后，出口的相对重要性持续降低。尽管出口在1931年降至最低点后又再次上升，并且出口的局部复苏无疑是该行业在萧条过后实现改善的推动力之一，但国面向内市场的产出提高的作用要大得多。

1931～1937年，出口值增加了1 000万英镑（按1930年价格），而国内市场的产量增加了近6 000万英镑。根据1935年的普查数据，出口纺纱产品的份额为9%（1924年为12%），出口织物的份额为27%（1924年为50%）。根据1935年的生产普查记录，这一行业整体的产出规模在1935年已稍高于1924年，但出口规模仍比1924年低37%，所有这些清楚地表明20世纪30年代国内需求的扩张对该行业复苏起到了更为重要的作用。

然而，国内市场的复苏在一定程度上是以进口减少为代价的。部分地由于在1931年末实施的保护性关税，导致毛纺和精纺纱的进口从1930年的1 900万磅降低到1932年和1933年的100万磅，织物从1930

[①] 因为萧条期间积累的存货可能也被计算在内，因此国内市场产出的减少幅度可能被低估。

[②] 1928年估计为4.10亿平方英码。

年的 3 700 万平方码降低到 1932 年和 1933 年的不到 700 万平方码。1932 年进口的下降可部分归结于严重的萧条，但 1933 年以后的复苏仍没有提高进口量。如表 6－4 所示，通过比较下列两个扩张阶段之间纺纱和织物的保留进口，可以发现这种保护性后果的进一步证据。

表 6－4　　　　　　　　纺物和织物进口

类别	1927～1929 年	1935～1937 年
纺纱（百万英镑）	18.7	2.2
织物（百万平方码）	37.4	6.4

此外，有关毛纺和精纺的出口规模的总量数据掩盖了它的各个构成部分变动的离散趋势。图 6－4 给出了毛纺织物、精纺织物以及纺纱和毛条在 1924～1938 年的出口变动趋势。

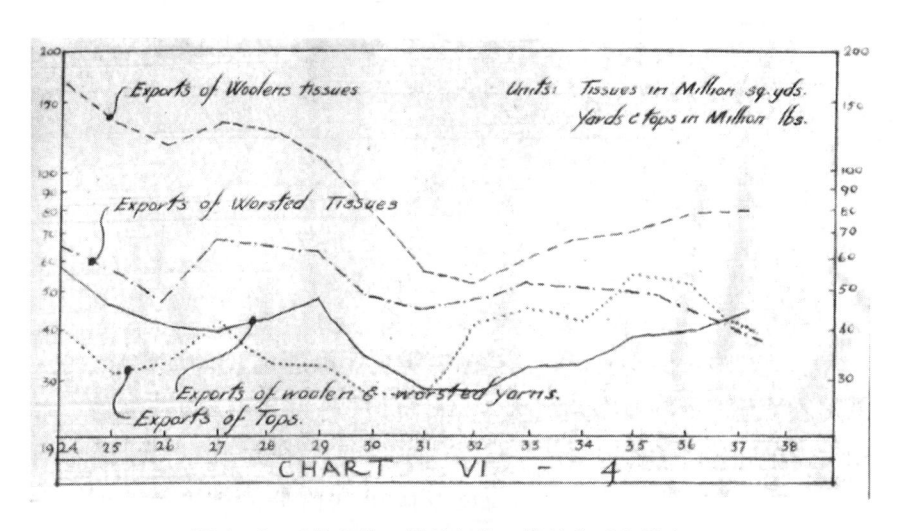

图 6－4　毛纺织物、精纺织物、纺纱和毛条的出口

注：图中折线自上到下依次为：粗纺织物出口；精纺织物出口；粗纺和精纺纺纱出口；毛条出口。

从图 6－4 中可以明显地看出一些特征。首先，毛纺织物出口的下

英国出口贸易的周期波动（1924－1938）

降幅度大于精纺织物；其次，纺纱出口的下降幅度远远小于织物；再次，1935～1937年毛条的出口明显地高于1924年及1927～1929年。

织物和毛条、纺纱品出口变动趋势不同，连同国内针织品和编织类行业对毛条和纺纱需求的扩张，导致了毛条和纺纱产量的上升以及毛纺和精纺织物产量的下降。详见表6－5中引用的生产普查数据。

表6－5　　　　毛纺织物、精纺织物、纺纱和毛条的产量

类别	1924年	1930年	1935年
毛条（百万磅）			
纺纱（百万磅）	285.5	224.4	307.5
毛纺	312.0	200.3	298.6
精纺	214.4	162.4	227.5
合计	811.9	587.1	833.6
织物（百万平方码）			
毛纺	251.7	184.8	226.1
精纺	149.0	108.5	135.0
合计	400.7	293.3	361.1

第三节　煤　　炭

从第一次世界大战开始，英国煤炭工业也进入了长期萧条。煤炭生产在战前的1913年达到2.873亿吨；但是，当影响煤炭工业的一系列异常的和暂时性的因素消失后[①]，煤炭产量首先在1924～1925年回落到真实水平，总产出将至2.432亿吨比1913年减少了约15%。在1927～1929年的普遍扩张时期，煤炭年均产量达到2.488亿吨，稍高于1925年，但仍远低于1913年。当经济在20世纪30年代早期走出萧

[①] 如1920年和1921年罢工；德国工厂停工导致英国工业的非正常繁荣（1923～1934年法国占领鲁尔区，德国工厂停工）等。

条后，煤炭行业在本书所研究的时期中经历了另一个普遍扩张的阶段，即 1935~1937 年，但其年均产量只有 2.306 亿吨，仍比 1927~1929 年低 6.5%。显然煤炭生产的下行趋势是持久和漫长的。

那么，煤炭生产中的这种长期萧条与其出口的下降究竟有多大的联系？为了考察这个问题，我们应当连同国内的煤炭消费一起来讨论。图 6-5 给出了本书所考察的这一时期中，煤炭出口、国内消费量变动以及总产量的变动情况。

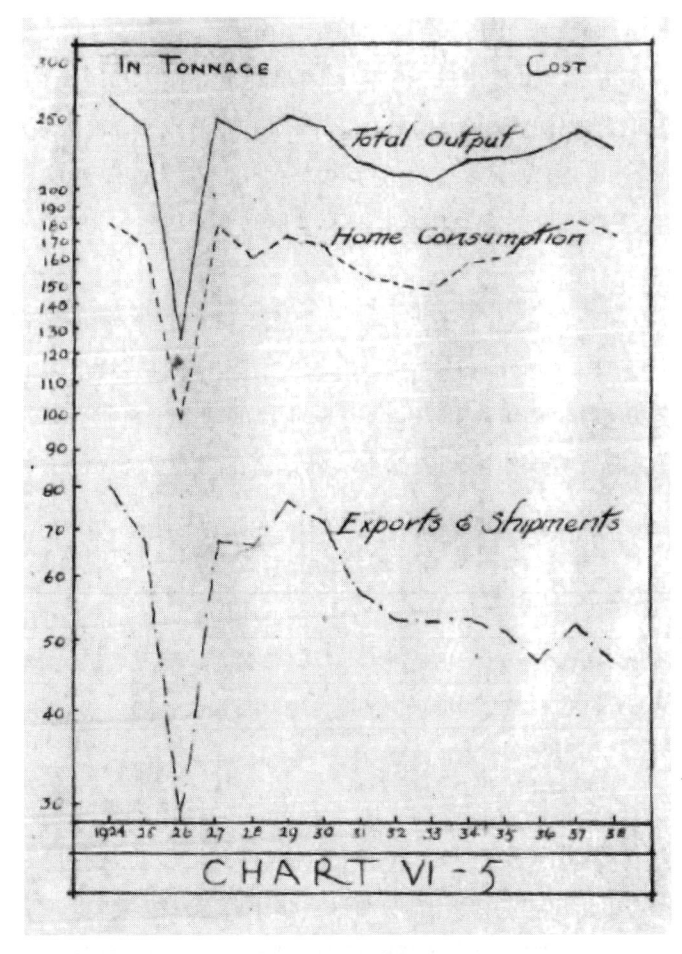

图 6-5 煤炭生产

注：图中折线自上到下依次为：总产出；国内消费；出口及船运煤耗。

英国出口贸易的周期波动（1924－1938）

我们可以清楚地看到，如果暂时忽略短期的波动，那么出口和总产出具有一种下行趋势，而国内消费保持在一种大致稳定的水平。1925 年，当战后世界煤炭生产和贸易首次恢复正常时，英国煤炭出口量为 6 730 万吨（包括外贸货轮的煤炭耗用量），比 1913 年（9 440 吨）下降了 29%。虽然国内消费量也从 1913 年的 1.838 亿吨减少到了 1925 年的 1.696 亿吨，但是这远远低于出口下降的绝对量和下降的百分比（仅为 8%）。1927～1929 年，煤炭出口和国内消费与 1925 年相比都有小幅上升，但仍远低于战前水平。1927～1929 年煤炭年均出口量为 7 050 万吨，比 1913 年降低 25%，而国内消费量为 1.723 亿吨，比 1913 年低 6%。煤炭出口下降的绝对量和百分比再次远超国内消费。因此，虽然煤炭出口和国内消费二者相较于战前水平都下降成为了 20 世纪 20 年代煤炭工业状态恶化的原因，但出口的大幅下跌起到了更重要的作用。与此同时，出口占总产出的比例已从 1913 年的 33% 下降到 20 世纪 20 年代的 28%。

如果我们仍然关注于长期趋势，那么与 20 世纪 20 年代相比，20 世纪 30 年代煤炭生产的持续衰落更应归因于出口的持续下降。对此可以从比较 20 世纪 20 年代和 20 世纪 30 年代的两个经济扩张阶段的煤炭出口、国内消费与煤炭生产数据中清晰地看出（见表 6－6）。

表 6－6　　　　　　　　　　煤炭生产　　　　　　　　　单位：百万吨

年份	总产出	出口	国内消费
1927～1929	248.8	70.5	172.3
1935～1937	230.6	48.3	174.1

煤炭出口在这两个阶段中下降了 30%，而国内消费小幅增长。因此 20 世纪 30 年代煤炭生产的衰落可以完全归结于出口的进一步下降。1935～1937 年出口占总产出的份额进一步下降至 21%。

然而，当我们转向短期波动，国内消费所具有的相对重要性要比它在长期波动中更大。如图 6－5a 所示，一方面，对煤炭出口的长期

第六章　出口贸易在英国某些产业发展中的作用（一）

萧条的压力如此之大，已经使得煤炭行业的周期性模式不再显著；另一方面，煤炭生产和国内消费却同步变动，后者在1924~1938年呈现出波动的特征周期。煤炭生产在1925年的大幅下降，其主要原因是世界煤炭供给的正常恢复，以及由此导致的煤炭出口的下降。但1927年煤炭总产出相较于1925年的提高（暂且不论1926年煤炭生产因长期罢工而中断），其主要原因是国内消费增长而不是出口增长。同样，1928年的短期衰退更多地应该归因于国内工业煤炭消费的下降，而不是出口的下降。但当1930~1932年经济出现下滑时，煤炭出口下降比国内消费更为剧烈，因此前者在煤炭产量下降中起了更大的作用。不过，煤炭生产随后在1933~1937年得到恢复（虽然再也无法达到1929年的水平）的唯一原因则是国内消费的增长，因为煤炭出口在1937年之前一直在下降。当然，后者在1937年的小高峰和1938年的回落也对煤炭生产的波动有影响。

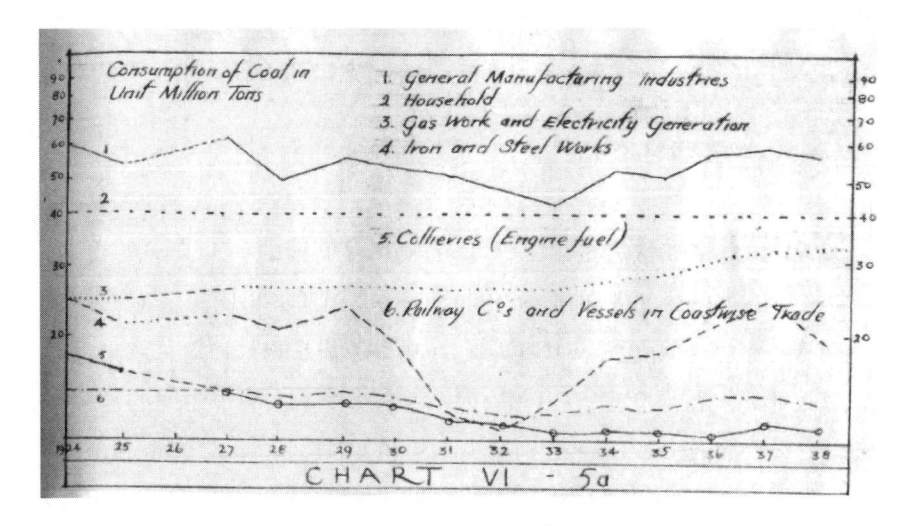

图6-5a　煤炭消费

注：图中折线自上到下依次为：1. 一般制造工业；2. 家庭；3. 电厂和煤气厂；4. 钢铁厂；5. 煤矿（发动机燃料）；6. 铁路和海外贸易货运。

不仅如此，对煤炭的国内需求来源的分析还表明，国内煤炭消费的波动主要来自工厂需求，特别是钢铁厂需求的周期性波动。而其他方面的需求或是在整个时期几乎不变（如家庭、铁路公司、海外贸易货运等），或是稳步扩张（如电厂和煤气厂），再或是长期下降（如采煤场等）。煤炭的各种国内需求的变动如图 6 – 5a 所示。

因此我们得出结论：（1）尽管 1924～1938 年煤炭生产持续性萧条的主因是出口下降，但其周期性波动的主因则是国内消费，出口的下降只是加剧了其萧条阶段；（2）煤炭国内要求的波动主要来自制造业需求，特别是钢铁工业需求的周期性波动。

第四节　钢　　铁

主要钢铁出口产品可以分成五类：①生铁和铁合金；②钢铁熔炼和冷轧产品；③马口铁；④线材和制品；⑤钢铁管材。各类产品的情况依次简述如下。

一、生铁和铁合金

高炉一般也被认为是第一次世界大战后英国的一个衰退的行业。若将战后的第一个正常的年份 1925 年[①]与 1913 年相比较，生铁产量（包括铁合金）实际上从 1 030 万吨急剧下降到 630 万吨，总产出大约减少了 40%。甚至在 1929 年和 1937 年这两个两次战争中间的繁荣年份，生铁产量仍比 1913 年分别减少 1/4 和 1/3。

然而，就 1924～1938 年这一时期来看，铁生产虽然出现剧烈的周期性波动，但并没有进一步长期下降的迹象。它一旦下降到某个一定水平，其下降的趋势就会被阻止。从表 6 – 7 关于铁产量在

[①] 由于德国的产业在法国于 1923～1924 年占领鲁尔期间受到扰乱，英国的钢铁工业在 1924 年还因此享受了一个短暂繁荣。

三个阶段的平均产出数据中可以看出这一点，这些数据里显示了一种小幅增长①。

表6-7　　　　　　　　生铁和铁合金（平均产量）　　　　　单位：百万吨

年份	生铁和铁合金
1924~1925	6.8
1927~1929	7.2
1935~1937	7.5

第一次世界大战后生铁生产的紧缩性压力一般可以归结为三个因素：(1) 进口的下降；(2) 在20世纪早期已经出现钢进一步替代熟铁的明显趋势②；(3) 铸铁厂和钢厂增加了对废铁的使用。然而，如我们将要看到的那样，钢铁行业扩张增加了对生铁需求的绝对量，抵消了上述这些紧缩性因素，并阻止了其进一步衰减。

1913年生铁出口为1120万吨，大约是总产量的11%。1925年，生铁出口下降到56万吨，占该年总产量的不到9%。其战前出口总量的大约一半损失掉了。20世纪20年代后期的世界经济扩张并没有改善英国的生铁出口形势，即使在1929年经济繁荣时期，生铁出口仍低于1925年水平。在此之后生铁出口持续下降，在1930~1933年尤其严重。因而20世纪30年代生铁出口不再成为总产出的一个重要部分，在1930~1937年占比为3.3%（而在1924~1929年该比例为7.5%）。图6-6显示了生铁出口的显著下降趋势，其中也给出生铁总产量、国内消费量、钢厂消费量的变动情况，以便比较③。

---

① 但从1924~1925年以及1927~1929年，以及从1927~1929年以及1935~1937年，高炉生产中的就业减少。这种生产和就业的反向变动趋势可以用生产率的提高来解释。

② 艾伦：《英国工业和组织（1935）》。

③ 估算值，根据每吨钢锭使用的生铁比例和钢锭产量估算得出。

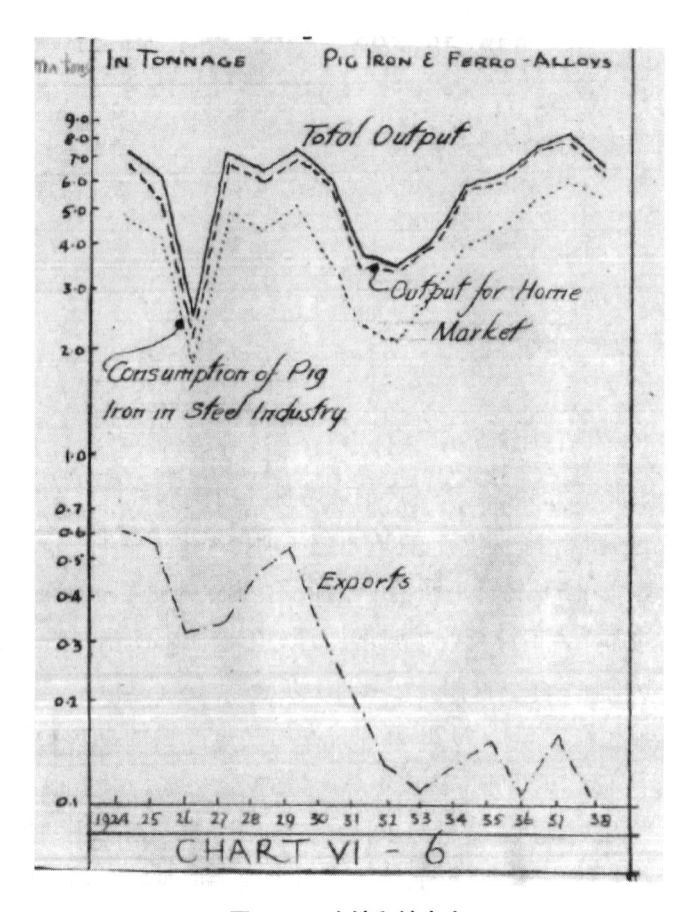

英国出口贸易的周期波动（1924－1938）

图 6－6　生铁和铁合金

注：图中折线自上到下依次为：总产出；国内市场产出；钢厂的生铁消费量；出口。

在图 6－6 中，一方面，总产出和出口的变动趋势的偏离清楚地表明，尽管 1930～1932 年出口的持续下降加剧了生铁生产的萧条（就像煤炭行业的情况那样），但出口尚不足以导致生产下行。同时，出口也不是生铁生产出现周期性波动的主要原因。另一方面，由于总产出主要用于国内市场，因而总产出和国内市场产出的变动模式几乎一致。

在两次世界大战的中间阶段，锻铁逐渐被碱性钢取代，这是对熔炼业产生负面影响的另一个因素。1913 年，英国用于制造锻铁的搅炼铁棒产量为 120 万吨，到 1929 年下降为 16 万吨，1939 年进一步下降到8万吨。这种持续地大幅度下降导致高炉数量进一步减少（高炉主要为搅炼提供锻造生铁）。

但对生铁的主要需求来自钢厂。钢厂是影响两次世界大战中间阶段英国高炉冶炼业发展的主要因素。第一次世界大战遗留了大量的废料，这种新原料导致了炼钢技术的转变。钢炉废料使用率从1910～1913年的30%上升到20年代的50%[①]，到1930～1937年已接近60%[②]。废铁使用率的上升意味着生铁使用率的下降，这也是导致高炉炼铁无法恢复到战前水平的主要原因之一。尽管如此该时期铸锭和铸件生产显著扩张（特别在20世纪30年代后期），使对生铁的绝对需求仍然维持在一特定水平（见图6-6）。正是这个因素抵消了来自出口和锻铁业的长期紧缩性压力，阻止了其生产1924～1925年以后的进一步下滑。

此外，钢生产的周期性波动也扩散到了铁的生产，无论从发展趋势还是周期波动来看，英国国内钢产业的需求都主导着对铁的生产。图6-6显示了二者的同步变动趋势。

二、熔炼钢和冷轧钢产品

该类产品出口可以分成两部分：①粗钢和钢半制成品；②钢制成品，第一部分包括铸锭、铸件、钢坯、初轧方坯、厚板、薄板、马口铁棒，第二部分包括棒料、筋条、角材、型材、纵梁、托梁、横梁、环箍、带材、锻件和轮箍、厚板、薄板、镀锌钢板、轨道以及紧固件等。

---

① 伯基特（Birkett, M.S.）：《战争以来钢铁业的发展》，J.R.S.S 第Ⅲ部分，1930年，第346页。

② 根据历年钢铁行业废铁和生铁使用量比率估算得出。1924～1929年和1930～1937年每吨铸锭和铸件的废铁使用量分别为0.51吨和0.60吨，而生铁使用量为0.55吨和0.46吨，因此这两个时期每吨铸锭和铸件的废钢使用率分别为48%和57%。

（一）粗钢和钢制半成品

该类产品出口的重要性极低。表6-8显示了在所考察的这一时期它们各自的出口量与国内生产量的比率（以重量计）。

表6-8　　　　　粗钢和钢制半成品的出口比例　　　　　单位：%

产品类别	1924~1929年	1930~1937年
铸锭铸件	0.04	0.03
钢坯、初轧方坯、厚板①	0.96	0.65
薄板和马口铁棒	0.39	0.96

注：①该比例为出口量与出厂产量的比例，而不是与总产量的比例。如果按照总产量计算，则比例会更小。

这三类产品中，后两类是由第一类加工制作出来的，故可以将它们的出口量之和与铸锭铸件总产量联系起来，其出口总和在1924~1929年为总产量的0.2%，1930~1937年为0.3%左右。这些比率仍然是极低的。因此，这些产品的出口波动根本不会对国内生产产生重要影响。

与此相反，20世纪20年代粗钢和钢半制成品进口数量极大，达到钢铁和钢铁制品进口总吨位的43%。然而，1932年之后，国内钢锭生产显著扩张，进口显著下降，导致这种局面的主要原因是英国从1932年开始实行保护性关税。1924~1931年（即在保护性关税实施前），粗钢和钢半成品进口与国内铸锭铸件的比例接近18%，但该比例在1932~1937年急剧地下降到7%。

（二）钢制成品

该类产品的出口重要性远高于第一类。表6-9给出了在本文考察的这一时期中，它们各自的出口占总产出的比例：

第六章　出口贸易在英国某些产业发展中的作用（一）

表 6 – 9　　　　　　　　钢制成品的出口比例　　　　　　　　单位：%

产品类别	1924~1929 年	1930~1937 年
（a）棒材和型材	18	9
（b）环和带材	14	9
（c）锻件和轮胎	20	15
（d）板材和薄板	27	19
（e）镀锌钢板	85	70
（f）钢轨和紧固件	60	38

注：（a）类包括纵梁、托梁、横梁；（b）类包括弹簧钢；（f）类包括枕轨和鱼尾板。

表中各类产品出口占总产出的比例在 20 世纪 30 年代都大幅下降，但前四类产品的生产和出口变动与后两类不同。

图 6 – 7 显示了前四类产品的总产出、出口和面向国内市场产出的变动①。

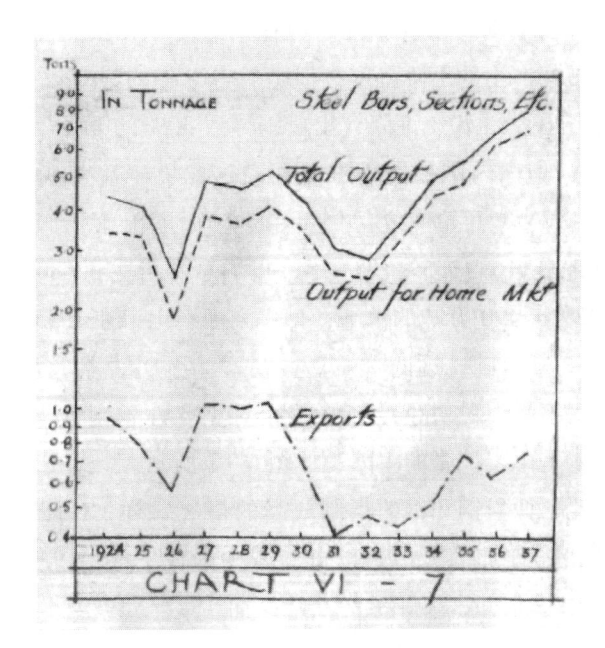

图 6 – 7　钢棒和型材

注：图中折线自上到下依次为：总产出；国内市场产出；出口。

---

① 产出减出口差额的估计值。

这四类产品在20世纪20年代的出口超过了战前水平，详见表6-10数据。

表6-10　　　　　　　　　　钢制成品出口　　　　　　　　　单位：百万吨

年份	钢制成品出口（a-d类）
1912	0.70
1924~1925	0.86
1927~1929	1.03

该四类产品的出口在1924~1925年和1927~1929年分别占到总产量的20%和21%。此外，如图6-7所示，这四类产品的总产出变动不仅与面向国内市场的产出同步，而且也与它们的出口同步，因此出口波动仍对总产出变动有重要影响。但在萧条时期，虽然出口的下降幅度大于国内市场产出的下降幅度，但是后者下降的绝对数量要大得多，它造成了总产出大约70%下降，出口则导致30%的下降。虽然出口在1932年上升，但国内市场的需求从而总产出的下降势头并没有被阻止。出口从1933年开始恢复但仍不稳定，而国内市场产出的扩张却稳定而充分地展开。1935~1937年，年均总产出达到680万吨，远高于1927~1929年490万吨的水平；另一方面，出口在1935~1937年的扩张阶段只有70万吨，远低于1927~1929年的水平。这种反差表明，在20世纪30年代出口对生产扩张的相对重要性急剧下降了，而国内需求的增加才是生产扩张的主因，如图6-7所示。

不仅如此，像粗钢和钢的半制成品的情况一样，1933年之后，这四类产品产量的增加部分地是以进口减少为代价的：1935~1937年，其年均的保留进口量得为48.8万吨，而1927~1929年这一指标为107.4万吨。

与上述四类产品相比，镀锌钢板的出口在20世纪20年代稍低于1913年，在1930~1931年则大幅下降，此后也未显示出任何复苏的迹象，如表6-11所示。

表 6-11　　　　　　　　　镀锌钢板出口　　　　　　　单位：百万吨

年份	镀锌钢板出口
1913	0.76
1924~1925	0.68
1927~1929	0.73
1932	0.28
1935~1937	0.24

如图 6-8 所示，出口的减少直接制约了 20 世纪 20 年代和 20 世纪 30 年代的镀锌钢板生产。国内市场的产出则波动较大①，在 20 世纪 20 年代仅为总产量的 15%，但到 20 世纪 30 年代已达到 30%。

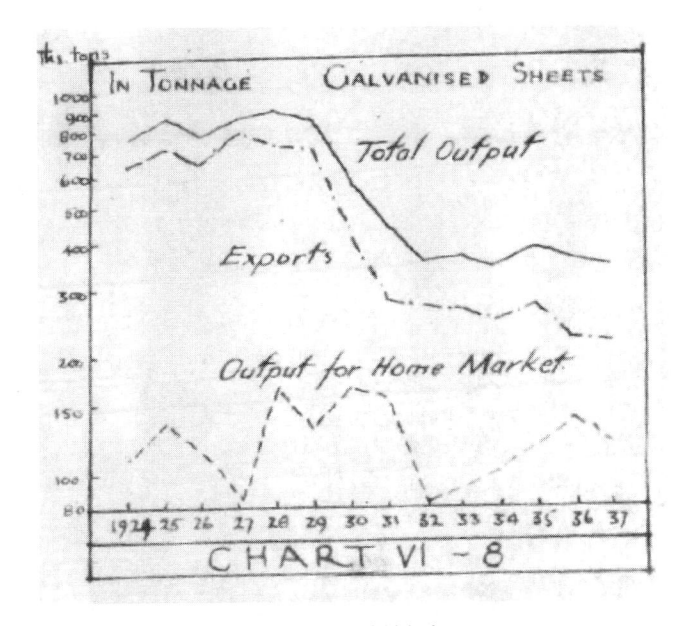

图 6-8　镀锌钢板

注：图中折线自上到下依次为：总产出；出口；国内市场产出。

---

① 由于国内市场产出是由总产出减去出口估计得出，因此国内市场产出可能部分反映了同期（特别是在经济萧条期）存货的变动。当总体经济活动下滑时，国内市场上的产出不可能在 1930~1931 年出现增长，如图 6-8 所示。

钢轨出口变动在某些方面与镀锌钢板稍有不同，它的波动更为剧烈。1924～1925 年的年均出口量为 35.7 万吨，仅为 1913 年出口量 70.1 万吨的一半；但在 1927～1929 年则大幅增加，达到年均 55.1 万吨。如图 6-9 所示，钢轨出口在 1928 年已经下降了，而其 1930～1932 年的衰退幅度要远超于同一类的其他组别产品。随后虽在 1933 年开始恢复，但像前四组中的情况一样，仍无法回到 1927～1929 年的水平。不过，尽管钢轨出口占总产量的比例从 1927～1929 年的 66% 下降到 1932～1937 年的 38%，但钢轨总产出的变动在 20 世纪 20 年代和 20 世纪 30 年代仍受到出口的紧密制约，这点和镀锌钢板的情况一样。

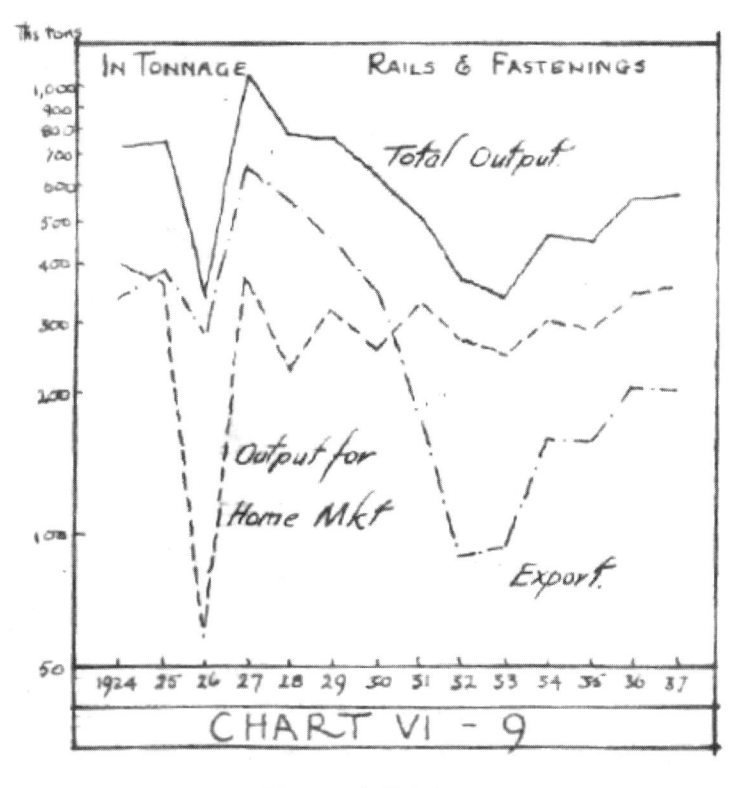

图 6-9　钢轨和紧固件

注：图中折线自上到下依次为：总产出；国内市场产出；出口。

三、马口铁

马口铁的出口占总产出的比例很高，1924～1929 年为 65%，1930～1937 年为 54%。因此马口铁生产与镀锌钢板、钢轨一样明显受到出口波动的影响，这在 20 世纪 20 年代尤为明显。图 6-10 显示了总产出与出口的这种同步变动。

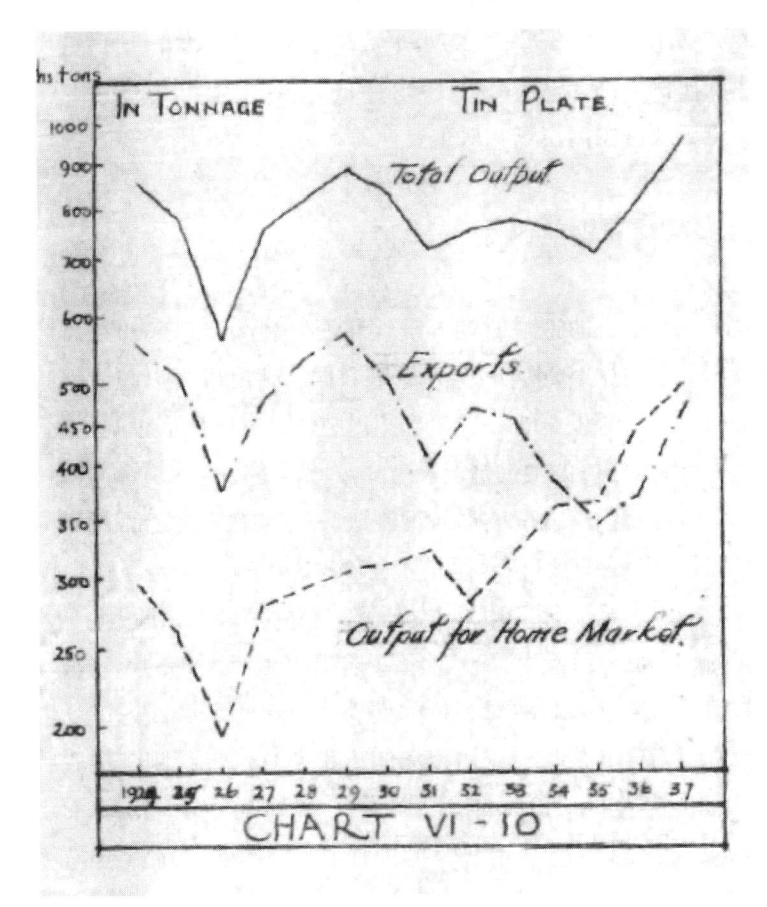

图 6-10　马口铁

注：图中折线自上到下依次为：总产出；出口；国内市场产出。

英国出口贸易的周期波动（1924－1938）

但是马口铁的出口波动及其导致的总产出波动没有其他钢产品的波动那样剧烈。一方面，若不考虑短期波动，我们可以发现在这一时期马口铁的出口和镀锌钢板一样，也呈现某种慢性的下降趋势。比较1927～1929年和1924～1925年出口量的数据，表明它实际上处于停滞状态。1930年之后的下降趋势直到1935年才停止。1936～1937年的上升虽然十分显著，但仍低于1928～1929年的水平。另一方面，国内市场从1933年开始稳步扩张，这使得总产出的下降幅度小于出口下降幅度。1936～1937年国内市场显著增长，和出口增长一起推动了总产出上升，并超出1928～1929年的水平。20世纪30年代，马口铁出口占总产出的比例下降，从1927～1929年的65%下降到1935～1937年的47%，也反映出国内市场相对重要性的不断上升。

四、钢丝和钢丝制品

在本文所研究的这一时期，钢丝和钢丝制品出口起初在总产出中占较大比重。根据1924年的生产普查数据，其出口（以吨位计）约占总产出的26%。图6－11一并给出了以吨位计量的总产出[1]、出口以及面向国内市场产出[2]的变动情况。

广义而言，钢丝出口波动与钢制成品中的前四类产品具有同样的模式，即在1927～1929年小幅扩张，1930～1931年严重下跌，1932年稳步回升，但直至1935～1937年仍无法恢复到1927～1929年的水平。

从图6－11可以看出，20世纪20年代和萧条时期的出口波动仍然主导着钢丝和钢丝制品的总产量的变动，但在此之后国内市场占据了主导地位。1932年之后，国内市场的扩张使总产出在刚刚摆脱萧条的1933年很快就超过了1929年水平，并在1937年翻了一倍。而出口尽管在1932年之后也稳步增长，但即使在1937年的高峰点仍然低于

---

[1] 估计方法与毛纺和精纺行业总产出的估算方法相同。唯一的区别是这里的产出计量单位为吨位，而不是以1930年价格计算的价值。

[2] 总产出－出口。

1929 年的水平。根据生产普查数据，钢丝出口（以吨位计）占其产出的比例在 1930 年为 21%，在 1935 年仅为 12.5%，远远低于 1924 年的水平。这清楚地表明 20 世纪 30 年代后期出口对钢丝行业所具有的相对重要性降低了。

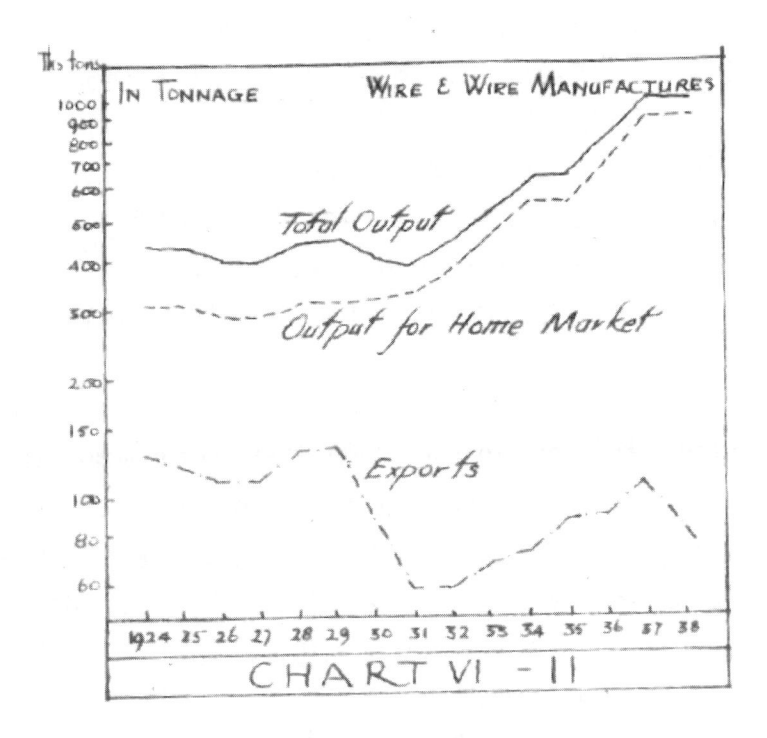

图 6-11　钢丝和钢丝制品

注：图中折线自上到下依次为：总产出；国内市场产出；出口。

此外，通过考察这一时期的进口关税可以发现，钢丝行业扩张部分地是以进口下降为代价的。1927~1929 年，钢丝和丝轨的进口保持在年均 13.2 万吨，但到 1935~1937 年仅为 3.8 万吨。

五、管材

管材类产品虽然功能差不多，但由两种实际上分属两个不同行业的产品组成,一种是"锻造铁管和钢管",往往单列一类;另一种是"铸造管材和配件",是钢铁铸造厂的主要产品。

(一) 锻造钢铁管材

锻造铁管和钢管也是一个严重依赖出口的行业。根据生产普查数据,其出口比例在1924年、1930年和1935年分别为40%、48%和34%。图6-12一并给出了在所考察的这一时期中该类产品的总产出[①]、出口及国内市场产出[②]的变动情况。

如图6-12所示,20世纪20年代锻造钢管和铁管的出口呈现显著而稳步的增长,但在1930~1931年的下降也极为剧烈。随后的恢复虽然力度不小,1935~1936年又被打断,最终未能恢复到1929年的水平。大致地说,该类产品的出口波动模式与钢丝和制品是相同的。

此外,在20世纪20年代后期(1927~1929年)的扩张阶段和20世纪30年代初期(1930~1931年)的收缩阶段,总产出变动与出口变动几乎同步。鉴于1930年出口占总产量的比例仍然很高(48%)这一点,可知出口波动无疑对该行业的发展产生了重要影响。但在后期,出口的相对重要性降低了。虽然出口和国内市场产出在1932年之后均增长了,但在20世纪30年代后期后者所达到的水平远高于前者。正是国内市场的扩张相对降低了出口的重要性。根据1935年生产普查数据,1930年和1935年的产量指数分别为123和178(1924=100)。然而生产的显著上升却伴随着出口比例的下降[③],这也间接反映出20世纪30年代后期国内市场对管材行业的重要性提高了。

---

① 估计方法与钢丝行业估计方法相同。
② 总产出-出口,即包含了存货变动。
③ 如前文所述,出口占比在1930年为48%,1935年为34%。

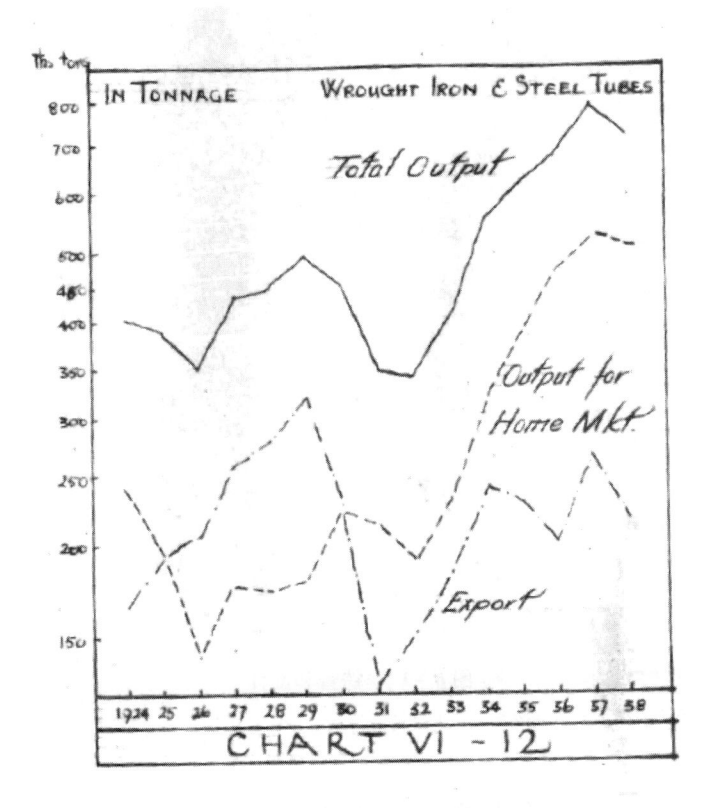

图 6 – 12　锻造铁管和钢管

注：图中折线自上到下依次为：总产出；国内市场产出；出口。

（二）铸管和配件

钢管铁管和配件是钢铁铸造厂的主要产品。根据两次世界大战中间阶段进行的三次普查结果，该类产品的产值占到钢铁铸造厂总产值的 1/3 以上。为便于比较，图 6 – 13 显示了钢管铁管与配件的出口及钢铁铸造厂总产出①的变动情况。

---

① 钢管铁管总产出的估算方法同钢丝行业。由于没有单独的铸管和配件行业的就业数据，因此估算的是钢铁铸造厂的总产出。

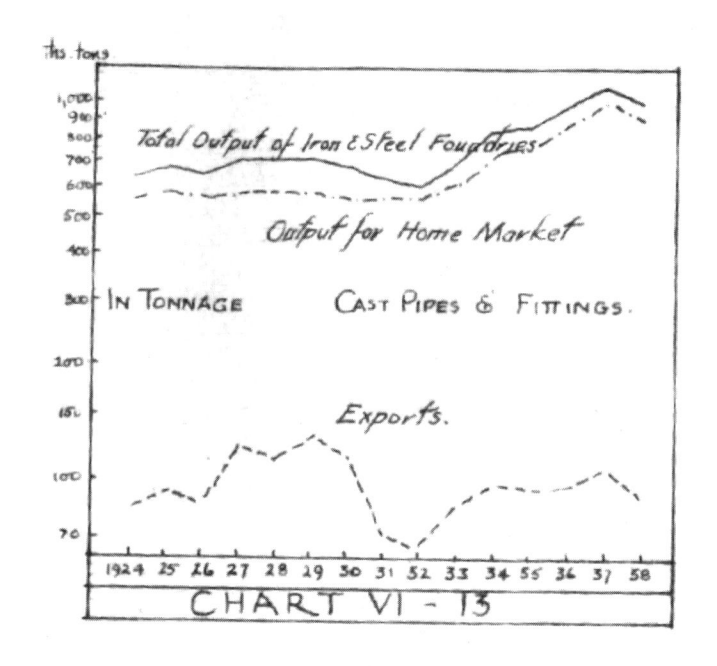

英国出口贸易的周期波动（1924–1938）

图 6–13　铸管和配件

注：图中折线自上到下依次为：钢铁铸造厂的总产量；国内市场产出；出口。

　　铸管和配件出口占其总产出的比例要比锻造管材的情况更低。根据普查数据，铸管和配件出口在 1924 年、1930 年和 1935 年占总产出的比例分别为 15%、22% 和 14%，因此其出口占铸造厂总产出的比例必然更小。但在 1924~1929 年和 1930~1932 年的萧条时期，其出口波动仍然主导了铸造厂的总产出变动，因为同一时期国内市场的产出几乎没有什么变化。但是 1932 年以后的生产扩张主要得益于国内市场的稳步提升，正如上图所清晰地表明那样。与此同时，出口恢复的情况不佳，1935~1937 年的出口表现远远低于 1929 年的情况。根据普查数据，1935 年管材和配件的产量比 1930 年提高了 37%，但出口降低了 18%。因此，在随后的时期中国内市场的相对重要性的提升，在此类钢铁产品中也得到了证明。

第七章

出口贸易在英国某些产业发展中的作用（二）

第六章开头曾将出口分为两大类，其中第二类是指在本文所考察的时期中在总出口值所占份额不断提高的那些产品提高的出口。本章将考察这类产品的出口贸易。这些产品的出口贸易也可细分为两种类型，其一是1937年的出口规模与1929年相比出现下降，其二是1937年的出口规模与1929年相比出现上升。其中，属于前一种类型的出口商品有机械、电气设备、运输用船舶、有色金属、陶瓷和玻璃制品。后有一种类型出口商品则包括汽车、化工品、刀具、工具与科学仪器、真丝和人造丝。以下各节将依次对每一种产品作简要考察[①]。

第一节 机械设备

机械设备涵盖各种工程用产品，它很少专指某种单一的产品。机械设备包含多种各自独立的行业的产品，这些行业不仅在产品上存在差异，而且其经济环境的上下波动也各不相同。然而，尽管机械设备种类繁多，为研究方便起见这里仍将其大致地分为三类，即通用机械（或机械工程类商品）、电气机械、船舶机械。由于船舶机械与造船业

---

① 对本章和第六章的研究做一个总结，详见本论文结尾处的结论部分。

英国出口贸易的周期波动（1924–1938）

密切相关，因而不必单独加以讨论。同时，由于电气机械属于电气制造业的一个分支，因此将其放在下一节与电气设备产品一起讨论。本节仅讨论第一类通用机械。

图7–1一并显示了1924～1938年通用机械①的总产出规模②、用于出口③的产出的及国内市场上的产量④的变化情况。

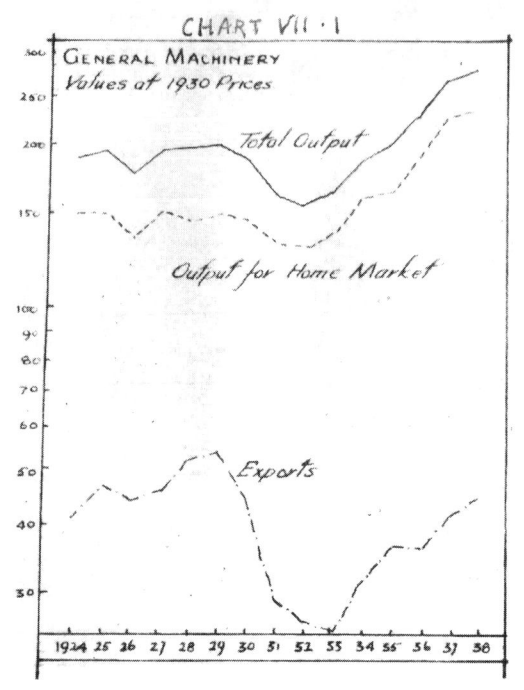

图7–1　1924～1938年通用机械的总产出规模、用于出口的产出的及国内市场上的产量

注：图中折线自上而下依次为：总产量、用于国内市场的产量、出口量。

① 以1930年价格计算的值。
② 总产出为估算值，估算方法与粗纺和精纺羊毛行业总产量的估算方法相同。估算过程中涉及的就业数据采用的是英国劳工部在"机械工程"项下提供的就业数据。
③ 在英国贸易统计的"机械设备"项下，出口中包含与船舶相分离的船舶机械出口商品，但不包含"铁路车辆"项下的机车产品。为使其与劳工部的就业数据（它被用来估算总产量）相互匹配，应对其加以调整。图7–1中的出口量是经过适当调整后的机械设备出口值，并根据《贸易部杂志》编制的机械设备出口价格指数，进行了指数平减。
④ 国内市场产量等于总产量–出口量。

第七章 出口贸易在英国某些产业发展中的作用（二）

若将情况较为特殊的1926年忽略不计，则从图7-1中我们可以看出通用机械出口在1924~1929年呈现某种扩张，而其国内市场的产量则处于停滞状态。因此同期总产量也没有多大增长。大萧条时期出口锐减，不论是下降速度还是绝对量缩减都超过了国内市场。不仅如此，萧条对出口的影响持续时间更长。直至1933年国内市场产量已开始上升，出口则刚刚见底。

因此，1932年之前通用机械的产量变动或多或少受到出口变动的影响。由于在这一时期的总产量中出口占比始终较高（根据普查数据[①]，1924年和1926年均在27%左右），毫无疑问，这一类别的工程机械生产对国外市场的依赖度仍然很高。

然而，这种情况在萧条结束后出现变化。随着1933年国内市场需求恢复，总产量开始回升，虽然出口仍在下滑。同时，尽管1933年后国内市场和出口均出现扩张，但在绝对数量上前者增长显著高于后者。生产普查数据显示，1935年通用机械（即机械工程类产品）的产量已经比前一个普查年份的1930年高出9%[②]，但出口量仍比前期低19%。因此，总产量中出口所占比重从1930年的27%降至1935年的21%。国内市场随后的扩张仍然显著。因而，如图7-1所示，1936~1938年的总产量远远超过1929年，而出口仍比1929年低20%。显然，这一时期对出口的依赖程度极大地降低。

不仅如此，若仅从大类上总体研究通用机械，则会忽略其所涵盖的各个分类相对产量的某些重要变化情况，下表列出了几种主要机械类产品在本文所研究的时期内三个不同阶段的出口量。为便于比较，表7-1中也列出了战前的数据。

[①] 产出值是以出厂价计算，而出口值则采用FOB价格（离岸价格计算）。严格来说，这两种价格不具可比性。由此计算的百分率仅大致表明相对量的大小。

[②] 包括船舶机械。即便不含船舶机械，通用机械的产量仍较大，这是由于1935年普查中船舶机械单独的产量指数远低于1930年的水平。

表 7–1　　　　　主要机械类产品不同阶段的出口量　　　　单位：千吨

类别	1913 年	1924~1925 年（平均值）	1927~1929 年（平均值）	1935~1938 年（平均值）
农业机械	73.5	19.9	21.4	20.6
锅炉及锅炉机械设备	*	57.2	54.9	52.7
机床	16.5	13.1	15.1	16.6
原动机	94.6	51.8	47.1	27.7
缝纫机械	33.3	25.3	30.8	14.6
纺织机械	178.1	113.4	123.7	67.4
机车	47.1	27.0	36.1	12.7

注：* 锅炉的出口量在 1913 年是 68 500 吨，1924~1925 年是 36 900 吨，但 1913 年锅炉机械设备的出口量数据缺失。

表 7–1 中的数据明确显示出在战后头两个正常年份中（1924~1925 年），所有主要机械类产品的出口货物重量与 1913 年相比均大幅下降。其中，农业机械、纺织机械、原动机及机车的下降尤为严重。而同一时期其他机械①的总出口额所占的比重却显著增加，从 1913 年的 28% 增至 38%。从 1924~1925 年起，这种变化愈发突显。在 1927~1929 年的扩张时期中，除锅炉和原动机仍持续下降外，大多数主要机械的出口货物重量均出现小幅增长，其他各种机械出口的比重也有所增加。但在此后 20 世纪 30 年代后期情况发生巨变。与 1927~1929 年相比，1935~1938 年除机床外的所有主要产品出口货物重量再次下降，但其他机械总出口规模所占比重却猛增至 50%。当然，这并不意味着后者的绝对出口量也大幅增长，因为与 1927~1929 年相比，1935~1938 年通用机械总体出口量下降了 22% 左右。不过，各种分类产品的相对地位变化表明，通用机械出口的下降主要集中在工程类机械产品中那些传统品种上。

---

① 除主要机械种类以外的其他机械类产品。

第七章　出口贸易在英国某些产业发展中的作用（二）

第二节　电气工程产品

电气工程产品主要包括两类，一是电气机械，另一类是电气产品及器材①。

图7-2显示出所研究的时期内电气工程类产品的总产量②、出口量③和国内市场产量的变动情况。

从图7-2中总产量的变动情况可以判断出，1924~1938年电气工程行业正处于扩张时期。其在1924~1929年稳步扩大，在萧条时期也未出现下滑。这种扩张趋势一直持续到1933年以后，直至1938年前均未停止。

然而，图7-2也表明电气工程产品的出口并不是这种扩张趋势的主要影响因素。20世纪20年代，电气产业在出口中所占比重的确不小。生产普查④显示，电气机械1924年占比达到28%，1930年占25%；电气产品及器材1924年占21%，1930年占18%。从图中总产量与出口连同国内市场产量并行变动的情况来看，出口无疑是1924~1929年扩张趋势的重要因素之一。然而，在大萧条时期出现了分化。1930年出口开始下降，国内市场产量却仍在持续扩张。而当出口进入严重的持续萧条阶段后，正是后者的扩张才使总产量没有出现下降。尽管出口在1933年触底后出现快速复苏，其增速与1934年起的国内市场产量扩张速度相同，但在1938年之前出口始终未能回到其在1929年

---

①　根据普查分类，这两类产品都属于电气工程类产品。
②　总产量为估算值，估算方法与粗纺和精纺羊毛行业总产量的估算方法相同（见上文）。估算过程中采用的就业数据包括电气机械和电气产品及器材两类产品生产中的就业数据。
③　由于不具备按《贸易部杂志》编制的所有各类电气工程产品的单独出口量数据，本文的出口量数据是利用机械类产品总体出口价格指数（令1930=100）对公布的电气机械出口值进行平减，然后加上以1930年价格计算的电气产品及器材出口值而得出的。
④　如上所述，产出以出厂价格计算，出口额以离岸价格计算；由此得出的百分率可能会出现高估。

英国出口贸易的周期波动（1924－1938）

的水平上，而 1938 年的国内市场产量却达到其 1929 年两倍的水平。普查数据显示，1935 年出口在总产量中的比重急剧下降，电气机械估计降到 13%，电气产品及器材下降到 12%。

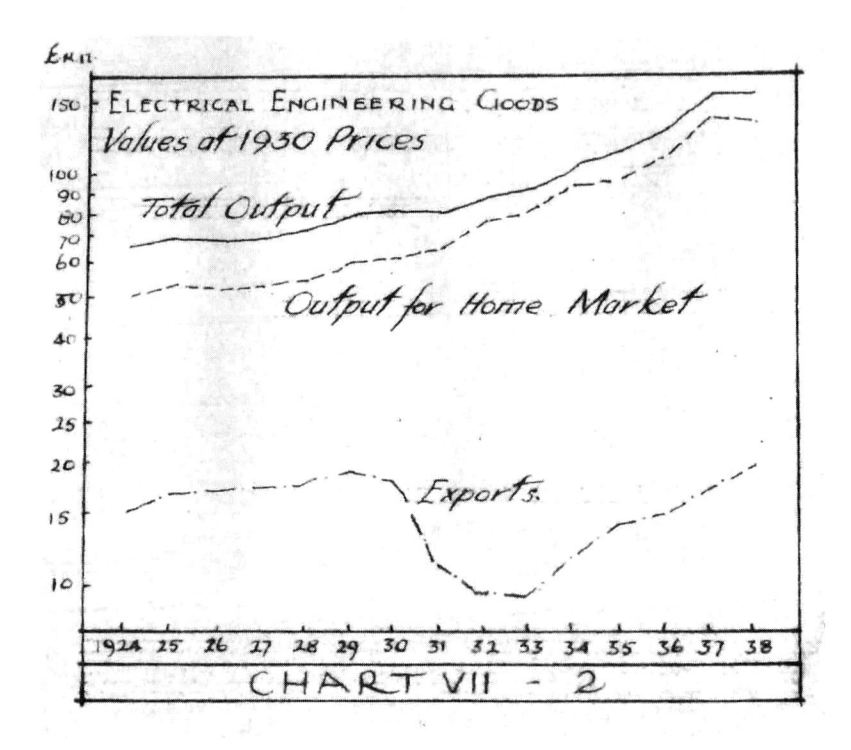

图 7－2　电气工程类产品的总产量、出口量和国内市场产量的变动情况
注：图中折线自上而下依次为：总产量、用于国内市场的产量、出口量。

因此，1930～1933 年国内市场需求的持续增长不仅弥补了出口严重下滑造成的不利影响，也使出口量在此后一直大滞后于国内市场产量，在电气工程产业中出口的作用已不再重要[①]。

此外，这一时期电气工程行业的快速稳步增长实际上是伴随着英

---

① 例如，1938 年虽然出口急剧上升，但由于当年国内市场形势不利，因此总产量并未出现明显变化。

国电力供应增长而出现的①。图7-3显示出发电企业装机容量和发电量的增长情况。两者均呈持续增长趋势，这与图7-2中电气工程行业总产量的增长是同步的。

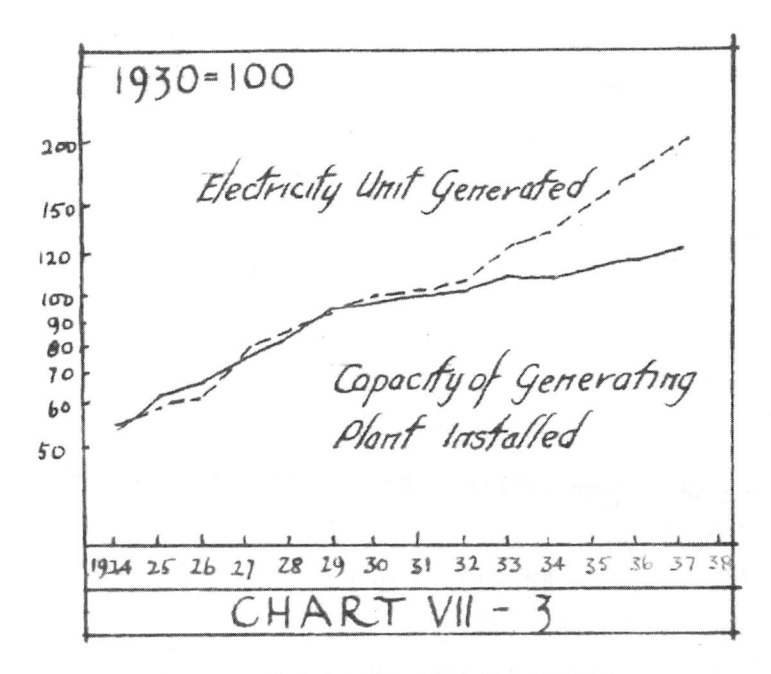

图7-3　发电企业装机容量和发电量的增长

注：图中折线自上而下依次为：单位发电量、装机容量。

电气工程产业的快速增长对进口造成的负面影响程度有多大呢？一方面，贸易账户表明在本文研究的整个时期内，电气机械的进口量

---

① 供电增长的原因在于，一方面，按照1926年法案由中央电力委员会对电力供应进行全面重组后，供应成本大幅下降；另一方面，电力新资源和新用途的发现自然会带来市场扩张，从而造成20世纪20年代用电需求量大幅增长。1933年开始的工业设备更新和建筑业快速增长加速了电力供应的增长。更为经济合理的供电价格为工业企业进行电气化生产提供了直接激励，继而增加了企业对相应设备的需求。随着"电气化"家居概念的普及，建筑业的快速增长拉动了对家用电气产品及器材需求的持续增长，照明、厨具和采暖的用电量不断增加。同时，这一时期的铁路电气化也得到快速发展，成为家用电气产品及器材需求增长的助推因素之一（详见1938年12月17日《统计》"英国电气产业"专版）。

英国出口贸易的周期波动（1924－1938）

可以忽略不计，国内需求主要由国内生产来满足的。另一方面，虽然在20世纪20年代对电气产品及器材的部分国内需求是通过进口来满足，但后者在20世纪30年代变得微不足道了。在整个这一时期中，除了绝缘电线和电缆（它们保留进口的比重极低）以外，在两战之间的3个普查年份中，电气产品的国内总消费中进口所占的比重分别是12%（1924年）、17%（1930年）和6%（1935年）。这间接地表明20世纪30年代某些电气工程产品的生产增长部分地是以对进口的减少为代价的。

第三节 船　　舶

英国贸易账户中"交通工具"项下主要分为两类产品：船舶和机动车辆。二者在本文研究的时期内的变化情况正好相反。船舶的出口量和总产量呈现出剧烈波动和下降趋势，而机动车辆的出口量和总产量总体波动却较小，并呈持续增长趋势。本节主要讨论船舶的相关问题，而将机动车辆留到本章的后半部分，在那里将考察出口量在1937年相对于1929年增加了的那些产品。

船舶制造业的产出波动极端剧烈。这一特点对于生产周期和使用寿命都很长的产品可能具有普遍性，但船舶制造业的波动尤其剧烈。

在第一次世界大战爆发前的10年中，英国船舶制造业进入黄金期。1913年达到发展高峰，总吨位达到和超过100吨[①]的船只建造总吨位高达190万吨；1908年是船舶制造业的低谷，船只建造总吨位仅为90万吨，两者之间的差距超过100万吨。这种大幅波动在两次大战之间的年份反复出现。一战结束时的船舶短缺为1920年船舶制造业的快速增长创造了条件。这一年船只建造的总吨位达到205.6万吨，比战前高峰年份超出10万吨，也是此后再未能达到的最高产量。然而，不

[①] 下文中所有的总吨位数都是指吨位达到和超过100吨的船只。

第七章 出口贸易在英国某些产业发展中的作用（二）

久后发生严重衰退，1923年产量降至最低点（645 000吨）。这一时期的上下波动甚至比战前更加剧烈。而像这种的波动在1924～1938年反复地出现。但即便在快速增长的年份总产量也未曾达到1913年或1920年的水平，而所出现的萧条则远远超过1908年或1923年的严重程度。

1924～1938年船舶行业的总产量在低水平上的剧烈波动应该在多大程度上归因于船舶出口的波动呢？为全面进行比较，图7-4一并给出了1924～1938年100吨及以上吨位船只的建造总吨位（总产量），以及面向海外市场的总吨位和供给国内所有者的总吨位各自的变化情况。

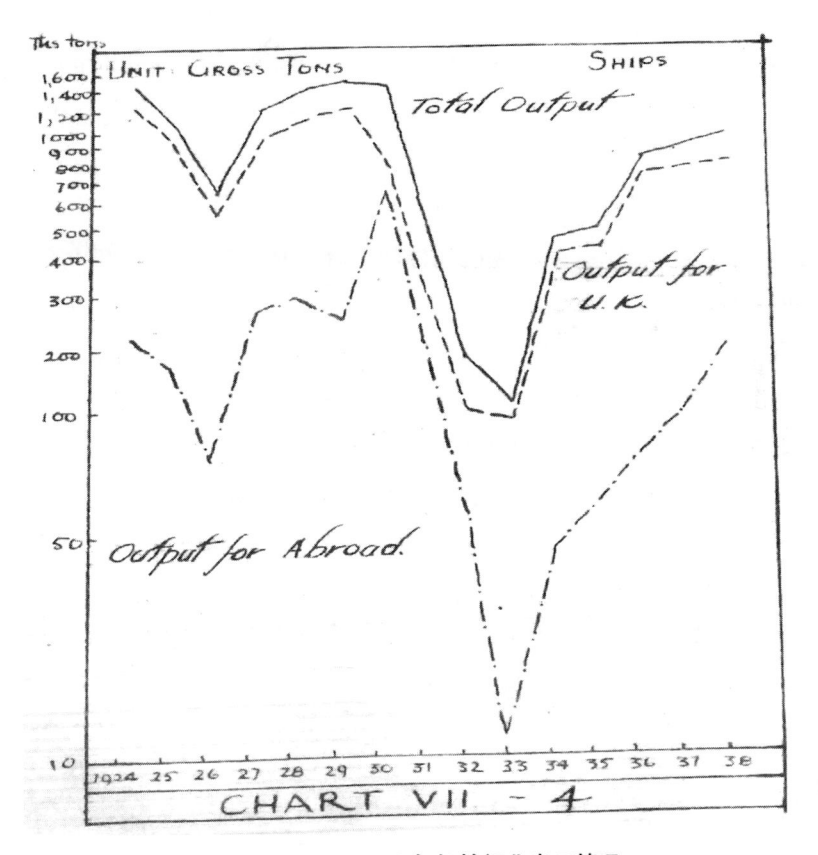

图7-4　1924～1938年船舶行业出口情况

注：图中折线自上而下依次为：总产量、用于英国的产量、出口量。

从图7-4中可以观察到，面向海外市场的建造总吨位（即船舶出

英国出口贸易的周期波动（1924－1938）

　　从图 7－4 中可以观察到，面向海外市场的建造总吨位（即船舶出口量）①的波动幅度大于国内市场产量的波幅。但由于后者在总产量中占比更大，在所考察的整个时期中大约为 70%～85%，因此，总产量的波动所揭示的造船业周期波动模式主要还是受到国内需求的影响。如图 7－4 所示，总产量曲线的波动更接近于国内市场产量曲线的走势，而不是出口产量曲线的走势。1924 年，国内市场总吨位与出口总吨位同时从先前的衰退中迅速回升（此前的衰退未在图中显示）；1925～1926 年二者紧跟着又出现了衰退②。但这一时期出口在总开工吨位中的比重由 1920～1923 年的平均 33% 降至 16%。直至 20 世纪 20 年代后期的经济扩张阶段（1927～1930 年），虽然出口在总开工吨位中的比重平均提升到 26%，但这一时期行业扩张的速度仍取决于国内需求。1927～1929 年总产出的稳步提升主要是由于国内所有者需求的扩张，而在同期出口却处于停滞状态。同样，1930 年国内需求的大幅降低导致了总建造吨位的下降，尽管出口在本年经历了迟来的急剧增长，但开工总吨位还是受到显著降低的国内需求的影响而出现下滑。从图 7－4 中可以看出，大萧条时期船舶出口比国内需求受到更严重的冲击，降幅也更大，但后者在绝对数量上比前者下降更多。船舶制造业直到 1934 年才开始复苏，晚于其他产业。虽然复苏源于国内需求和出口需求共同增长，但出口在总产量中的占比在 1934～1938 年再次降至 15%③。

　　若从趋势变化角度看，则英国造船业的下降趋势将要更多地归因于出口的减少，国内需求萎缩仅是次要原因。这一点可以从表 7－2 两战中间的高峰年份的产量数据中明确地观察到。

---

　　① 当然，它与贸易账户中的记录并不相同，因为船舶制造的开工时间可能会不同于交付时间。
　　② 1926 年英国大罢工加剧了当年的经济衰退。
　　③ 若对比 1924～1930 年与 1931～1938 年两个时期，则出口比重从 22.5% 下降到 18%。

第七章 出口贸易在英国某些产业发展中的作用（二）

表7–2　　　　　　　不同阶段船只建造总吨位　　　　　　单位：吨

年份	船只建造总吨位（仅包含100吨及以上吨位的船只）		
	总产量	英国国内市场产量	出口量
1920	2 055	1 209	846
1924	1 439	1 218	221
1929～1930（平均值）	1 501	1 045	456
1938	1 040	824	206
1927～1930（平均值）	1 440	1 050	390
1934～1938（平均值）	753	646	107

与1920年相比，1924年总产量的下降完全是由出口减少所致，因为当年的国内需求略有增加。由于1924年不能被视为一个繁荣的年份（尽管该年的总产量达到一个小高峰，）同时也由于国内需求和出口的高峰分别出现在20世纪20年代后期的不同年份——1929年和1930年，所以我们选取1929～1930年的平均值与1920年进行比较。这样一来，总产量在两个高峰年份之间的下降有70%应归因于出口减少。若将1927～1930年扩张阶段整个与1920年进行比较，那么总产出的减少中将有74%是由出口下降造成的。对于20世纪30年代，我们将产量高峰年1938年分别与1929～1930年和1920年加以比较，则出口减少对两个时期总产量下降的影响率分别是54%和63%。同样，若将1934～1938年扩张阶段整个与1927～1930年和1920年进行比较，则出口影响因素分别占41%和57%。因此，尽管出口量在总产量中所占比重较低，并且在形塑造船业周期波动的模式上所起的作用都不及国内市场需求，但是出口下降却成为造船业总产出下行变动趋势的更重要的原因，这与煤炭产业的情况很相似。

一方面，国外对英国船舶需求的减少反映出20世纪30年代世界贸易和世界航运业的萎缩，以及英国在世界船舶出口中的比重下降。

英国出口贸易的周期波动（1924－1938）

另一方面，由于大多数英国商船队都从事海外贸易，因此国内船主对船只需求与英国航运业以及出口贸易的整体地位密切相关。20世纪20年代国内市场需求的小幅增长与20世纪30年代大幅下降都是英国航运业和对外贸易形势变化的间接结果。因此，不论是短期波动还是趋势变化，也不论是国外订单还是国内需求，英国的船舶制造业终究要直接或间接地与其海外贸易的命运联系在一起。

总之，由于船用机械的生产与出口与船舶制造业联系紧密，两种产业的波动情况也较为相似，因此，无须再对前者加以单独讨论。

第四节　有色金属及其制造

尽管20世纪20年代后期和20世纪30年代两个经济扩张阶段的对比表明有色金属的出口并无增长，但在本书所研究的整个时期内，有色金属产业总体上仍处于扩张期。

有色金属的总产量、出口量和国内市场产量的变化情况如图7－5所示。

通过观察它们的短期波动可以发现，尽管增长幅度不大，但1924～1929年出口量和国内市场需求的增加仍然促进了总产量的提高。然而，大萧条时期总产量的下降却主要源于出口量的减少。有色金属产业在大萧条时期开始崛起，此后增速比1924～1929年快得多。这主要是来自国内市场的进一步扩张，如图7－5所示，1937年的国内需求比1929年增长近两倍。当然，出口的复苏也有不小的贡献，1935～1937年的出口量已非常接近1927～1929年的水平。

表7－3是生产普查得到的有色金属产业三个主要大类的总产量和出口所占比重的数据。

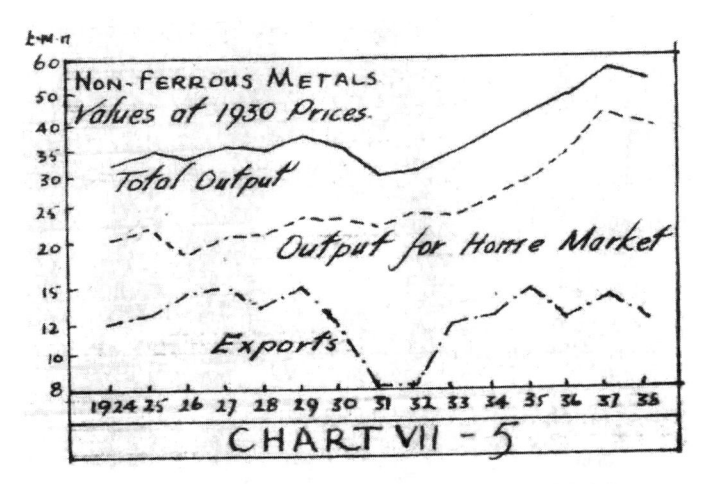

第七章　出口贸易在英国某些产业发展中的作用（二）

图 7-5　有色金属总产量、出口量和国内市场产量的变化

注：图中折线自上而下依次为：总产量、用于国内市场的产量、出口量。总产量的估算方法与粗纺和精纺羊毛总产量的估算方法相同。估算过程中采用的就业数据包括按英国劳工部分类方法所划分的两类有色金属行业，即"黄铜、铜、锌、锡、铅等"与"黄铜及相关金属制品"。由于本书所采用的 1924 年、1930 年、1935 年三个普查年份的就业数据仅限于上述两种行业的已参保就业人群，而根据人口普查局的数据这些行业中实际就业人数会更高，因此该序列的数值有可能会被低估。

表 7-3　　有色金属产业三个主要大类的总产量和出口比重

类别	1924 年	1930 年	1935 年
黄铜与铜冶炼及轧制品			
总产量（1930 年 = 100）	100	100	145
出口占比（%）①	20	14	7
铝、铅、锡等冶炼及轧制品			
总产量（1930 年 = 100）	84	100	120
出口占比（%）	18	17	12
黄铜及相关金属制品			
总产量（1930 年 = 100）	70	100	114
出口占比（%）②	17	15	8

注：①基于数量数据；②总产值采用出厂价格，出口货值采用离岸价格（FOB）。因未对不同时期的估价加以调整，两者的比率有可能出现高估。

表 7-3 也清楚地表明，在三个普查年份，虽然这些有色铁金属行业的产量增长迅速，但从比重来看，出口量对于总产量的相对重要性却日益降低。

同时，在一种类的产品中，有色金属的保留进口量实际上远高于出口。其相对规模如表 7-4 所示。

表 7-4　　　　　　有色金属的保留进口量和出口量　　　　单位：百万英镑

类别	1924 年	1930 年	1935 年
有色金属出口量 （以 1930 年价格计算）	12.1	15.1	14.5
有色金属保留进口量 （以 1930 年价格计算）	20.8	25.7	40.7

特别是在 20 世纪 30 年代，保留的进口量的大幅增加表明有色金属的国内产量增长并未抑制进口。同时，进口产品多以半成品为主，因此进口的增长本身也反映出这一行业国内制成品生产的增长。

第五节　陶器及玻璃制品

在出口货物总值中，陶器及玻璃制品出口所占比重也在上升，但在本文考察的时期内其绝对出口货值却趋于下降。图 7-6 给出了其出口总值的变化情况以及陶器及玻璃行业的总产量[①]和面向国内市场的产

[①] 总产量的估算方法与粗纺和精纺羊毛总产量的估算方法相同。值得注意的是，严格来说总产量系列数据和出口量系列数据不具有可比性。原因在于出口量所包含的产品种类是按照英国贸易账户的分类方法，而估算总产量时采用的就业数据虽然也总体上属于陶器及玻璃类，但其产品种类要少于前者。因此，出口在总产出中所占比重实际上并没有图中所表明的那么高。此外，国内市场上产量的数据是从总产量中减去出口量得来的，因此它也一定会被低估。尽管如此，由于上述因素对所考察的时期中各个年份的影响是均等的，所以对于说明出口量和国内市场需求量之间相对地位的变化并不会造成显著的差别。

量变化情况。

如图 7-6 所示，1924~1929 年总产量的增长主要源于出口的增加，而大萧条时期总产量下降也主要是由于出口减少造成的。然而大萧条结束后，出口始终未能复苏。与此同时，国内市场产量大幅增长，1935~1937 年的总产量之所以能远超 1927~1929 年水平，也是国内需求增加所致。这种变化导致 20 世纪 30 年代出口在陶器及玻璃品行业中的相对重要性远远低于 20 世纪 20 年代后期。

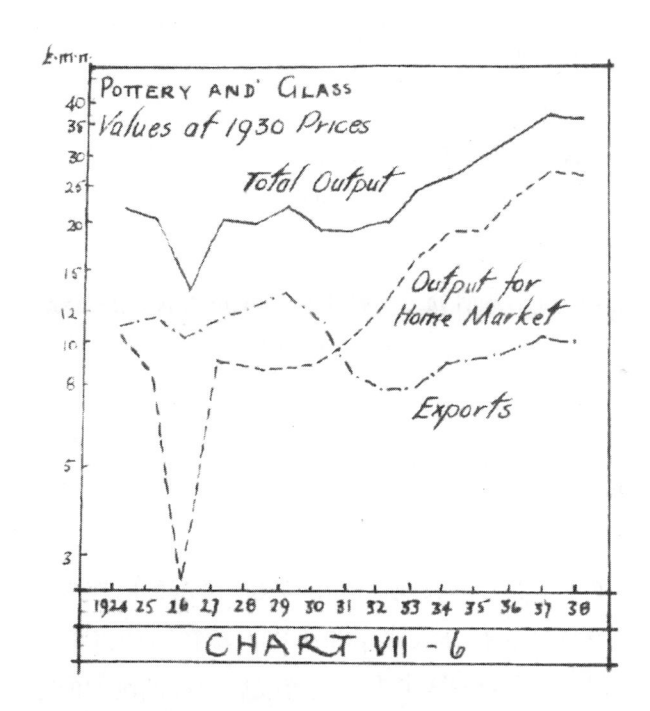

图 7-6 陶器及玻璃制品出口量、总产量和面向国内市场的产量变化情况

注：图中折线自上而下依次为：总产量、用于国内市场的产量、出口量。

表 7-5 也间接反映了出口与国内需求之间相对地位的这种变化，在三个普查年度资料中陶器及玻璃制品的总产量增加，而出口所占比重都在下降：

英国出口贸易的周期波动（1924－1938）

表7－5　　1924年、1930年、1935年陶瓷及玻璃制品总产量及出口占比

产品类别	1924年	1930年	1935年
陶器			
总产量（1930年=100）	108	100	112
出口占比（%）	35	30	16
玻璃			
总产量（1930年=100）	86	100	138
出口占比（%）①	26	23	12

注：①总产值采用出厂价格，出口货值采用离岸价格（FOB）。

总之，在这整个时期内玻璃品的保留进口货物总值大于出口总值。并且与大多数制造品的进口相同，1932年以后它们有相当一部分被国内生产所取代。

接下来我们将主要研究另一种出口类型的产品，即1937年的出口贸易量与1929年相比出现上升的那些种类。

第六节　机动车辆

英国汽车业虽然起步较晚，但在本文所考察的时期内出现快速持续的增长。1913年包括私人汽车和商用汽车在内的汽车总产量仅为34 000辆。但是，在第一次世界大战与战后经济低潮期的金融困扰所造成的生产停滞一结束，机动车辆就进入了快速发展期。1924年私人汽车和商用汽车总产量升至146 600辆，1929年达到高峰，年产238 800辆。这种快速增长在大萧条时期仅仅受到短暂的轻微影响，其后的增长远远超过20世纪20年代后期，1937年的总产量是507 700辆，超过1929年的两倍。

为考察出口在汽车业快速增长中所起的作用，下面分别对私人汽车和商用汽车两种情况加以讨论。

第七章　出口贸易在英国某些产业发展中的作用（二）

一、私人汽车

私人汽车总产量、出口产量和国内市场产量的变化情况如图 7-7 所示。

20 世纪 20 年代，私人汽车总产量的近 90% 销于国内市场。出口量虽然在 1924~1929 年增长较快，但其在总产量中所占比重并未增加。1924~1925 年为 11.6%，1927~1929 年 11.4%。同时，如图 7-7 所示，20 世纪 20 年代出口量的无规律性波动并未对总产量的稳定增长造成影响，总产量与国内市场产量的变化情况非常一致。这些年间英国汽车制造企业生产出种类繁多的车型满足个性化的偏好，并且一般英国人的汽车都是针对其国内已经铺设的完善的高速公路而制造，因此很明显，国内市场乃是应用汽车产业关注的重点。

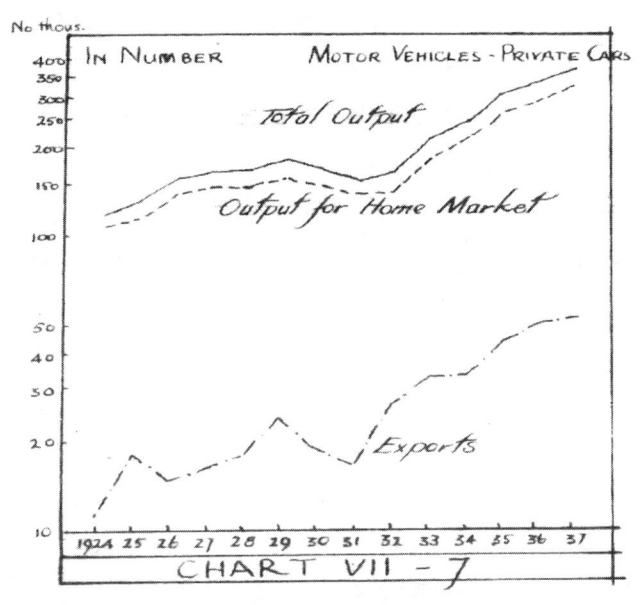

图 7-7　私人汽车总产量、出口产量和国内市场产量的变化

注：图中折线自上而下依次为：总产量、用于国内市场的产量、出口量。

英国出口贸易的周期波动（1924－1938）

1930~1931年，出口和国内需求均受到短暂经济衰退的影响。虽然后者缩减幅度要小于前者，但国内市场的产量减少在绝对数量上要大于出口。但1932年大萧条后，出口的复苏更快，增长额也更高。因此，两者均进入持续的大幅扩张期。与20世纪20年代不同的是出口的相对重要性得到提高。如图7－7所示，出口增长速度更快，其占总产量的比重从20世纪20年代后期的11%升至1935~1937年的14%。随着新登记汽车占年总产量的比率不断下降，国内市场趋于饱和，同时，减少车型数量及采用"流水线生产"逐渐提高了英国汽车业在海外市场上的竞争力，相比20世纪20年代，这一时期的重心开始转向出口。

私人汽车生产的扩张导致进口部分地减少。1924~1925年私人汽车的进口保有量占国内市场私人汽车总量的比重①是16.2%。这一时期进口始终大于出口。1924~1925年私人汽车出口量平均达到21 300辆，而保留的进口量平均达到21 300辆。然而，1925年7月以后英国恢复麦肯纳关税法，对私人汽车和摩托车征收33.5%的从价税②，同时汽车价格下浮③，从而导致进口保有量下降。1927~1929年保留的进口量在英国市场所占份额降至8.8%。同期汽车出口超过进口，出口年均达到19 400辆，进口为14 600辆。进口的减少一直持续到20世纪30年代。1935~1937年保留的进口量在英国市场所占份额平均仅为4.4%，数量降至13 900辆，同期出口增至49 700辆。当然，与总产量的巨大增幅相比，用以替代进口的国内产品从绝对数量上看还不够大。但是汽车进口在英国市场上所占份额的下降幅度则是十分显著的。

二、商用汽车

如图7－8所示，1924~1938年商用汽车的产量也经历了大幅的快

---

① 即总产量－出口量＋国内消费进口量。
② 该项税收于1926年5月起开始适用于商用汽车，1927年4月起适用于汽车轮胎。
③ 以1924年价格为100，私人汽车零售价格指数情况如下：1925年是97.1；1926年94.8；1927年91.6；1928年80.0；1929年75.1（资料来源：英国汽车制造商和贸易商协会《大不列颠汽车业年度报告》）。

速增长。商用在汽车在1920年具有的扩张趋势在1930～1931年的普遍性经济衰退中几乎没有受到影响，而私人汽车的产量却比1929年的水平下降了13%。1932年出现的产量下滑和1933年的小幅上升主要是由依照1930年《道路交通法》对乘用车辆实施的执照限制造成的。但1934年后增长显著。

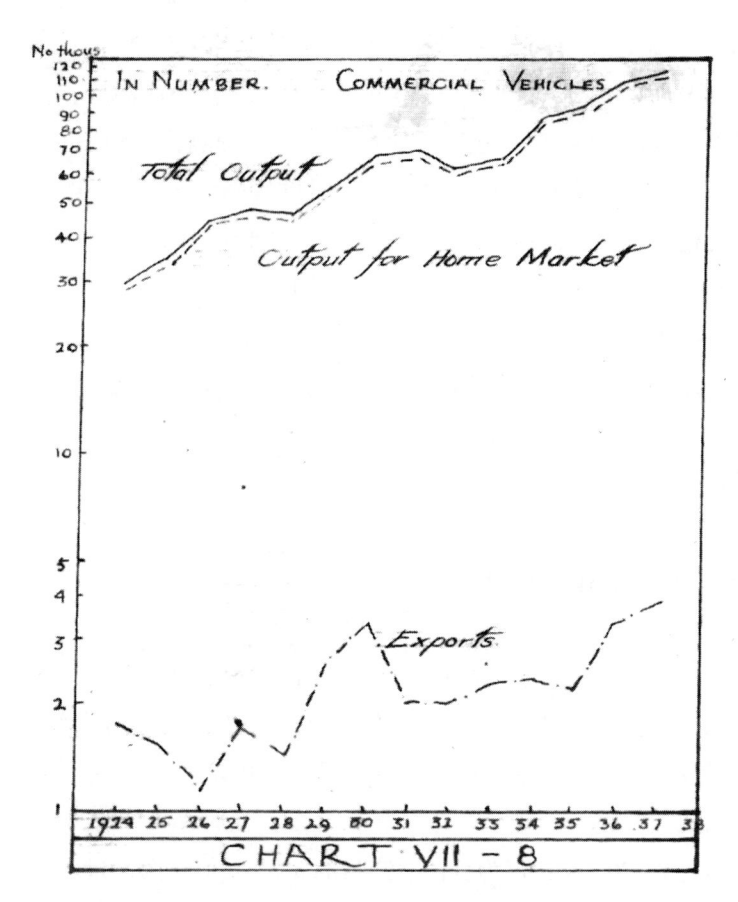

图7-8　商用汽车总产量、出口产量和国内市场产量的变化

注：图中折线自上而下依次为：总产量、用于国内市场的产量、出口量。

国内市场对商用汽车生产的至关重要性，可以从图7-8所给出的在本文研究的这一时期内，总产量与面向国内市场的产量二者密切联动关系中，观察出来。

与私人汽车的出口量相比，商用汽车出口量很小。1924~1925年商用汽车出口量在总产量中仅占约5%。如图7-8所示，1924~1926年虽然出口下滑，但商用汽车的总产量依然稳步增长。20世纪后期，尽管总产量与出口曲线呈同向变化，但出口在总产量中的比重降至4%以下。出口从1930年的峰值大幅下降，而总产量仍保持在原水平上。从1931年开始，商用汽车出口连续近五年在低水平上徘徊，并且直到1936~1937年前一直未能回到1930年的最高水平。与此同时，总产量经短暂停滞后在1934年超过其1930年的水平，此后的增长也非常显著。1935~1937年出口在总产量中的比重继续降至3%。所以在本文所考察的这一时期中，商用汽车产量的增长主要由国内市场需求主导。

与私人汽车相比，即便是在20世纪20年代，商用汽车的进口量也非常小。1924~1925年商用汽车进口保有量在英国市场总量中仅占约2%。到了20世纪20年代后期，这一份额几乎可以忽略不计。虽然在20世纪30年代扩张阶段（1935~1937年）进口恢复了增长，其份额也不足0.5%。

三、摩托车和自行车

在这里，顺便也对摩托车和自行车的出口作一简要讨论。

英国的摩托车生产与其历史悠久的自行车产业有着紧密的联系。第一次世界大战以前，摩托车生产发展迅速。1912年产量达到36 700辆，约为美国摩托车产量的一半，相比之下，当时私人汽车和商用汽车的产量是23 200辆，仅为美国总产量的5%[①]。但在两次世界大战中间的时期该产业的发展变化却不同于汽车业。20世纪初期摩托车产业的确取得了可喜的发展。1924年总产量增至110 000辆，达到战前水平的3倍。然而，产量在1923年达到最高点（162 000辆）之后持续

---

① 资料来源：《金属产业调查》，第216页、第225页。

第七章 出口贸易在英国某些产业发展中的作用（二）

下降，直至 1933 年，该年产量仅为 50 000 辆。此后的复苏也未见成效。1935 年和 1937 年的产量仅分别为 65 000 辆和 75 000 辆。

20 世纪 20 年代后期以来摩托车生产下降的主要原因有两个：一是出口减少，二是国内市场需求不断由摩托车向轻型汽车转移。相对于汽车产业，摩托车产业中出口在总产量中的比重更大，1924 年达到 31%。1924 年之后出口实际上持续增加，直至 1929 年达到最高点，当年出口量是 62 400 辆（约占总产量的 43%）。然而，此后的摩托车出口经历了严重而又长期持续的下滑，仅在 1934 年略有回升。1937 年是 20 世纪 30 年代摩托车出口的高峰年，出口量是 25 400 辆，但也仅达到 1929 年水平的 40%。

一方面，出口下滑之前国内需求已开始下滑，这也是总产量下降的重要原因。如前所述，1927 年之后当出口还在增加时，摩托车的总产量已经开始减少。由于同一时期轻型汽车价格持续下调，轻型汽车生产不断扩大，需求的转向严重损害了摩托车的生产。

另一方面，特别是 20 世纪 30 年代，自行车（含两轮和三轮自行车）产量显著增长。根据《生产普查报告》，若将 1924 年自行车的总产量设为 100，则 1930 年和 1935 年分别增至 126 和 286。出口在这一时期也大幅增长，虽然在大萧条中（1930~1932 年）曾经蒙受较大损失。

表 7-6 给出了在本文所考察的这一时期的三个阶段，自行车的出口量数据，它们可以显示其发展过程。

表 7-6　　　　三个阶段自行车的出口量数据　　　　单位：千辆

年份	1924~1925（平均值）	1927~1929（平均值）	1935~1937（平均值）
两轮和三轮自行车整车出口量	238.6	330.0	575.8

显然，出口增长对总产量起到了重要作用。但在 30 年代，由于生产普查数据表明出口在两轮和三轮自行车整车总产量中的比重由 1924 年和 1930 年的 28% 降至 1935 年的 19%，可以推出这一时期国内市场

需求的上升将是影响该行业生产的更重要的因素。

第七节 化 工 品

　　化工品是另一类在从 1924～1925 年至 1927～1929 年以及从 1927～1929 年至 1935～1937 年两个时期中，不仅在出口量的总值中比重上升而且其绝对数量上也呈现增长的产品。图 7-9 给出了化工产品[1]在本文所考察的时期中的变化情况，以及化工品总产量[2]和国内市场产量的变化情况。

　　从图 7-9 中可明显观察到，1924～1929 年化工品总产量的增长同时受到出口和国内市场增长的推动。但大萧条时期总产量的减少则主要是由出口下降造成的。大萧条之后，国内市场相比出口扩张的强度更大，从而成为影响总产出的主要力量。这一时期出口的相对重要性极大降低。据估算，出口占总产出的比重从 1927～1929 年的 25% 降至 1935～1937 年的 20%。

　　化工品项下的主要产品可分类为：化肥、涂料与清漆、钠化合物、药品与药物、煤焦油产品、染料及相关产品。在本文所考察的时期内上述各类产品的出口变化情况略有差别。

一、化肥

　　与 1924～1925 年相比，20 世纪后期化肥的出口增长显著。但 1930 年以后持续减少，直至 1936 年降至最低水平。鉴于其 1930 年的出口比

---

[1] 根据英国贸易账户，除基本化工产品外，化工品还包括化肥、药品、染料和涂料。
[2] 估算方法与粗纺和精纺羊毛总产量的估算方法相同。估算过程中采用的就业数据包括按英国劳工部分类方法所划分的两类行业，即"化工品、药品、染料等"和"涂料、清漆等"。这些产品均对应于"化工品"项下的出口商品。

重①和总产量均高于 1924 年，而 1935 年的产量则比 1930 年低②，可见，这种商品对国外市场的依赖度很高，对出口波动也非常敏感，尽管在 20 世纪 30 年代后期出口的相对重要性开始下降。

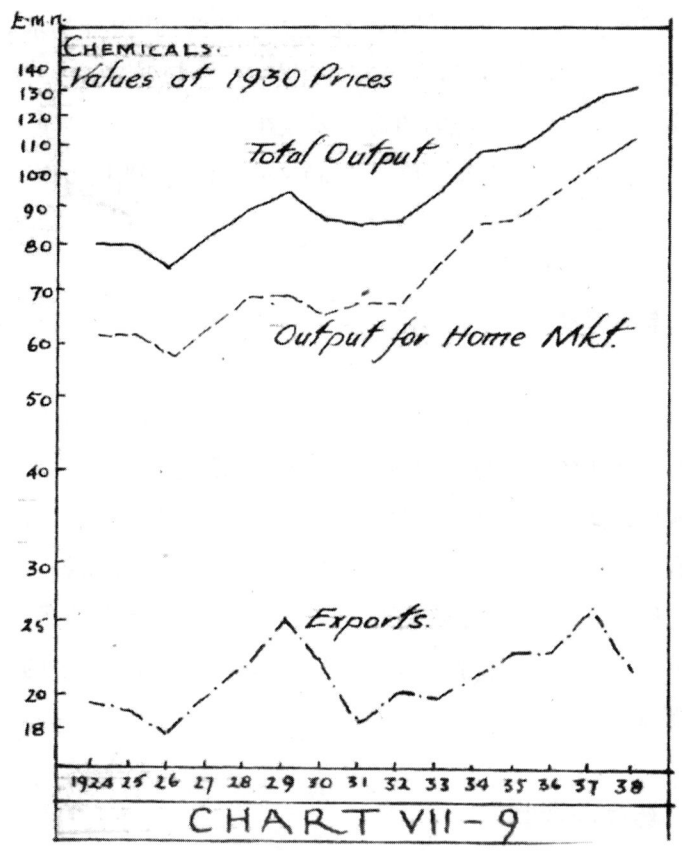

图 7-9 化工产品总产量、出口产量和国内市场产量的变化

注：图中折线自上而下依次为：总产量、用于国内市场的产量、出口量。

---

① 1924 年单质（Simple ferfiliser）普通化肥（基本溶渣，过磷酸钙以及硫酸铵）出口约占总产量的 1/3，1930 年和 1935 年比重分别为 1/2 和 1/4。

② 根据生产普查数据，1924~1930 年产量提高 14%，1930~1935 年降低 6%，基本与这期间的出口量变化相似。

二、涂料和清漆

1924~1929年出口持续递增，但1930~1932年的降幅也不小。尽管1935~1937年复苏强劲，但并没有恢复到1927~1929年的水平。另外，涂料和清漆的产量1924~1930年增长16%，1930~1935年增长11%。因此，出口对于生产的相对重要性在日益下降。出口量在总产量中的比重从1924年的26%降至1930年的21%，到1935年更降至16%[①]。

三、钠化合物

1924~1929年钠化合物出口表现非常稳定。1930~1931年降幅较大，1935~1937年虽然复苏但也未能回到20世纪20年代的水平。与1924年相比，此类产品的产量在1930年（以重量计）下降了约21%，直到1935年才恢复到1924年的水平。虽然没有化肥产品那么严重，但钠化合物产品也是受到出口下滑影响严重的另一个行业。其出口占产出的比重由1924年的32%降至1930年的29%，1935年继续降至26%。

四、药品与药物

与1924~1925年相比，1927~1929年出口略有增加，但其在1930~1931年经历的衰退比其他化工产品时间更短，损失更小。而且，1935~1937年的出口还超过了1927~1929年的水平。产出规模的扩张更快，特别是在20世纪30年代后期。1930年总产量仅比

[①] 基于产出值（以出厂价格计算）和出口值（以离岸价格计算）。未对两者的估价差异进行调整。下文中对药品、煤焦油产品和染料的出口比重的估算也采用相同方法。

1924 年高出 8%，而 1935 年则比 1930 年增长约 40%。1924 年出口在总产量中的比重约为 20%，20 世纪 30 年代略有减少，1930 年和 1935 年分别为 18% 和 17%。

五、煤焦油产品

一方面，20 世纪 20 年代，煤焦油产品出口出现某种停滞，并在 1929 年开始下降，早于其他类化工产品。但在 1936~1937 年重新恢复到 20 世纪后期的水平。另一方面，总产量方面 1930 年较之 1924 年并未出现减少，1935 年总产量提高，比 1930 年高出近 40%。因此，出口所占的比重相应地出现急剧下降，从 1924 年的 32%，降到 1930 年的 19%，1935 年进一步下降到 12%。

六、染料及相关产品

一方面，较之 1924~1925 年，染料出口在 1927~1929 年有所增长。1930~1931 年的衰退对其影响不大。1933 年出口重回 1929 年水平。1935~1937 年增长显著，接近 1927~1929 年出口量（以重量计）的两倍。另一方面，1930 年的总产量略低于 1924 年，但 1935 年的产量比 1930 年提高近 40%。鉴于出口在总产量中的比重一直在增加，从 1924 年的 16% 增至 1930 年的 21% 和 1935 年的 22%。由此可知，出口是这一类化工产品生产扩张的重要决定因素。

综上所述，六种主要化工产品中，化肥、钠化合物及染料的总产量比其他化工产品更易于受到出口波动的影响。但前两种产品的产量和出口量都具有下降趋势，而染料则趋于增长。除染料产品外，其他产品出口的相对重要性在 20 世纪 30 年代均呈下降趋势。对于药品而言，这主要是由于国内需求增长比出口更快；对于其他四类产品，其原因在于两方面：一方面是由于国内需求增长，另一方面是由于出口减少。

化工品的进口保有量也很可观。但除药品、染料和涂料外，多数进口产品均为半成品。一方面，这些商品的进口是作为英国企业的原材料而不是与之竞争的国外产品，因此，当化工产业总体出现增长时，这些产品的进口也呈现出增长趋势；另一方面，对于药品、染料和涂料类产品，国内产品与国外产品之间的竞争空间则较大，故在20世纪30年代的扩张阶段（1935～1937年）其保留进口量一般比1927～1929年更低。但这种下降远不如其他受保护的制造业中的进口下降那样显著。对于此类产品本书在第六章和本章前面曾经提到一些。

第八节 刀具、工具及科学仪器

这类产品也属于少数几类产品中的一种，它们的出口在出口总值中所占比重不断提高，而且其绝对数量也呈增长趋势。同时，像其他少数几个组别一样，它们在本文所考察的时期中，其出口的扩张与国内市场上产量的显著增加同步出现如图7-10所示。因此，这些产业的产量扩张并非单纯源于出口增长。

从图7-10中可以看出，1924～1929年国内市场产量的增速比出口更快，其绝对量更是大超过出口量，而大萧条时期总产量的下降主要是由于出口的减少。1932年以后，出口和国内市场都进一步扩张，但后者在绝对数量上远远超过前者。因而，虽然出口在1935～1937年比1927～1929年有所增长，但出口对于这些行业发展的相对重要性却降低了。表7-7给出了这些相关行业的产量快速增长和出口在总产品中比重下降的情况。

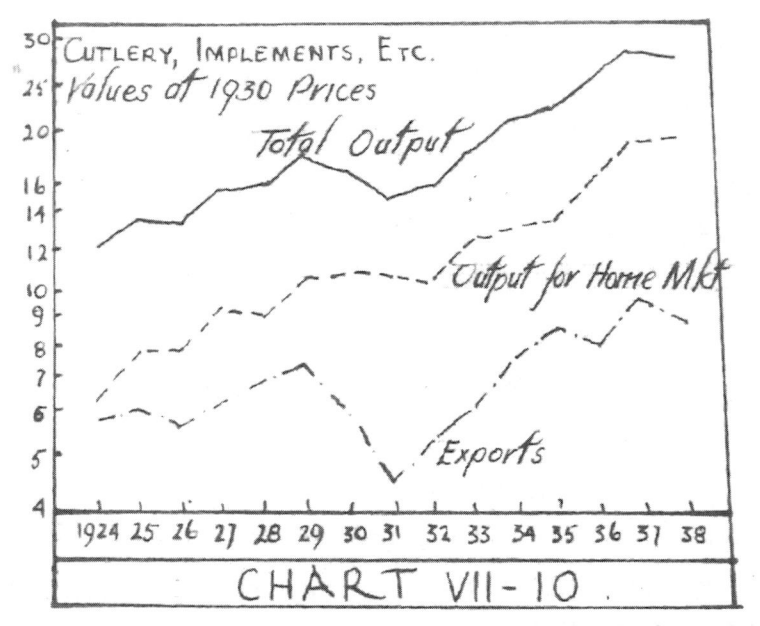

第七章 出口贸易在英国某些产业发展中的作用（二）

图 7-10 刀具、工具及科学仪器的总产量、出口产量和国内市场产量的变化

注：图中折线自上而下依次为：总产量、用于国内市场的产量、出口量。图中总产量为估值，其估算方法与粗纺和精纺羊毛总产量的估算方法相同。估算过程中所用的就业数据包括按英国劳工部分类方法所划分的两种产业，"刀具、工具等"和"科学及摄影仪器"行业中的参保职工总数。为使图中的出口系列数据与总产量系列数据具有可比性，按贸易账户分类的"刀具、专用工具、通用工具和科学仪器"项下的金属器具、针具、钟表类别被排除在外。此外，国内市场上的产量仍然通过从总产出减去出口而获得。

表 7-7　　　　1924 年、1930 年、1935 年刀具、工具及科学仪器总产量及出口占比

产品类别	1924 年	1930 年	1935 年
刀具			
总产量（1930 = 100）	73	100	173
出口占比[①]（%）	38	31	28
专用工具与通用工具			
总产量（1930 = 100）	94	100	145
出口占比（%）	45	34	28
科学仪器			

续表

产品类别	1924 年	1930 年	1935 年
总产量（1930＝100）	72	100	127
出口占比[①]（%）	27	23	15

注：总产值采用出厂价格，出口货值采用离岸价格（FOB）。未对两者的估值差异进行调整。

第九节　真丝和人造丝

在本文所考察的时期内，真丝和人造丝产业处于增长期。这种增长主要源于国内市场需求的大幅增加。虽然如图7-11所示，出口和国内市场产量的增长均对1924~1929年真丝和人造丝及其制成品的增长具有促进作用，但其在大萧条时期的产量下降主要还是由于出口减少造成的。同时，尽管1932年之后出口得到了充分复苏，使得1935~1937年的水平高于1927~1929年，但其仍无法与国内市场的大幅增长相比拟。如图7-11所示，1932年以后总产量曲线与国内市场产量曲线紧密并行的趋势表明，真丝和人造丝产业的增长速度是由国内市场的产量决定的。

然而，总量数据掩盖了这一时期本行业中不同类型产品的相对变化情况。总体来说，与人造丝相比真丝的生产相对来说微不足道。表7-8的产量普查数据清晰地表明了两者间的相对规模。

虽然各普查年份之间的时期中，真丝和人造丝的产量都增长迅速，但后者在绝对数量上增长更多。同时，尽管1924年的数据不完整，不能充分说明两类产品中面料产品的相对规模，但后两次普查的数据足以表明，20世纪30年代以人造丝为原料的面料产品的增长远超真丝面料产品。因此，"真丝和人造丝产业"总产量的增长主要源于人造丝这种新产品的快速发展。

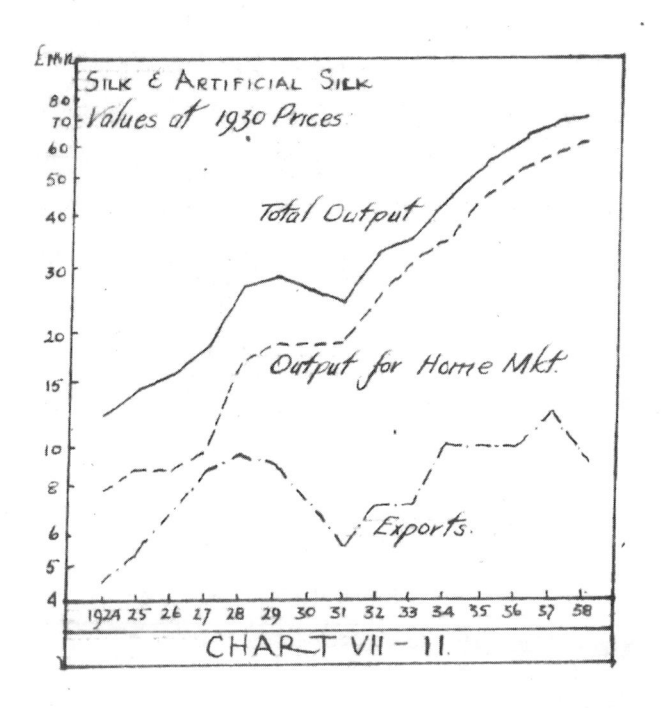

第七章　出口贸易在英国某些产业发展中的作用（二）

图 7-11　真丝和人造丝的总产量、出口产量和国内市场产量的变化

注：图中折线自上而下依次为：总产量、用于国内市场的产量、出口量。总产量为估算值，估算方法与粗纺和精纺羊毛总产量的估算方法相同。对于行业收益，1935 年以前的人造丝及其制品归类在"其他纺织制品"项下，但 1935 年以后则归属于"真丝纱线及制品"项下。图 7-11 中的出口货物总值是以"真丝纱线及制品"项下的出口价格指数对真丝和人造丝及制品的总出口货值进行平减后得出的。该出口价格指数由《贸易英国部杂志》编制。当然，由此得到的结果仍仅为近似值。

表 7-8　　　1924 年、1930 年、1935 年真丝和人造丝总产量

产品类别	1924 年	1930 年	1935 年
真丝纱线（百万磅）	2.2	2.7	5.6
人造丝（单丝和人造草）（百万磅）	22.0	50.0	111.9
布匹（百万平方码） 全真丝或真丝混纺	13.8	15.3	8.5
全人造丝或人造丝混纺 （百万平方码）	7.6*	178.2	463.7

注：*仅包括全人造丝产品；该年份人造丝混纺布匹产量数据不详。

英国出口贸易的周期波动（1924－1938）

当第一次世界大战后人造丝生产最初开始增长的时候，出口在总产量中所占比重还非常小。但国内保留进口量较大。1924年人造丝（单丝及人造草）出口量为640万磅，约占当年总产量的29%，而国内的进口保有量达到1 020万磅，接近国内总消费量的40%。1925年对人造丝开征的进口税及此后的国内生产增长彻底改变了这种局面。虽然20世纪后期和大萧条后的20世纪30年代出口出现大幅增长，但其规模与国内需求相比仍然较小。1929年出口在总产量中的比重急剧降至不足14%，1937年又降至9%。与此同时，1929年和1937年，国内保留的进口在国内总消费量中的比重也分别降至3%和1%（见表7－9）。

表7－9　　　　1924年、1929年、1937年人造丝纱线的
　　　　　　　　产量、出口量和保留进口量　　　　单位：百万磅

项目	1924年	1929年	1937年
产量（包括短纤维）	22.0	56.9	154.7
出口量	6.4	7.6	13.5
保留进口量	10.2	1.6	1.0

1924年行业收益统计记录中并未单独记录人造丝面料（全丝或混纺）的出口量数据，显然，其当年出口量之低甚至可以忽略不计。但在此后人造丝面料出口增长快速，在1928年达到最高值。由于缺少产量数据，因此无法对其在20世纪20年代的出口和产量情况作详细的比较分析。但生产普查数据表明，在1930年，总产量中的出口量（以平方码为单位）约占37%。这个数据可以说明出口在20世纪20年代所具有的相对重要性。但我们也要注意到，这一时期的保留进口规模也非常大，它在1930年达到5 340万平方码[①]，占国内总消费量的32%。

---

① 当年的出口量是6 550万平方码。

第七章 出口贸易在英国某些产业发展中的作用（二）

一方面，1932年人造丝面料的出口走出大萧条时期进入复苏阶段。但复苏的效果并不显著。即使是在1935~1937年的扩张阶段，出口也仅恢复到1927~1929年的水平[①]。另一方面，人造丝面料（全丝和混纺）总产量的增速远远超过出口。据估算，1935年总产量达到4.64亿平方码，约为1930年总产量的260%。出口在总产量中所占比重降至11%。因此，国内市场需求增长再次成为促进总产量的快速增长主要因素。不仅如此，国内产品对进口的替代作用也非常显著。从1932年起进口急剧下降。1935年降至1 670万平方码，仅占国内总消费量的4%。甚至直到1937年，进口也未能超过1935年的水平。

在第六章和第七章中，我们研究了1924~1938年英国部分产业出口和国内市场需求的相对地位变化情况。如果考虑工业总产量，那么从图7-12可以清晰地看出出口和国内市场的相对变化情况。图中曲线1和曲线2分别表示国内市场上的产量和面向国际市场产量（即出口量）的变化情况。图中虽然不是从绝对规模上对两个市场进行的比较，但若以1929年为基数，考察它的相对位置则可以明显看出在20世纪30年代，国内市场的相对重要性极大地提升，而国外市场地位则显著下降。1937年，国内市场的产量比1929年提高约50%，而出口量却下降约15%。这种相对变化显然是由两种因素造成的。一是由于大萧条对出口造成的不利影响远比国内市场更严重。因此，国内市场产量在随后复苏时的起始水平就远高于出口。二是在于1932年保护性关税的实施，这一措施促进了国内市场的发展，部分地影响到工业品的进口。图中曲线3表示同期工业制成品国内保留进口量的变化情况。大萧条期间，1931年进口的上升是由对保护性关税实施的预期造成的，而第二年的急剧下降显然是由于关税正式实行以及大萧条影响延后造成的。像在出口的场合一样，这造成进口量在随后复苏时的起始水平远低于国内市场的产量水平。因此，尽管制成品进口在1933~1937年

---

① 由于缺少1930年前的以平方码计的数据，则以出口货物重量来进行两时期的比较。两个时期平均出口量约为1 400万磅。20世纪30年代最高值出现在1937年，1 760万磅，比1928年的峰值高出100万磅。

英国出口贸易的周期波动（1924—1938）

期间也增长显著，但1937年的最高点仅比1929年的峰值略高出4%。而根据斯通先生的估算，1929～1937年实际国民收入增长了18%，而国内市场的产量增长了50%。

相对于国内市场，出口整体重要性的下降也可以从丹尼尔斯和坎皮思两位先生的估算中看出。他们利用生产普查数据估算出出口对工业产出的贡献率在1924年约为27%，1930年和1935年分别为22%和16%[①]。

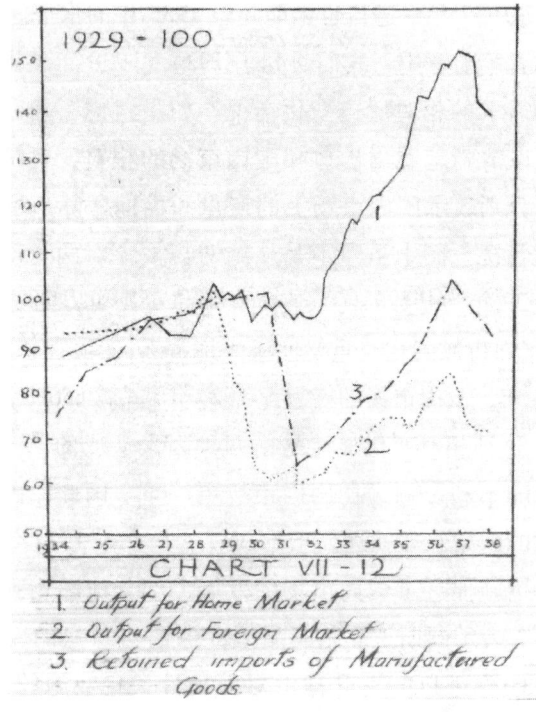

图7-12　国内市场上的产量和面向国际市场产量（即出口量）的变化情况

注：图中折线1为用于国内市场的产量，折线2为用于国外市场的产量，折线3为工业制成品的进口量变化情况。

---

① 资料来源：伦敦与剑桥经济服务中心1935年8月《特别备忘录》第41期，《英国出口贸易的相对重要性》。

结　　论

为全面理解英国出口贸易波动的成因及影响，现将上述各章的研究发现总结如下。

通过将出口变化中各个转折点具有的时间模式与总体经济活动变化中的转折点的时间模式进行比较分析，本文发现，从1924年直至从大萧条中复苏的起始之年1932年，前者从总体上看引领着经济活动主要的上行与下滑波动轨迹。然而，1933年以后，出口波动在时间上的引领地位就不再那么明显了。

出口贸易率先出现上升或下降的转折也许意味着出口波动是主导总体经济活动变化方向的主要影响因素。但是，这一结论只有在对同时也影响总体经济活动的其他因素进行充分研究之后，才能成立。

在本文所考察时期的起始阶段，参保总就业量的变化曲线从1924年中期至1925年8月下旬出现了回落。我们发现这首先是由于对耐用生产品的国内需求出现衰退和出口贸易停滞造成的。其中，出口停滞首先是由暂时的繁荣期结束所导致，这段繁荣期乃是1923~1924年法国占领鲁尔区后德国工业转移的结果。其次，出口停滞也是对恢复金本位制的一种暂时性反应。至于国内投资（建筑业除外）衰退，一个原因是这一时期的银行高利率。再次，对以战前平价恢复金本位制的预期以及金本位制的最终恢复，也许会通过对出口市场前景预期的效应，在人们心理上产生某种紧缩性影响。最后，一方面，在这种总就业量回落的后期，在金本位制恢复后所发生的价格相对于工资的逆向变动，也是不容忽视的因素；但另一方面，如果没有在1923年和1924年《住房法》刺激下建筑活动的增长，以及对国内产品（包括服务）

消费率的增长趋势这种回落将会更加严重。

恢复金本位制产生的暂时性萧条效应结束后，出口呈现出扩张势头，但它很快就被1926年的总罢工所打断。出口从罢工中的恢复是迅速的，但不久，从1927年第三季度至1928年下半年经济又遭遇挫折。这种动荡主要是由出口和建筑业的共性波动造成的。而建筑业波动主要是受政府对《住房法》所规定的住房建筑补贴政策变化的影响。至于货币因素、价格与工资的相对变化、消费增长率等似乎与此没有关系。

从1928年第四季度到1929年第三季度，经济经历了一个短暂但明显的扩张期。对于这种扩张和它的中止，出口贸易波动看起来都起到主要作用，尽管由于最终全面取消住房建设补贴引起的房屋建筑业出现的剧烈波动，又使得这种扩张与衰退的波动程度加剧了。1929年2月银行利率的进一步上升加剧了通货紧缩。但这种不利影响直到出口贸易趋弱才显现出来。此外，直至经济出现低迷后消费率才开始放缓，成本—价格结构在此之前也未表现出显著变化。

如果不考虑小幅的上下波动，那么1924~1929年就业变动曲线显示出一种温和的扩张态势。这种扩张程度的大小主要受到这一时期商品出口的下降趋势的影响，而国内投资整体而言作用则在其次。然而，如果除去房屋建筑业和公用事业产业，同一时期内的工业资本投资也未表现出明显的扩张趋势。其部分原因在于出口贸易本身的增长程度不够理想，但这一时期出现的通货紧缩和价格下降，以及与之相伴的工资刚性也是原因所在。另外，若非国内产品的消费倾向提高了，收入增长率也不可能高于出口值和投资的增长率。至于国内产品消费倾向的提高，主要是由于总消费倾向提高了，而不是以降低进口为代价。而进口未降低则是由于进口价格下降产生了收入效应以及税收与公共支出的结构变化的结果。

大萧条期间，即1930~1932年，受到打击最严重的行业是那些与出口贸易和除房屋建筑以外的国内投资活动直接相关的产业。然而也还有某些因素减轻了大萧条的严重程度。第一个因素是房屋建筑业和汽车业保持了持续了发展水平，它们在大萧条最初的几年里受到的冲击很小。第二个也是最重要的因素是对国内产品的消费倾向向上提升。在1930年和1931年，这主要应归因于贸易条件的有利变化，和相对于收入而言公共支出的增加以及公共支出结构的变化。前者降低了生活成本，提高了实际工资，因而不仅提高了对进口商品的实际消费倾向，而且也提高了对国内产品的消费倾向。但到了1932年，消费倾向的继续提高则主要是因为保护性关税的实施。保护性关税不仅降低了对进口商品的消费倾向，也降低了国民产出中包含的进口成份的比重。后者的下降也对大萧条的不利影响起到减轻作用。

另外，在工业产量缩减的同时，单位产品固定成本的增加也压低了工业的净利润，虽然与价格相关的初级成本的变化看起来并未产生什么重要的负面或正面影响，但利润的这种下降则进一步加剧了悲观情绪和大萧条的严重程度。1930年5月以后货币供给的似乎放松并未产生显著的舒缓效果。1932年2月起迅速转向廉价货币政策为经济复苏铺平了道路，不过这种政策本身并尚不能启动一种经济复兴。最终还是要通过出口的复苏，加上房屋建筑业的改善和国内产品消费倾向的进一步提高，才能引领经济走出萧条。

在复苏过程中，虽然出口规模的增加并不显著，1937年实现的出口规模仍低于1929年的水平，但国内投资（固定投资总额）已远远超过1929年的水平。与国内投资相比，出口作为收入的一个影响因素的相对重要性极大地降低了。出口与英国工业的国内市场之间相对地位的这种反转也非常突出[①]。

1933~1936年国内投资活动的巨大扩张主要来自房屋建筑业的发展，而1936年以后的扩张则源于大规模军备重整。保护主义虽然在复苏的后期阶段没有起到什么作用，但它在第一阶段肯定起到了某种有利作用，因为它在1932~1933年进一步提升了对国内产品的消费倾向，在某种程度上引起对半成品类的投资品、特别是钢铁的需求从进

---

① 参见第六章和第七章的小结。

口转向国内生产，并降低了国民产出中进口成份所占的比重。廉价货币政策也在促进第一阶段复苏中起到了重要作用，使随后的扩张创造了条件，但它对经济活动产生的效应是间接的，而非直接的。此外，与1924～1929年这一时期不同，1933～1937年的经济复苏过程中，对国内产品的消费倾向并没有进一步提高。

　　五年扩张期之后，大致在1937年第三季度至1938年第三季度出现了一次短暂的衰退。对于就业数据而言，与其他领域就业情况相比，出口领域的就业又率先出现下降，但不能据此认为出口下降是导致这次衰退的唯一或最重要的因素。到了1937年年中，国内私营部门的有效需求也开始下降，具体表现在房屋建筑业、商用船舶制造业、新资本股票发行、工厂等建筑计划的审批成本乃至零售业等均出现缩减。这部分地是由于在大规模军备重整的支出压力下出现的于原材料价格和工资的飙升，以及与之相伴随的制造业价格的攀升。在1937年的较早时期出现的长期利率的显著提高也直接或间接地对国内经济活动产生了抑制效应，这种效应在投资活动已经连续扩张了多年并且达到了很高水平的情况下，尤其明显。

　　但是，紧接着在1938财政年度出现的进一步增加大规模设备军备重整支出，则是一种反衰退的因素。在随后的复苏过程中，出口的增长都滞后于其他经济活动。

　　现在我们来看在本书所考察的时期内，出口在英国某些产业发展中的作用。第六章和第七章的研究结果可以总结如下：

　　第一，根据1924～1938年出口波动的模式，可以将英国的出口产品分为以下四种类型。

　　第一类出口产品，其特点是出口的下降大致具有一种长期缓慢的性质，这种下降趋势如此地持久，以至于模糊了1924～1938年这一时期的周期波动模式的特征。这类出口行业包括棉织、羊毛及精纺织物、煤、生铁、镀锌板和马口铁。与1924～1925年相比，其中有些产品的出口在1927～1928年处于停滞状态，还有些产品的出口呈明确的下降趋势。1926年的大罢工导致出口跌入波谷，其后开始上升。但有些产

结　论

品（棉、羊毛和精纺织物以及镀锌板）的出口在 1927 年后不久又再次下降，有些产品（例如煤、生铁及马口铁）则直至 1929 年略有增加。1930 年和 1931 年的衰退加剧了这种长期下降趋势，所有产品的出口都严重减少。此后，羊毛及精纺织物的出口在 1932～1936 年有某些改善，尽管未能回升到 20 世纪 20 年代的水平，但除此以外，所有其他产品的出口均未出现任何复苏迹象[①]。

第二类出口产品，其特点是出口波动异常剧烈，并且有特定的时间模式。这类出口行业主要是船舶（及船舶机械）和轨道交通设备。通过将 1924～1925 年数据与 20 世纪 20 年代后期数据进行比较，我们发现除了那些归入第四类的少数新开发的少数出口商品以外，所有这些行业的产业出口的增长都显著地高于大多数其他各类产品的出口。此外，一方面，虽然这些出口的大多数在 20 世纪 20 年代后期都经历过扩张，并且在 1929 年达到了峰值，但是，船舶及船舶机械出口的最高点却是在 1930 年达到的。造成这种后延的主要原因是在于这类商品具有较长的生产周期。另一方面，轨道交通设备出口的高峰年份是 1927 年。它们的出口上升是急剧的，而其下跌也是急剧的，并且更为持久。1930 年之后，船舶和轨道交通设备出口都逐渐减少，直到 1933 年才停止下滑。此后复苏的速度加快，幅度也较大，到 1938 年仍未止步，而在这一年其他多数产品的出口已经下降了。不过，这些年虽经不断扩张，但始终未能达到它们在 20 世纪 20 年代高峰年份的出口量。

第三类出口产品，是指其出口的变动明确地显现了 1924～1938 年这一时期的周期性波动模式的特征。与 1924～1925 年相比，它们在 1927～1929 年出现小幅扩张。大萧条过程中急剧下降，但是其下降程度没有第二类出口产品那么严重。此后稳步复苏，但在 1935～1937 年的扩张阶段也未能重回 1927～1929 年的出口水平。这类出口商品包括钢铁产品（那些已经列入第一类中的钢铁产品除外）、有色金属及制

---

① 1932 年棉织品和马口铁略有上升，但在 1933 年再次下降。1936～1937 年马口铁显著复苏，但也远远低于其 20 世纪 20 年代的水平。

品、通用机械、电气工程产品、陶器和玻璃制品。一个有趣的现象是，虽然这些产品的出口同时在1929年达到最高水平，但其下降至波谷时的时间节点却不一致。通常用作原材料的产品，如钢筋、型材、角钢、线材以及有色金属，在1932年首先走出萧条，而那些与建筑工程有一定相关性的商品，如管材及管道器材、玻璃制品、电气产品及器材则是在第二年才摆脱萧条。与第二类出口产品类似，机械类产品出口直到1934年才复苏。此外，1938年机械和电气工程产品的出口继续扩张，而同年中本类别中的其他产品的出口却在下降。

第四类出口产品，是指其出口呈现出一种增长的趋势。相比1924～1925年，这类出口在1927～1929年显著扩张。大萧条时期只有轻微下降。待从1932年的衰退中复苏以后，到1935～1937年其出口量已经达到了比1927～1929年更高的水平。这类出口行业主要包括汽车（摩托车除外）、化工产品、人造丝及制品、刀具、工具及科学仪器等产品。

第二，总体来说，在20世纪30年代的不景气结束后，除汽车产业外，上述各类出口的相对重要性均有所降低。在20世纪20年代，那些同时向国外和国内市场提供产品的行业的经济命运，大致还是要受到其出口波动的影响的。然而，随后来自的严重的大萧条的打击和国外需求的普遍紧缩，迫使这些产业不得不在保护性政策的帮助下向国内市场转移。这种调整显然不可能在所有行业具有一样的强度并产生同等成效。有些行业在20世纪30年代不再受到出口波动的直接影响，因为对其产品的国内要求已经占有支配地位。而另一些行业虽然出口所占比重已经大幅下降，但对国外市场的依赖度仍然很高。这种对出口依赖的差异性主要取决于出口产品的产业特性。上文划分的四种出口类型也适用于此。

在第一类出口产品中，除生铁外其他各种产品的出口量在其总产出中所占比重都非常高，因此当出口下降严重时，这些行业的生产和就业就会出现持久性的下降。20世纪30年代国内市场的稳定增长也没能阻止这种下降。但生铁产业的情况则完全不同。即使在本文考察的这一时期的最初几年，生铁的出口比重也并不高。国内钢铁产业对生铁的消费是生铁生产的主要决定因素。大萧条后尽管生铁的出口仍然在1932~1933年的低水平徘徊，但国内钢铁产业的发展促进生铁生产在1935~1937年实现了可观的增长。

对于第二类出口，船舶产业的情况与轨道交通设备产业略有不同。就后者而言，即使在20世纪30年代，出口也是影响其生产的支配性因素。而对于前者，虽然在不考虑年度变化的情况下，我们发现20世纪30年代造船业的大部分下降可以归因于国外需求减少，但即便在经济繁荣的20世纪20年代，出口的作用也不如国内所有者的需求更加重要。不过，当国内所有者的船舶需求本身也反映了主要从事海外贸易的英国航运活动状况时，国内市场需求的波动也仅是间接地由对外贸易波动造成的。若考虑到这一点，则在第二类别中，所有产品的出口都是决定其各自行业发展命运的支配因素，尽管它们的重要性在20世纪30年代减弱了。

凡属于第三类出口的行业，20世纪20年代其出口在总产量中的比重都很高，总产量的变化或多或少都会受到出口波动的影响。然而，这种情况在大萧条之后发生了变化。当然，此后的出口复苏仍然是这些产业总产量增长的决定因素。但随着国内市场的增速越来越快，增幅越来越大，出口的相对重要性急剧下降。因此，当1935~1937年这些行业的总产量超过1927~1929年水平时，已处于扩张阶段的出口却还未达到其最初曾经有过的水平。电气工程业的生产扩张尤其显著。在大萧条造成出口大幅下降的情况下，其持久而强劲的国内需求并未使其生产受到太大的影响。

对于出口属于第四种类型的产业，出口增长是这些产业在20世纪20年代后期及20世纪30年代出现增长的决定因素之一。但国内市场需求的作用更重要，其增长速度也更快。20世纪30年代仅有汽车业的出口比重有一定的增加。

另一点值得注意的是，对于大多数钢铁产品、电气工程产品（第三类）、汽车及人造丝（第四类）产品，其产量之所以增长，一部分是通过关税保护以限制进口为代价换取的。

参 考 文 献[①]

[1]《纺织业调查》(Survey of Textile Industry)。

[2]《伦敦与剑桥经济服务（月报）》。

[3] Cf. F. Benham：《贸易保护下的大英帝国》。

[4] E. H. 菲尔普斯·布朗和 G. L. S. 沙克尔：《英国1924－1938年的经济波动》，载于《牛津经济学报》第2期。

[5] H. H. 维拉德：《财政赤字支出与国民收入》，1941年版。

[6] 米德（Meade）：《世界经济调查，1937/38》。

[7] W. F. 施托尔珀：《对外贸易量与收入水平》，载于《经济学季刊》(Quarterly Journal of Economics) 1947年2月。

[8] 艾伦：《英国工业和组织（1935）》。

[9] 贝弗里奇：《自由社会中的充分就业》。

[10] 庇古：《1918－1925年的英国经济史》。

[11] 伯基特（Birkett, M. S.）：《战争以来钢铁业的发展》，1930年版。

[12] 布雷瑟顿：《公共投资和贸易周期》。

[13] 哈伯勒：《繁荣与萧条》，1941年版。

[14] 哈罗德：《国际经济学》，载于《商业周期》1936年。

[15] 霍特里：《银行利率的世纪变迁》。

[16] 康纳：《英格兰和威尔士的城市住房》，载于《皇家统计学

---

① 因作者原手写稿创作年份较早，且引用文献的年份较为古早，以现有的查询手段无法补全所有信息，故将现有参考文献信息列示如下。

会杂志》1936年。

[17] 科林·克拉克：《国民收入统计中乘数的确定》，载于《经济杂志》1938年9月。

[18] 科林·克拉克：《国民收入及支出》。

[19] 科林·克拉克和克劳福德：《澳大利亚的国民收入》，1938年版。

[20] 罗宾逊：《国际贸易的纯理论》，载于《经济研究评论》1946~1947年卷14。

[21] 罗宾逊：《就业理论（第2版）》。

[22] 罗伯森：《科林·克拉克先生及其对外贸易乘数》，载于《经济杂志》1939年6月。

[23] 洛德·贝弗里奇：《贸易周期中的失业》，载于《经济杂志》1939年3月。

[24] 马克卢普（Machlup）：《国际贸易与国民收入乘数》，1943年版。

[25] 米德：《世界经济调查，1937/38》。

[26] 塞耶斯（R. S. Sayers）：《现代银行业（第二版）》。

[27] 伊恩·鲍恩（Ian Bowen）：《建筑产出和贸易周期（英国，1924－1928)》，载于《牛津经济学报》1940年3月第三期。

译　后　记

　　本书翻译始于 2017 年。为了纪念全国著名经济学家、教育家、社会活动家、新剑桥学派在中国的代表性人物宋则行教授诞辰一百周年，辽宁大学决定隆重举行"纪念宋则行教授诞辰一百周年系列活动"：一是翻译出版宋则行教授英国剑桥大学博士学位论文中文版，二是在剑桥大学举办"宋则行经济思想国际研讨会"，三是在国内举办"当代马克思主义经济学暨宋则行教授诞辰一百周年学术研讨会"，四是重新布展"宋则行教授图片展"。为此，经校党委批准成立了由宋先生弟子、家属、经济学院和国际交流处组成的工作专班开展活动。为了做好宋先生博士学位论文的翻译出版工作，作为宋先生长期工作过的经济学院专门成立了课题组，由宋先生的入室弟子、学术秘书和工作助手林木西教授担任课题组组长，第二代弟子李伟民教授担任海外联络员，专程赴剑桥大学查询、搜集和整理宋先生在剑桥大学求学始末的原始资料。

　　赴剑桥的资料搜集和整理工作可谓一波三折。剑桥大学共有 31 个学院，每个学院都是独立管理。由于宋先生的两位导师都是凯恩斯学派赫赫有名的代表人物，而凯恩斯当年所在的学院是剑桥大学国王学院，于是先发邮件给国王学院进行查询，有没有一位叫宋侠（Xia Song）的中国留学生。很快得到了否定的回复，并建议确认名字是否拼错，同时提供了一个非常重要信息，斯拉法当时在三一学院任教。由此得到启发，1945 年的拼音写法和现在肯定不同，那时的拼法应为"Hsia Soong"，于是再给三一学院写信查询并很快得到确认。3 月 27 日抵达剑桥后，分别与三一学院莱恩图书馆和剑桥大学图书馆预约，并

译 后 记

在20日内成功复印了宋先生的剑桥大学入学录取单（application for admission）、毕业生登记表（exminers' reports）和博士毕业论文（thesis）以及斯拉法教授的部分学术日记，并以最快速度传回国内，在第一时间组织精干团队开展翻译工作。

2017年10月18日，辽宁大学代表团一行5人抵英，恰逢党的十九大胜利召开，同时也是《资本论》第一卷出版150周年和马克思逝世134周年。为此，代表团全体成员专程前往伦敦北郊的海格特公墓，冒雨拜谒卡尔·马克思墓并举行纪念活动，当晚还举行了专题座谈会，畅谈拜谒观感和学习体会。

2017年10月20日上午，作为此次系列纪念活动的重头戏，在剑桥大学三一学院举行了"宋则行经济思想国际研讨会"。这次活动得到剑桥大学三一学院的大力支持。院长温特爵士（Gregory Winter）在院长官邸亲切会见辽宁大学代表团一行，为全体成员举行了茶会，并亲自引导参观了金碧辉煌、挂满世界著名油画（许多未向世人公开）的二楼会客大厅。剑桥大学基金会主席艾伦教授（Alan Barrell）、剑桥大学经济系主任盖蒂教授（Rupert Gatti）等出席会议并发言。温特爵士首先发表了热情洋溢的讲话，对能在70年后在剑桥大学三一学院举办这样的学术活动感到十分高兴，并介绍了斯拉法教授的一些趣闻。宋先生的亲属代表、辽宁大学原党委副书记周菲教授介绍了宋先生的生平，宋先生的弟子代表林木西教授作了"宋则行教授对新剑桥学派在中国的传承与发展的贡献"的主旨报告，辽宁大学经济学院向剑桥大学三一学院赠送了印有宋则行教授肖像的精美瓷盘和礼物。下午，还举行了辽宁大学——剑桥大学首届创新创业经济学论坛。剑桥大学凯瑟琳学院院长皮特·泰勒教授（Pete Tyler）、艾伦教授、辽宁大学时任国际交流处处长姜蕾教授和经济学院李伟民教授等分别做主题演讲。40余名辽宁大学学生代表出席论坛并进行互动。同时，代表团一行还参观了由克里斯托弗·莱恩设计的剑桥大学三一学院图书馆，双方还约定了宋则行剑桥大学博士学位论文中英文版互换交流协议。

2017年12月19日，在辽宁大学召开了"当代马克思主义经济学暨宋则行教授诞辰一百周年学术研讨会"。来自剑桥大学和国内著名高校的专家学者深情缅怀宋先生的学术贡献，研讨当代马克思主义经济学的发展及新剑桥学派在中国的传承与发展，使此次纪念活动达到了一个高潮。同时，《辽宁大学学报（哲学社会科学版）》2017 年第 5 期还专门刊登了林木西教授、李伟民教授的纪念文章。4 月 4 日，经济学院师生祭扫了宋则行教授雕像。10 月 1 日，宋先生亲属和经济学院师生冒着蒙蒙细雨拜谒了宋则行夫妇墓。在 2018 年 9 月辽宁大学建校七十周年之际，经济学院重新布展了"宋则行教授图片展"，林木西教授为每张图片撰写了详细的说明。

此后，学习宋先生业绩、翻译宋先生论文、传承宋先生思想的活动从未停歇。2020 年，依托辽宁大学国家经济学基础人才培养基地筹建了"宋则行书院"，2021 年申报教育部"基础学科拔尖学生培养计划 2.0 基地"获得成功。2022 年 10 月 25 日，在宋则行教授诞辰 105 周年之际，林木西教授做客"宋则行名家大讲堂"，作了题为《学习宋则行的经济思想和治学理念——纪念宋则行教授诞辰一○五周年》的报告，线上累计观看量达 6.7 万次。与此同时，林木西教授撰写的《皮埃罗·斯拉法、琼·罗宾逊、宋则行以及新剑桥学派在中国的传承和发展》刊发在《政治经济学评论》2022 年第 6 期；李伟民教授撰写的《构建"新剑桥—则行"学派：传承与创新》刊发在《辽宁大学学报（哲学社会科学版）》2022 年第 6 期。2023 年 5 月，应邀与辽宁省文联合作筹划排演音乐剧《一念则行》。

本书的翻译工作在林木西教授的组织下，由宋先生的第二代弟子、具有专业外语教学经历、国外进修背景和具有较好经济理论功底的博士、教授和副教授完成。由于宋先生的博士论文是 70 年前的打印稿，每一张图表都是宋先生手写粘贴而成，弥足珍贵。为了能够高质量地完成翻译工作，进行了具体分工：赵莹（前言、第一章、第二章），隋振婷（第三章、第四章），吕迎春（第五章），车艳秋（第六章），吴绍鑫（第七章）。每位译者都为能承担这一神圣使命感到十分荣幸，并抱着认真学习、报谢师恩的态度精心开展工作。初稿完成后，张凤

译 后 记

林教授、车艳秋教授分别做了经济学和润色方面的校对，最后由林木西教授定稿。

本书的翻译出版得到了剑桥大学三一学院莱恩图书馆、剑桥大学图书馆的支持，得到了宋则行教授家属宋晓东先生和周菲女士等的协助，得到了中国财经出版传媒集团原副总经理吕萍女士、经济科学出版社领导和编辑的帮助，在此一并表示感谢。

谨以此书献给宋则行教授诞辰 107 周年！

译 者
2024 年 7 月 1 日于辽宁大学蕙星楼